民國文化與文學研究文叢

五 編

李 怡 主編

第 10 冊

無政府主義精神與中國現代文學三家

白 浩 著

國家圖書館出版品預行編目資料

無政府主義精神與中國現代文學三家／白浩 著 -- 初版 -- 新北
市：花木蘭文化出版社，2015〔民 104〕
目 2+178 面；19×26 公分
（民國文化與文學研究文叢 五編；第 10 冊）
ISBN 978-986-404-252-4（精裝）
1. 中國當代文學 2. 文學評論
541.26208   104012146

特邀編委（以姓氏筆畫為序）：

丁　帆　　　王德威　　　宋如珊
岩佐昌暲　　奚　密　　　張中良
張堂錡　　　張福貴　　　須文蔚
馮　鐵　　　劉秀美

ISBN- 978-986-404-252-4

民國文化與文學研究文叢
五　編　第 十 冊　　　　　　ISBN：978-986-404-252-4

無政府主義精神與中國現代文學三家

作　者　白　浩
主　編　李　怡
企　劃　四川大學現代中國文化與文學研究中心
　　　　北京師範大學民國歷史文化與文學研究中心
總編輯　杜潔祥
副總編輯　楊嘉樂
編　輯　許郁翎
出　版　花木蘭文化出版社
社　長　高小娟
聯絡地址　235 新北市中和區中安街七二號十三樓
　　　　　電話：02-2923-1455／傳真：02-2923-1452
網　址　http://www.huamulan.tw 信箱 hml 810518@gmail.com
印　刷　普羅文化出版廣告事業
初　版　2015 年 9 月
全書字數　173217 字
定　價　五編 24 冊（精裝）新台幣 45,000 元　　　版權所有‧請勿翻印

無政府主義精神與中國現代文學三家

白　浩　著

作者簡介

白浩，男，1973.9 出生，四川旺蒼人。1992 年中等師範畢業，先後任教於家鄉中小學。1999 年入山東師範大學攻讀碩士研究生，2005 年畢業於武漢大學中國現當代文學專業，獲文學博士學位。後任教於四川師範大學，其間入四川大學做博士後研究，現為四川師範大學文學院教授。出版學術專著《無政府主義精神與 20 世紀中國文學》，主持完成國家社科基金西部項目《當代西部文學發展的身份記憶與世界性研究》，獲國家博士後基金資助。

提　要

　　作為政治思潮的無政府主義已消沉，但無政府主義思想在思想啓蒙與文學方面影響長遠，在反封建、破壞—創造哲學、個人本位主義基礎上的個性解放、人道主義等方面體現出重要的思想啓蒙意義和影響。在烏托邦空想性、對絕對自由與個性解放的追求、情感性等方面，無政府主義思想體現出的審美性與文學所天生具備的個性精神、浪漫色彩構成契合。

　　魯迅自己概括其思想是「『人道主義』與『個人的無治主義』的兩種思想的消長起伏」。魯迅的個人無政府主義成分與其啓蒙立場存在內在衝突。

　　郭沫若可謂五四文壇上最具有個人無政府主義氣質的詩人。郭沫若從個人無政府主義的泛神論泛我論，發展為馬克思主義，二者中間的過渡階梯便是無政府共產主義。這種轉變使他從「匪徒頌」走向「黨喇叭」。

　　現代作家中，巴金是唯一明確宣稱「我是一個安那其主義者」，同時也唯一長期參與無政府主義實際政治生活的。他的安那其信仰可分為四期：作為政治信仰的安那其革命者、無政府主義的同路人及同情者、無政府主義元素的清洗者與改造對象、《隨想錄》復蘇期。

民國文學：闡釋優先，史著緩行
——第五輯引言

李　怡

　　中國學界提出「民國文學」的概念已經超過十五年了，〔註1〕在新一波的文學史寫作的潮流之中，人們對民國文學的研究也出現了一種期待，就是希望盡快見到一部《民國文學史》，似乎只有完整的文學通史才足以證明「民國文學」研究的合理性，或者說在當前林林總總的文學史寫作意見裏，證明自己作爲新的學術範式的存在。在我看來，受各種主客觀條件的限制，目前最需要開展的工作還不是撰寫一部體大慮深的文學史著，而是努力從不同的角度深入勘探、考察，對這一段歷史提出新的解釋。

一

　　眾所周知，中國文化具有悠久漫長的「治史」傳統。在一個宗教裁決權並沒有獲得普遍認可的國度，人們傾向於相信，通過歷史框架的確立可以達到某種裁決與審判的高度，所謂「名刊史冊，自古攸難，事列春秋，哲人所重。」〔註2〕中國最早的史官除了司職記事，還負責主持祭祀，占卜吉凶，溝通神靈。史不僅可以成爲「資治通鑒」，甚至還具有某種道德的高度，所謂「孔子成《春秋》，亂臣賊子懼」，〔註3〕史家如司馬遷等也是以「究天人之際，通古今之變」自我期許。

〔註1〕中國大陸最早的「民國文學」設想出現在 1997 年（陳福康），最早的理論倡導出現在 2000 年代早期（張福貴）。

〔註2〕劉知幾撰，浦起龍釋：《史通通釋・人物》第 240 頁，上海：上海古籍出版社1978 年版。

〔註3〕《孟子・滕文公章句下》，見楊伯峻《孟子譯注》上冊 155 頁，中華書局 1960年版。

　　文學史的出現原本是現代的事物，它顯然不同於古代的史官治史，這種來自西方的學術方式更屬於學院派知識份子的個體行為。但是，歷史的因襲依然存在，尤其是在一些世代交替的時節，無論是政治家還是知識份子本身，都自覺不自覺地認定「著史」可以樹立某種新的「標準」，完成對過往事物的「清算」。於是，如下一些史著的意義是可以被我們津津樂道的：

　　奠定中國現代文學學科的基礎是王瑤先生的《中國新文學史稿》。集中代表了撥亂反正過渡時期的文學史觀的是唐弢、嚴家炎先生主編的《中國現代文學史》。

　　體現了新時期的現代文學視野、集中展示研究新成果的是錢理群、陳平原、溫儒敏等人的《中國現代文學三十年》。

　　生動體現著「重寫文學史」意義的是陳思和的《中國當代文學史》。

　　展示1990年代以降學術研究的「歷史化」傾向的是洪子誠的《中國當代文學史》。

　　揭示「文學周邊」豐富景觀的是吳福輝獨撰的插圖本《中國現代文學史》。

　　錢理群主編的最新三卷本《中國現代文學編年史》展示了以「廣告為中心」的文學生產、流通、接受及其他社會文化環節，讓文學敘述的圖景再一次豐富而生動。

　　今天，隨著「民國文學」研究的呼聲漸起，在一系列命名和概念的討論之後，應該展示更多的文學史研究實績，只有充分的實績才能說明「民國社會歷史框架」的確具有特殊的文學視野價值，如何集中展示這些實績呢？目前容易想到的似乎就是編寫一部紮實厚重的《民國文學史》。

　　但是，在我看來，文學史編寫的工作固然重要卻又不可操之過急。因為，今天所倡導的「民國文學」，並不僅僅是一個名稱的改變（以「民國」替代「現代」），更重要的是一些研究視角和方法的調整。這些重要的改變至少包括：

　　正視民國歷史的特殊性，而不是簡單流於「半封建半殖民地」等等的簡略判斷。據史學界的知識考古，「半封建」一詞曾經出現在馬克思、恩格斯筆下，列寧第一次分別以「半封建」「半殖民地」指稱中國，以後共產國際以此描述中國現實，「半殖民地」一說並先後為中國國民黨人與中國共產黨人所接受，又經過蘇聯內部的理論爭鳴及共產國際的理論演繹，「半

封建半殖民地」的並稱出現在 1926 年以後，﹝註4﹞又經過 1930 年代初的「中國社會性質問題論戰」，逐步成爲中共領導的馬克思主義史學的基本概括。到延安時期，毛澤東最爲完整清晰地論述了這一學說，從此形成了對中國知識份子歷史認知的主導性影響，直到今天應該說都有其獨到的深刻的一面。但是作爲一種總體的社會性質的認定，是不是就完全揭示了民國歷史的特點呢？就不需要我們具體的歷史問題的研究了呢？當然不是。例如對「封建」一詞的定義在史學界一直爭議不已，民國時代的經濟已經明顯走上了資本主義的發展道路，忽略這一現實就無法解釋中國近現代工商業文化對於文學市場的重要作用，辛亥革命之後的中國儘管軍閥混戰，也難掩其專制獨裁的性質，但是卻也不是「帝國主義買辦與走狗」這樣的情感宣洩就能「一言以蔽之」的。對於民國史，國外史學界同樣多有研究，有自己的性質認定，這也需要我們加以研讀和借鑒。之所以強調這一點，乃是因爲在此之前的《中國現代文學史》，幾乎都是以主流史學界的社會性質概括作爲文學發展的前提，從舊民主主義革命到新民主主義革命就是中國現代文學發生發展的基礎，文學的偉大和深刻就在於如何更加深刻地反映了這一歷史過程，1980 年代以後，爲了急於從這些政治判斷中脫身，我們的文學史又試圖在「回到文學自身」的訴求中另闢蹊徑，所謂「審美的文學史」成爲了口號，但是關於中國現代文學在民國時代的諸多歷史基礎的辨析卻被擱置了起來，今天，如果不能正視民國歷史的特殊性，也就不能在文學的歷史前提方面有眞正的突破。

發掘民國社會的若干細節，揭示中國現代文學生存發展的具體語境。無論是政治、經濟、社會文化等方面，民國社會的種種特徵都直接影響了現代中國文學的生產、傳播和接受，決定著文學的根本生存環境。關於這方面的研究，最近幾年已經在「文化研究」的推動下頗有收穫，不過，鑒於文化研究在來源上的異質性，實際上我們的考察也還較多地襲用外來的文化

﹝註 4﹞ 一般認爲，1926 年上半年，蔡和森在莫斯科中共旅俄支部會上作《中國共產黨的發展（提綱）》，已經提到「半殖民地和半封建的中國」和「半封建半殖民地的國家」（《聯共（布）、共產國際與中國國民革命運動（1926～1927）》，下冊第 408 頁，北京圖書館出版社，1998 年），另據李洪岩考證，最早的「半殖民地半封建」字樣，則是 1926 年 9 月 23 日莫斯科中山大學國際評論社編譯出版的中文周刊《國際評論》創刊號上的發刊詞，見《半殖民地半封建理論的來龍去脈》（《中國社會科學院近代史研究所青年學術論壇 2003 年卷》，社會科學文獻出版社，2005 年）。

理論，沒有更充分地回到民國自己的歷史環境。例如性別研究、後殖民批判、大眾文化理論等等的運用，迄今仍有生吞活剝之嫌。要真正揭示這些歷史細節，就還需要完成大量紮實的工作，例如民國經濟在各階段的發展與營運情況，各階層的經濟收入及其演變，社會分化與社會矛盾的基本情形，經濟與政治權利的區域差異問題，法制的發展及對私人權利（包括著作、言論權利）的保護與限制，軍閥政治對輿論及思想的控制方式，國民黨政權對輿論及思想的控制方式，國民政府時期的「黨政關係」及其內在的間隙，國民黨內部各派系的矛盾及其對思想控制的影響，民國各時期書報檢查制度的制定與實施情況，民國時期出版人、新聞人、著作人各自對抗言論控制的方式及效果，主流倫理的演變及民間道德文化的基本特點，文學出版機構的經營情況與文學傳播情況，民國時期作家結社及其他社會交往的細節等等，所有這些龐雜的內容倉促之間，也很難為「文學史」所容納，在一個相當長的時間裏都將成為文學研究的具體話題。

解剖民國精神的獨特性、民國文本的獨特性，凸顯而不是模糊這一段文學歷史的的形態。文學史究竟是什麼史？這個問題討論過很多年，至今也可能存在不同的意見，在我看來，儘管我們今天一再強調歷史研究與文化研究的重要性，但是所有這些討論最終還都應該落實到對於文學作品的解釋中來，否則文學學科的獨立性就不復存在了。最近幾年，民國文學研究的倡導與質疑並存，但更多的時候還都停留在口號的辨析和概念的爭論當中，就文學研究本身而論，這樣並不是對學術發展的真正推進。如果民國文學研究的提倡不能以大量的具體文學作品的闡釋為基礎，或者說民國文學的理念不能落實為一系列新的文學闡釋的出現，那麼這一文學史框架的價值就是相當可疑的；如果我們尚不能對若干文學作品的獨特性提出新的認識，那麼又何以能夠撰寫一部全新的《民國文學史》呢？

以上幾個方面的工作都是一部新的文學史寫作的必須的前提。我們的文學史的新著，從大的歷史框架的設立與理解到局部事件的認定和把握，乃至作為歷史事件呈現的文本的闡釋都與應該此前我們熟悉的一套方式——革命史話語、現代性話語——有所不同，如果只是抓住名稱大做文章，幾乎可以肯定的是，其結果必然很快陷入到業已成熟的那一套知識和語言中去，所謂「民國文學史」也就名不副實了。早在 1994 年，人民出版社就出版過《中國民國文學史》，這個奇特的書名——不是「中華民國文學史」而是「中國民國

文學史」——顯然反映出了當時的某種政治禁忌，平心而論，在 10 年前，能夠涉及「民國」二字，已屬不易，對於其中所承受的禁忌，我們深表理解；但是也的確因爲這一禁忌的存在，所謂「民國」的諸多歷史細節都未能成爲文學史觀察和分析的對象，所以最終的成果還是普遍性的「現代化」歷史框架，「中國民國文學史」的主體還是不折不扣的「現代文學三十年」，對歷史性質、文學意義的描述都依然如故，對作家的認定、作品的解釋一如既往，只不過增加了一點補充：民國建立到五四新文化運動發生的幾年。這樣的文學史著，自然還不是我們理想中的「民國文學史」。

二

當然，能夠標舉「民國」概念的文學史論已經出現了，這就是臺灣學者尹雪曼主編的《中華民國文藝史》及周錦主編的《中國現代文學研究叢刊》系列叢書，也包括最近兩岸學者的最新努力。

尹雪曼（1918～2008），本名尹光榮，河南汲縣（今衛輝市）人。抗戰時期西北聯合大學畢業，美國密西里大學新聞學院文學碩士。曾主編重慶《新蜀夜報》副刊，在上海、天津、西安等地擔任報社記者，1949 年去臺灣。曾任臺灣中國作家藝術家聯盟會長，《中華文藝》月刊社社長，在成功大學、中國文化大學等校任教。自 1934 年起，創作發表了小說、散文及文學評論多種。是很有代表性的遷臺作家。周錦（1928～1992），江蘇東臺人，1949 年赴臺，曾經就讀於臺灣師範大學、淡江大學等，後創辦燕智出版社，擔任臺北中國現代文學研究中心主任。兩人的最大貢獻便是撰寫、主編或者參與編撰了一系列的中國現代文學研究論著，在新文學記憶幾近中斷的臺灣，第一次系統地總結了五四以來的中國文學發展歷史，尹雪曼撰寫有《現代文學與新存在主義》、《五四時代的小說作家和作品》、《鼎盛時期的新小說》、《抗戰時期的現代小說》、《中國新文學史論》、《現代文學的桃花源》，總纂了《中華民國文藝史》。〔註 5〕其中，《中華民國文藝史》大約是第一部以「民國」命名的大規模的系統化的文學史著作，民國歷史第一次成爲文學史「正視」的對象；周錦著有《中國新文學史》、《朱自清作品評述》、《朱自清研究》、《〈圍城〉研究》、《論呼蘭河傳》、《中國新文學大事記》、《中國現代小說編目》、《中國現代文學作家本名筆名索引》、《中國現代文學作品書名大辭典》、《中國現

〔註 5〕《中華民國文藝史》由臺北正中書局 1975 年初版。

代文學鄉土語彙大辭典》等，此外還主編了《中國現代文學研究叢刊》三輯
共 30 本，於 1980 年由成文出版社有限公司印行出版。《中國現代文學研究
叢刊》的史論也具有比較鮮明的「民國意識」。《中國現代文學研究叢刊編印
緣起》這樣表達了他的「民國意識」：

> 中國新文學運動，是隨著中華民國的誕生而來。儘管後來有各
> 種文藝思潮的激盪以及少數作家思想的變遷，但中國現代文學卻都
> 是在國民政府的呵護下成長茁壯的……〔註6〕

這樣的表述，固然洋溢著大陸文學史少有的「民國意識」，不過，認真品讀，
卻又明顯充滿了對國民黨政權形態的皈依和維護，這種主動向黨派意識傾
斜，視「民國」為「黨國」的立場並不是我們所追求的學術客觀，也不利於
真正的「民國」的發現，因為，眾所周知的事實是，疲於內政外交的「國民
政府」似乎在「呵護」民國文學方面並無傑出的築造之功，嚴苛的書報檢查
制度與思想輿論控制也絕不是現代文學「成長茁壯」的理由。民國文學的真
實境遇難以在這樣的意識形態偏好中得以呈現。

　　同樣基於這樣的偏好，民國文學的優劣也難以在文學史的書寫中獲得准
確的評判，例如尹雪曼《中華民國文藝史·導論》作出了這樣概括：「中華民
國的文藝發展，雖然波瀾壯闊，變幻無常；但始終有民族主義和人文主義作
主流；因而，才有今日輝煌的成就。」「至於所謂『三十年代』文藝，則不過
是中華民國文藝發展史中的一個小小的浪花。當時間的巨輪向前邁進，千百
年後，再看這股小小的浪花，只覺得它是一滴泡沫而已。其不值得重視，是
很顯然的。」〔註7〕

　　民國時期的現代文學是不是以「民族主義」為主流，這個問題本身就值
得討論，至少肯定不會以國民政府支持下的「民族主義文藝運動」為主導，
這是顯而易見的；至於所謂的「三十年代文藝」當指 1930 年代的左翼文學，
事實上，無論就左翼文學所彰顯的反叛精神還是就當時的社會影響而言，這
一類文學選擇都不可能是「一個小小的浪花」、「是一滴泡沫而已」，漠視和掩
蓋左翼文學的存在，也就很難講述完整的民國文學了。

　　由此看來，20 世紀下半葉的冷戰不僅影響了大陸中國的學術視野，同樣
扭曲了海峽對岸的學術認知。受制於此的文學史家，雖然不忘「民國」，但他

〔註6〕周錦：《中國新文學簡史》1 頁，臺北成文出版社 1980 年。
〔註7〕尹雪曼總纂：《中華民國文藝史》1 頁，臺北正中書局 1975 年。

們自覺不自覺地要維護的中華民國依然是以國民黨統治為唯一合法性的「黨國」，民國社會歷史的真正的豐富與複雜並不是「黨國」意識關心的對象。以民國歷史的豐富性為基礎構建現代中國的文學敘述，始終是一個難題，對大陸如此，對臺灣也是如此。

當然，考慮到臺灣歷史與文學的種種情形，《民國文學史》的寫作可能還會再添一個難度：如何描述海峽對岸當今的文學狀況，是排除於我們的「民國文學史」還是繼續延伸囊括，〔註8〕排除於現實不符，從「民國」敘述轉向「臺灣」敘述，恐怕也正是「獨派」的願望，相反，努力將「臺灣」敘述納入「民國」敘述才能體現中華統一的「政治正確」；不過，納入卻也同樣問題重重，「民國」與「人民共和國」並行，不僅有悖於「一個中國」的基本政治理念，就是在當下的臺灣也糾纏不清。我們知道，在今日，繼續奉「民國」之名的臺灣目前正大張旗鼓地推進「臺灣文學」甚至「臺語文學」，所謂「民國文學」至少也不再是他們天然認同的一個概念，學術考察如何才能反映出研究對象本身的思想追求，這個問題也必須面對。也就是說，在今日臺灣，「民國」之說反倒曖昧而混沌。

2011 年，臺灣學者陳芳明、林惺嶽等著的《中華民國發展史·文學與藝術》出版，較之於此前冷戰時期的文學史，這一著作終於跳出了「黨國」意識的束縛，體現出了開闊的學術視野，〔註9〕但是由於歷史的阻隔，關於民國文學的豐富細節都未能在這一史著中獲得挖掘，我們看到的章節就是：百年來文學批評的開展與轉折，百年女性文學，百年現代詩發展與自我身份的探求，故事萬花筒──百年小說圖志，美學與時代的交鋒──中華民國散文史的視野，百年翻譯文學史，從啟蒙救亡開始：中華民國現代戲劇百年發展史等等。從根本上說，《中華民國發展史·文學與藝術》由多位學者合作，各自綜述一個獨立的文學藝術領域，在整體上更像是一部各種文學藝術現象的概觀彙集，而不是完整的連續的歷史敘述。

也是在 2011 年，大陸學者湯溢澤、廖廣莉出版了《民國文學史研究》

〔註 8〕 丁帆先生試圖繼續延伸民國文學的概念，他區分了政治意義的「民國」和作為文化遺產的「民國」，試圖以此作為破解難題的基礎，不過這一延伸也不得不面對與臺灣作家及臺灣學者對話、溝通的問題（見《關於建構民國文學史過程中難以迴避的幾個問題》，《當代作家評論》2012 年 5 期）。

〔註 9〕 陳芳明、林惺嶽等著：《中華民國發展史·文學與藝術》，臺灣政治大學、聯經出版公司 2011 年。

（1912-1949）。〔註10〕湯先生是中國大陸較早呼籲「民國文學史」研究的學者，在這一部近 40 萬字的著作中，他較好地體現了先前的文學史設想：回歸政治形態命名的歷史記事，上溯民國建立的文學發端意義，恢復民國時期文學發展的多元生態。可以說這都觸及到了「民國文學史」的若干關鍵性環節，《民國文學史研究》由「史觀建設」與「編史嘗試」兩大部分組成，前者討論了民國文學史寫作的必要性，後者草擬了「民國文學史綱」，嚴格說來，「史綱」更像是民國時期文學的「大事記」，似乎是湯先生進一步研究的材料準備，尚不能全面體現他的「民國文學史」面貌。

　　海峽兩岸的學者都開始彙集到「民國文學」的概念下追述歷史，這令人鼓舞，但目前的成果也再次說明，書寫一部完整的《民國文學史》，無論是史觀還是史料，都還有相當的欠缺，時機尚未成熟，同志仍需努力。

三

　　民國文學史，在沒有解決自己的史觀與史料的時候，實在不必匆忙上陣。在我看來，民國文學研究在今天的主要任務還是對民國社會歷史中影響文學的因素展開詳盡的梳理和分析，對現代文學歷史演變中的一些關鍵環節與民國社會各方面的關係加以解剖，如民國建立與新文學出現的關係、民國社群的出現與現代文學流派的形成、民國政黨文化影響下的思想控制與文學控制、民國戰爭狀態下的區域分割與文學資源再分配等等，至於文學自身力量也不能解決的文學史寫作難題當然更可以暫時擱置（如當代臺灣文學進入民國文學史的問題）。只要我們並不急於完成一部完整系統的民國文學史，就完全可以將更多的精力放在民國文學一個一個的具體問題之上，可供我們研究範圍也完全可以集中於民國建立至人民共和國建立這一段，我想，海峽兩岸的學者都可以認定這就是「民國歷史」的「典型」時期，這同樣可以為我們的雙邊交流營造共同的基礎。在民國文學史誕生之前，我們應該著力於歷史更多更豐富的細節，對細節的了悟有助於我們歷史智慧的增長，而歷史智慧則可以幫助我們最終解決這樣或那樣的歷史書寫的難題。

　　那麼，在一部成熟的《民國文學史》誕生之前，還有哪些課題需要我們清理和辨析呢？

〔註10〕湯溢澤、廖廣莉：《民國文學史研究》（1912～1949），吉林大學出版社 2011 年。

我覺得在下列幾個方面，還有必要進一步研討。

一是「民國文學」研究究竟能夠做什麼。隨著近幾年來學界的倡導，對於「民國文學」研究的優勢大約已經獲得了基本的認識，但是也有學者提出了自己的疑慮：研討民國文學，對於那些反抗民國政府的文學該如何敘述？例如左翼文學、延安文學。或者說，民國文學是不是就是國統區追求民主、自由這類「普世價值」的文學，「民國機制」是不是與「延安道路」分道揚鑣？在我看來，「民國文學」就是一種近現代中國進入「民國時期」以後所有文學現象的總稱，既包括國統區的文學，也包括解放區的文學，因為「民國」不等於「黨國」，也代表了某種「革命者」共同的「新中國」的夢想，左翼文化、解放區反抗的是一黨專制的「黨國」，而不是民主自由均富的「新中國」，尤其在抗戰時期，當解放區轉型為民國的特區之後，更是恰到好處地利用了民國的憲政理想為自己開闢生存空間，為自己贏得道義與精神上的優勢，只有在作為「新中國」的「民國」場域中，左翼文學與延安文學才體現出了自己空前的力量，「延安道路」才得以實現。「民國文學」也不是歌頌民國的文學，相反，反思、批判才是民國時期知識份子的主流價值取向，所以，我們可以發現，「民國批判」往往是民國文學中引人矚目的主題，左翼文學精神恰恰是民國時代一道奪目的風景，儘管它的文學成就需要實事求是地估價。在這個意義上，民國文學史的研究肯定是中國近現代史學的組成部分，而不是大眾時尚潮流（如所謂「民國熱」）的結果。

民國文學研究更深入的理論問題還在於，這樣一種新的文學史研究範式的出現究竟有什麼深刻的學術意義？對整個文學史研究的進行有何啓發？我認為，相對於過去強調「現代性」時間意義的「中國現代文學史」而言，「民國文學史」更側重提醒我們一種「空間」的獨特性，也就是說，從過去的關注世界性共同歷史進程的「時間的文學史」轉向挖掘不同地域與空間獨特涵義的「空間的文學史」，以空間中人的獨特體驗補充時間流變中的人類共同追求，這就賦予了所謂「民族性」問題、「本土性」問題與「中國性」問題更切實的內涵，從此出發，中國文學研究的新範式也許可以誕生？

二是「民國文學」研究當以大量的具體文學現象的剖析為基礎。這一方面是繼續考察各類民國文化現象對於文學發展的重要影響，包括經濟、政治、法律、教育、宗教之於文學發展的動力與阻力，也包括各區域文化現象對於文學生長的有形無形的影響，包括民國時期一些重要的歷史事件對於文學的

特殊作用，例如國民革命。過去我們梳理中國現代的「革命文學」，一般都從
1927 年大革命失敗之後的無產階級文學倡導開始，其實「革命」是晚清以來
就一直影響思想與現實的重要理念，中國現代文學的「革命意識」受到了多
重社會事件的推動，從晚清種族革命到國民革命再到無產階級革命等等都在
各自增添新的內容，仔細追溯起來，「革命文學」一說早在國民革命之中就產
生了，國民革命也裏挾了一大批的中國現代作家，爲他們打上了深刻的「革
命」意識，不清理這一民國的重要現象，就無法辨析文學發展的內在脈絡。
大量現代文學現象（特別是文學作品）的再發現、再闡釋是民國新視野得以
確立的根據。如果我們無法借助新的視野發現文學文本的新價值，或者新的
文學細節，就無法證明「民國視野」的確是過去的「現代文學視野」能夠代
替的。所幸的是，最近幾年，一些年輕的學者已經在「民國機制」的視野下，
發掘了中國現代文學的新的內涵。這裡僅以《文學評論》雜誌爲例：顏同林
從「法外權勢的失落與村落秩序的重建」這一角度提出對趙樹理小說的嶄新
認識〔註11〕，周維東結合延安文化，剖析了解放區文學「窮人樂」主題的意
味〔註12〕，李哲發現了茅盾小說中沉澱的民國經濟體驗〔註13〕，鄔冬梅結合
1930 年代的民國經濟危機重新解讀了左翼文學〔註14〕，羅維斯發現了民國士
紳文化對茅盾小說的影響〔註15〕，張武軍透過「民國結社機制」挖掘了從南
社到新青年同仁的作家群體聚散規律，賦予社團流派研究全新的方向〔註
16〕。在重新研討新文學發生過程的時候，李哲發現了北京大學教育「分科」
的特殊意義〔註17〕，王永祥則解剖了民國初年的國家文化所形成的語境與氛
圍〔註18〕。這樣的研究都在很大程度上突破了過去的「現代文學」研究視域，
通過自覺引入民國歷史視角而推動了文學史研究的發展。

〔註11〕 顏同林：《法外權勢的失落與村落秩序的重建——以趙樹理四十年代小說爲
例》，《文學評論》2012 年 6 期。

〔註12〕 周維東：《解放區的天是明朗的天——延安時期的移民運動與「窮人樂」敘
事》，《文學評論》2013 年 4 期。

〔註13〕 李哲：《經濟‧文學‧歷史——〈春蠶〉文本的三個維度》，《文學評論》2012
年 3 期。

〔註14〕 鄔冬梅：《民國經濟危機與 30 年代經濟題材小說》，《文學評論》2012 年 3 期。

〔註15〕 羅維斯：《「紳」的嬗變——《動搖》的一種解讀》，《文學評論》2014 年 2 期。

〔註16〕 張武軍：《民國結社機制與文學的演進》，《文學評論》2014 年 1 期。

〔註17〕 李哲：《分科視域中的北京大學與「新文化運動」》，《文學評論》2013 年 3 期。

〔註18〕 王永祥：《〈新青年〉前期國家文化的建構與新文學的發生》，《文學評論》2013
年 5 期。

當然，類似的文本再解釋、歷史再發現工作還遠遠不夠，我們期待更多的研究者加入。

三是對於從歷史文化的角度闡釋現代文學的這一思路本身也要不斷反思和調整。在相當多的情況下，民國文學研究與現代文學研究都擁有相似的研究對象，相近的研究方法，不過，相對而言，「民國」一詞突出的國家歷史的具體情態，「現代」一詞連接的則是世界歷史的共同進程。所以，所謂的民國文學研究理所當然就更加突出民國歷史文化的視角，更自覺地從歷史文化的角度來分析解剖文學的現象，倡導文學與歷史的對話。鑒於民國歷史至今仍然存在諸多的晦暗不明之處，對於歷史的澄清和發現往往就意味著主體精神的某種解放，所以澄清外在歷史真相總是能夠讓我們比較方便地進入到人的內在精神世界之中，因而作為精神現象組成部分的文學也就得到了全新的認識。最近幾年，中國現代文學研究中較有收穫的一部分就是善於從民國史研究中汲取養分，詩史互證，為學術另闢蹊徑，文學研究主動與歷史研究對話，歷史研究的啓發能夠激活文學研究的靈感，「民國文學」的概念賦予「現代文學」研究以新機。雖然如此，我們也應該不斷反思和調整，因為，隨著歷史研究、文化研究在文學考察中的廣泛運用，新的問題也已經出現，那就是，我們的文學闡述因此而不時滑入到了純粹的歷史學、社會學之中，「忘情」的歷史考察有時竟令我們在遠離文學的他鄉流連忘返，遺忘了文學學科的根本其實還是文學作品的解釋。捨棄了這一根本，模糊了學科的界限，我們其實就面臨著巨大的自我挑戰：面向文學的聽眾談歷史是容易的，就像面對歷史的聽眾談文學一樣；但是，如果真的成了面對歷史的聽眾談歷史，那麼無疑就是學科的冒險！對此，每一位文學學科出身的學人都應該反覆提醒自己：我準備好了嗎？

在這個意義上，我們應該始終牢記，從歷史文化的角度研究文學，最終也需要回到「大文學本身」，民國文學研究對民國時期文學現象的研究，而不是以文學為材料的民國研究。將來我們可能要完成的也不是信馬由繮的《民國史》而是不折不扣的《民國文學史》。

沒有對這些研究前提、研究方法的反思，就不會有紮實的研究，當然最終的文學史是什麼樣子，也就難以預期了。闡釋優先，史著緩行，民國文學史的寫作，當穩步推進。

目

次

引　言

　　作爲馬克思主義的主要批判對象之一，無政府主義被貼上「反動」「死敵」等標籤，這使許多眞相也被掩蓋和歪曲，事實上它曾是社會主義思潮的主潮之一，它對 20 世紀初年的中國竟有廣泛、深刻的衝擊，成爲眾多知識者一度傾心的對象，它甚至與中國的馬克思主義者有著深刻的血緣關係。在 20 世紀初的中國，無政府主義者率先以虛無主義的極端姿態發起對傳統文化的全面攻擊，我們可以驚奇地發現，所謂新文化運動、五四運動反帝反封建的大多數思想母題均已出現在無政府主義思潮中。

　　作爲一種政治思潮，無政府主義很快破產並被淡忘，然而作爲一種啓蒙思想，它卻對五四一代發生了深刻影響。值得注意的是，在中國無政府主義者中，所接受多是無政府共產主義，而文學界卻多爲接受個人無政府主義影響。作爲政治思潮來接收的無政府主義者著眼於它作爲意識形態的理想性與社會改造的現實性，而作爲哲學思潮來接收的五四文人則更青睞於其中的「立人」價值。只有考慮到無政府主義的前奏，我們才能對五四一代的思想武庫加以更全面的清理。由此擴展到整個 20 世紀，三四十年代無政府主義的衰敗破產到共產黨領導下的對其持續批判清除，直到文革時，紅衛兵的「造反精神」與「懷疑一切，打倒一切」讓人彷彿感到無政府主義的似曾相識。同時，西方 60 年代無政府主義復興，推動了後現代解構主義的興起，這對新時期文學中現代主義、後現代主義的文化無政府主義有重要影響。從政治思想轉到文化價值觀，從古典的現實主義、浪漫主義到現代主義、後現代主義，無政府主義成爲理解中國現代文學獲得現代性過程中的一條紅線，抓住這條線即可從一個特定理解角度來梳理出整個中國新文學的一股重要思潮。

　　對於無政府主義的研究目前主要限於史學、哲學界以及政治學界，即作為黨史與五四思潮史研究的角度進行，有專著八本：蔣俊、李興芝著《中國近代的無政府主義思潮》，李怡著《近代中國無政府主義思潮與中國傳統文化》，【韓】曹世鉉著《清末民初無政府派的文化思想》，湯庭芬著《無政府主義思潮史話》，周積泉著《無政府主義思想批判》，徐善廣、柳劍平著《中國無政府主義史》，胡慶雲著《中國無政府主義思想史》，路哲著《中國無政府主義史稿》；博士論文三篇：湯庭芬著《中國無政府主義研究》，李怡著《論無政府主義在中國傳播》，曹世鉉著《清末民初無政府派的文化思想》。

　　從文學角度進行的無政府主義研究除對個別作家如魯迅、巴金的無政府主義研究論文外，研究性專著尚很稀少。對魯迅的個人無政府主義研究主要有汪暉等，對巴金的無政府主義研究成果較多一些，有陳思和、李輝、艾曉明等，而整體性研究更少，有耿傳明論文《無政府主義與中國現代文學現代性的起源》、李相銀論文《論五四文學與無政府主義的關係》。在 2004 年出現了兩篇博士論文，一為北京師範大學孟慶澍的《五四文化與無政府主義》，一為南京大學張全之的《無政府主義與中國近現代文學》，2005 年則有武漢大學白浩的博士論文《無政府主義精神與 20 世紀中國文學》，這構成一個突破，於此基礎上，2006 年新出版了孟慶澍的專著《無政府主義與五四新文化：圍繞〈新青年〉同人所作的考察》（河南大學出版社，2006 年），2008 年出版了白浩的《無政府主義精神與 20 世紀中國文學》（中國社會科學出版社，2008 年），張全之則進一步打磨出版了《中國近現代文學的發展與無政府主義思潮》（人民出版社，2013 年），張著還被譽為「他對無政府主義思潮影響的研究已經達到目前最高的水平」[註1]。對現代主義、後現代主義中的無政府主義因素研究，除國外一些著作涉及外，國內尚無。因此，本文旨在探尋作為哲學的與文化的無政府主義思潮對於 20 世紀中國文學的影響，以及 20 世紀中國文學中通過作家、作品、思潮、主題等所體現的無政府主義精神特徵及其發展演化特徵。本文試圖對以下方面問題進行探索和突破。

　　無政府主義對於 20 世紀初的思想啟蒙有重要意義，馬克思主義與無政府主義的論爭並勝出對於二三十年代間中國思想界的轉向亦有重要意義，這二者對文學革命與革命文學的發展與轉向均有影響。共產黨的文藝政策之建立

〔註 1〕溫儒敏：《序言一》，見《中國近現代文學的發展與無政府主義思潮》，張全之著，人民出版社，2013 年，第 4 頁。

是對無政府主義因素的清除。無政府主義具審美性，而文學具無政府主義性，二者有契合之處。

魯迅的個人無政府主義成分與人道主義、啓蒙主義既並存又存在矛盾，與後面的階級論也存在衝突，這些使他在「個」與「群」之間既吶喊又有彷徨，陷入絕望與虛無，但他又反抗絕望。

郭沫若的「天狗」「匪徒頌」帶有鮮明個人無政府主義色彩，可謂五四文壇上的無政府主義。泛神論成爲他個人無政府主義色彩的特殊形態。他繼而轉向馬克思主義，中歷無政府共產主義階段，這也推動其從文學革命向革命文學的轉化。

巴金是現代作家中唯一的安那其主義者。本文將通過對巴金安那其信仰的堅定性與「實際派」的獨特性、以及巴金信仰之路的變遷歷程的分析來試圖破解巴金研究中的三個難題。一是身份之謎，他究竟是不是安那其主義者？他爲什麼長期否認自己的文學家身份？二是風格之謎，爲什麼其浪漫主義激情與現實主義寫實風格同樣突出？三是《隨想錄》之謎，支持《隨想錄》思想的超越性和批判鋒芒的思想成分來自何處？另外，也還將探討翻譯於巴金信仰和人生中的特殊意義。

此外，本文也注意到無政府主義精神在 1949 年後文學中的一些延展。文革中的無政府狀態與無政府主義有從現象到哲學觀念上的相近處，但它是政治邏輯與解放邏輯的混合，並不是眞正的無政府主義。文革對於「六八年人」的未來文化反抗、現代主義、後現代主義的興起亦有反面的催生之用。先鋒派的概念經歷了從軍事到政治到藝術的遷徙，而無政府主義也經歷了從政治無政府主義向文化無政府主義、美學無政府主義的轉化。後現代哲學中的文化無政府主義色彩鮮明。中國先鋒文學中也體現出從現代主義向後現代主義文化的轉換，尤其第三代詩、王朔現象等呈現出世俗化、多元化、審美化的文化無政府主義內在精神。

第一章　導論：無政府主義精神與中國現代文學

　　作爲馬克思主義的主要批判對象之一，無論從政治實踐上還是理論上，作爲政治思潮的無政府主義都早已破產並消沉下去，甚至在被貼上「反動」「死敵」等標籤後，許多眞相也已被掩蓋和歪曲，以致我們今天會驚訝地重新發現歷史：原來它曾是社會主義思潮的主潮之一，它對 20 世紀初年的中國有著廣泛、深刻的衝擊，成爲政治界、思想界眾多知識者一度傾心的對象，它既與資產階級革命派同盟會有諸多牽連，又與中國的馬克思主義者有著深刻的血緣關係。而在思想啓蒙與文學方面，作爲哲學與文學思潮的無政府主義它所播下的種子則無政治思潮那樣轟轟烈烈，但其影響和意義卻更爲深刻和長遠。重新發掘和認識無政府主義思潮，既有著歷史意義，同時，也有著現實的思想價值。

　　無政府主義思想的起源，可以追溯到烏托邦思想史的源頭，即從柏拉圖的理想國始。什麼是無政府主義（anarchism）？我們可以從其構詞上來理解。首先，它與烏托邦（utopia）一樣，都是一種以否定法來表達正面意義的詞。烏托邦（utopia）其名已揭示其一方面是一種對現實的否定與批判乃至反抗的哲學，另一方面則也揭示其理想性追求，這種終極性的追求正因其脫離現實生活基礎的支撐而構成其虛幻與空想性，乃至發展爲實際行動中的孱弱性，故而 utopian 另一個意思即貶義性的「不切實際的，空想的」。而無政府主義（an-arch-ism）同樣稟具這種強烈的否定性、批判性與空想性、孱弱性。arche，在希臘語中意指強權、王、統治、政府等意，由此加上否定性前綴構成的anarchism 其意便包含無強權、無王、無統治、無政府等多種含義，但凡對個

人自由的一切束縛物都在其反對之列：國家、法律、私有制、宗教等，故而它是天生的和永恒的反對派，「無政府主義的極端主義和強烈的理想主義似乎是和烏托邦的傳統連結在一起的。從這個觀點看，無政府主義是一些懷有希望的空想家的混血兒。他們的王國既不在、也不是這個世界。」〔註1〕這種關於「絕對自由」的空想性正是它同時兼具的魅力與弱點所在，「在現代思想意識領域中，唯獨無政府主義可以吹噓它那種從來沒有真正進行過試驗的不是優點的優點。由於它從未掌過權，因而也不會有由掌權帶來的不名譽。從這個意義上講，它代表著一種從未被玷污的形象。用現實的詞句來說，它是一種除了未來別無其他的思想形象。勝利也沒有玷污過它。」〔註2〕作為悲劇，無政府主義永遠是在野派、反對派和失敗者，作為喜劇，無政府主義則永遠保持有抗議和申訴的權利，並且永遠不過時。作為否定意義出現的 anarchy 保持其批判的魅力，然而另一方面，anarchy 即指「無秩序、混亂」，因此，對於當代無政府主義者來說，「無政府主義醉心於混亂」〔註3〕。正因這種反抗性和空想性，作為 19 世紀出現的一種政治思潮，它在歐洲貧窮的工人、農民中有著廣泛的土壤，同樣因為這種空想性，作為政治思潮的無政府主義很快便被邊緣化和消沉下去。然而，在 20 世紀中期歐美重新出現的無政府主義復興潮流，已主要不是作為一種政治力量，而是一種文化思潮。它的構成分子也變而為中產階級、青年、知識分子，以反政治、反文化作為對抗異化的武器。有人曾說，知識分子便是天生的反對派，是社會的良心，從這個意義上來說，無政府主義正與知識分子有著不解之緣。

arche 一詞，在希臘哲學史中佔據著極其重要的位置，它的本意是構成世界物質基本成分的「元素」，由此而引申出「本原」的意思，再進而發展為「原則」principle 的意義，「作為質料因的本原，古希臘已經將它叫作元素；作為本質因或形式因的本原，就是後來的哲學家稱為『原則』的，許多英文譯本

〔註1〕【美】特里·M·珀林：《反抗精神的再現》，《當代無政府主義》，【美】特里·M·珀林編，吳繼淦、林爾蔚、姚俊德、林紀德譯，商務印書館，1984 年，第 18 頁。

〔註2〕喬治·伍德科克：《無政府主義捲土重來》，《當代無政府主義》，【美】特里·M·珀林編，吳繼淦、林爾蔚、姚俊德、林紀德譯，商務印書館，1984 年，第 38 頁。

〔註3〕【美】特里·M·珀林：《反抗精神的再現》，《當代無政府主義》，【美】特里·M·珀林編，吳繼淦、林爾蔚、姚俊德、林紀德譯，商務印書館，1984 年，第 19 頁。

就將這一類 arche 譯爲『原則』principle。」〔註4〕故而從哲學意義上講，anarchy
也即包含「無原則」「無中心」的意義，由此出發，無政府主義與西方的後現
代主義解構哲學的出現與發展也構成了某種契合，解構主義正是哲學、文化
領域中的無政府主義。在政治領域破產的無政府主義在哲學與文化領域中卻
正方興未艾，它揚長避短，以其最徹底的否定性、批判性和對絕對自由追求
的執著性而橫掃、解構一切中心、一切原則，同時又避免了面對現實世界的
可操作性之弊。甚至在科學哲學領域，也有以「人道主義」原則對「科學沙
文主義」的批判和挑戰——法伊爾阿本德以方法論、認識論上的無政府主義
倡導理論多元主義、方法論的多元主義，反對經驗主義、實證主義、工具主
義和批判理性主義，他的無政府主義知識論原則即是「無原則」，他的信條即
是「怎麼都行」「反對方法」。〔註5〕

一、無政府主義思想史略述

（一）溯源

　　作爲對無政府主義思想烏托邦性和社會主義性的體認，國內無政府主義
者在傳播無政府主義思想時，將其溯源至柏拉圖的理想國及聖西門、傅立葉、
歐文等的空想社會主義，「試溯社會主義之起源，自希臘柏拉圖倡共產之說，
厥後基督教會，亦冀實行此制。及歐洲中古之際，則村落之組織，都市之同
盟，亦或與社會主義相合。」〔註6〕「彼（無政府主義）以復天然自由、去人
爲束縛爲獨一不二之宗旨，其興味已直與佛氏涅槃、孔氏太平、耶氏天國無
以異。」〔註7〕「余自柏拉圖的發端，以至是聖西門、傅立葉、史蒂芬、斯提
耐爾、巴枯寧諸先哲，各能以革命的眞理和改造的方法昭示我們了！」〔註8〕

〔註4〕汪子嵩、范明生、陳村富、姚介厚著：《希臘哲學史》第一卷，人民出版社，
　　　　1988 年，第 156 頁。相關介紹見該書第 152～158 頁。

〔註5〕【美】法伊爾阿本德（Paul Feyerabend ）：《反對方法：無政府主義知識論綱
　　　　要》，周昌忠譯，上海譯文出版社，1992 年。亦參見《現代科學哲學教程》（林
　　　　超然主編，浙江大學出版社，1988 年，第六章。）

〔註6〕劉師培（申叔）：《無政府主義之平等觀》，《無政府主義在中國》，高軍等編，
　　　　湖南人民出版社，1984 年，第 123 頁。

〔註7〕馬敍倫：《二十世紀之新主義》，《無政府主義思想資料選》（上），葛懋春、蔣
　　　　俊、李興芝編，北京大學出版社，1984 年，第 9 頁。

〔註8〕《廣州眞社宣言》，《無政府主義在中國》，高軍等編，湖南人民出版社，1984

至近世，「溯巴布夫師弟無政府主義之故，受影響於馬布里及蝶洛之著作者固多，而尤爲直接作俑者，乃路索之不平等論。」〔註9〕十八世紀法國啓蒙運動中，盧梭的反文明、社會契約論等思想既爲資本主義大陸法哲學奠基，其公意及道德理想國哲學亦爲雅各賓專政乃至法西斯主義開源，同時亦爲社會主義、無政府主義反抗播下種子。

　　至於無政府主義的真正產生，一般認爲起於18世紀末、19世紀初英國的葛德文（William Godwin, 1756～1836），他於1793年出版的《政治正義論》一書，被稱爲「無政府主義的第一個先驅」〔註10〕，葛德文第一個提出打倒一切國家政權、反對私有制的口號，主張未來社會應該以正義爲個人行爲準則，組織共勞共得的小型公社。但葛德文終究還不是一位典型的無政府主義思想家，因爲他並未系統地提出過無政府主義的理論框架。〔註11〕

（二）施蒂納的個人主義無政府主義

　　被廣泛認同的無政府主義之祖是德國的施蒂納（Max Stirner 1806～1856），但對於社會主義陣營來說，施蒂納的個人主義無政府主義並非主要的論敵，甚至可說是個可以忽略的論敵——因爲它不堪一擊，所以在計算無政府主義史時，列寧有些輕蔑而又勉強地提及說：「無政府主義在產生以來的三十五至四十年中（從巴枯寧和1866年國際代表大會算起是這樣。如果從施蒂納算起，那還要早很多年）」〔註12〕。馬克思和恩格斯對施蒂納哲學的最核心概括也就是「真正的利己主義者（唯一者）」〔註13〕「這位真正的利己主義者」〔註14〕。施蒂納寫於1843～1844年的成名作《唯一者及其所有物》引起了轟

　　　　年，第70頁。

〔註9〕　自然生（張繼）：《無政府主義及無政府黨之精神》，《無政府主義思想資料選》（上），葛懋春、蔣俊、李興芝編，北京大學出版社，1984年，第29頁。

〔註10〕藍瑛、謝宗範主編：《社會主義流派政治思想述評》，上海社會科學院出版社，1988年，第2～4頁。

〔註11〕參見徐覺哉著：《社會主義流派史》，上海人民出版社，1999年，第92～93頁；《社會主義流派政治思想述評》第1～4頁。

〔註12〕列寧：《無政府主義和社會主義》，《列寧選集》第一卷，中共中央馬克思恩格斯列寧斯大林著作編譯局編，人民出版社，1972年第2版，第218頁。

〔註13〕卡·馬克思和弗·恩格斯：《德意志意識形態》，《馬克思恩格斯全集》第3卷，人民出版社，1960年，第133頁。

〔註14〕卡·馬克思和弗·恩格斯：《德意志意識形態》，《馬克思恩格斯全集》第3卷，人民出版社，1960年，第341頁。

動一時的爆炸效果，這本書一直被視作無政府主義者的「聖經」，被稱作「無政府主義的宣言」〔註15〕，而他本人也由此獲得了「現代無政府主義的先知」〔註16〕的稱號。對施蒂納哲學來說，首先是視世界一切皆爲「無」，即「還有什麼不是我的事！首先是善事，而後是神的事，人類、眞理、自由的事、人道和正義的事；以至我的人民、我的君主和我的祖國的事；最後，則還有精神的事和成千其他的事。唯有我的事從來就不該是我的事。」〔註17〕這一切無論外界的事，還是內在精神的事，統統都是強加於「我」的束縛，它們淹沒和壓制了「我」的絕對自由，所以這一切都是「無」，破除這種種文明之執後，在「把無當作自己事業的基礎」後，有的只是「我」，自我解放了的「我」，「同神一樣，一切其他事物對我皆無，我的一切就是我，我就是唯一者。」「對我來說，我是高於一切的！」〔註18〕這種個人絕對自由哲學，對外是否定一切反抗一切的無政府主義乃至虛無主義，對內則是個人主義的唯我論，由此奠定了無政府主義系統的理論基礎，列寧概之曰「無政府主義是改頭換面的資產階級個人主義。個人主義是無政府主義整個世界觀的基礎。」〔註19〕而且，支撐這種唯我論下個人絕對自由的還有一個赤裸裸的「權力論」，即「誰有權力，誰就有權利。」〔註20〕「只有在我的自由即是我的權力的情況下，我的自由方會變得完全。由於這種權力我就不再僅僅是一個自由者，而變成了一個所有者……權力是一種美好的事物，而且對許多事情有用；因爲『有了一把權力要比一口袋權利還要頂事』。你們渴望自由嗎？你們傻瓜！你們抓到了權力，自由就隨之而來，你們看，誰有權力，他就『站在法律之上』。」〔註21〕由此，我們可見到

〔註15〕 參見徐覺哉著：《社會主義流派史》，上海人民出版社，1999 年，第 91〜92
         頁；曹宗安著：《無政府主義縱橫談》，山西人民出版社，1981 年，第 5 頁；
         林森木、田夫編著：《無政府主義史話》，廣東人民出版社，1981 年，第 5 頁。

〔註16〕 弗·恩格斯：《路德維希·費爾巴哈和德國古典哲學的終結》，《馬克思恩格斯
         全集》第 21 卷，人民出版社，1965 年，第 313 頁。

〔註17〕 麥克斯·施蒂納：《唯一者及其所有物·我把無當作自己事業的基礎》，金海
         民譯，商務印書館，1989 年，第 3 頁。

〔註18〕 麥克斯·施蒂納：《唯一者及其所有物·我把無當作自己事業的基礎》，金海
         民譯，商務印書館，1989 年，第 5 頁。

〔註19〕 列寧：《無政府主義和社會主義》，《列寧選集》第一卷，中共中央馬克思恩格
         斯列寧斯大林著作編譯局編，人民出版社，1972 年第 2 版，第 218 頁。

〔註20〕 麥克斯·施蒂納：《唯一者及其所有物》，金海民譯，商務印書館，1989 年，
         第 108 頁。

〔註21〕 麥克斯·施蒂納：《唯一者及其所有物》，金海民譯，商務印書館，1989 年，

其後尼釆的非理性主義、虛無主義、權力意志、超人哲學等的顯著萌芽。「施蒂納的『利己主義』是上陞時期資產階級個人主義意圖的理想化；尼釆的『哲學』則是同一個階級沒落時代的產物。」〔註22〕正因爲這種絕對自由的唯我主義、利己主義的狂妄與徹底性，施蒂納所構想的「利己主義者聯盟」理想社會也就只能是個矛盾的虛幻物。

施蒂納哲學爲一百多年的無政府主義奠定了哲學與文化體系的基礎，儘管後來蒲魯東、巴枯寧、克魯泡特金等人爲無政府主義加上了社會主義色彩，並對這種個人無政府主義加以區別和批評，但是，正如馬克思、恩格斯所說，「施蒂納甚至在巴枯寧把他同蒲魯東混合起來並且把這個混合物命名爲『無政府主義』以後，依然是一個寶貝。」〔註23〕就我國國內對無政府主義的接受與傳播來看，對之辨析也十分明確：「無政府主義，可分爲二：一，政治上與社會上之無政府主義，一，哲學上與文學上之無政府主義。代表後一派之人，在德有斯特勒（Max Stirner）。其所著之 Der Einzige unasein Eigenthum，於一八四四年刊行。初出之時，銷路頗廣，日久遂爲一般人士所漠視。在此書發佈二十年之前，中有一文學界中素負聲望之奈芝奇（Nietzsche）爲之先驅。而斯特勒後此所得來之名膽，實奈氏有以造成之。」「斯氏本少年急進會中之會員（German Radicals and Democrats）。急進會之主義，本根諸費伯（Feuerbach），而大成於海奇（Hegelian）。其主義在提倡人類精神上之絕對自由，凡與自由相牴觸者，無論政府與宗教，及新生之共產主義，皆攻擊之。一八四八年之德國文藝革命，皆此派鼓吹之效。」〔註24〕「斯特勒之學說，與一般無政府黨不同之點，即根本上不承認社會上各事之存在（Denies the Reality of Social fact），亦即哲學上之無政府主義，與政治上之無政府主義相異之處；後者之所重，在推翻政府之特權。」〔註25〕

第 179 頁。

〔註22〕【俄】普列漢諾夫：《無政府主義和社會主義》，王蔭庭譯，三聯書店，1980年，第 33 頁。

〔註23〕弗・恩格斯：《路德維希・費爾巴哈和德國古典哲學的終結》，《馬克思恩格斯全集》第 21 卷，人民出版社，1965 年，第 335 頁。

〔註24〕南陔：《無政府主義之由來及無政府黨各家傳略與學說》，《無政府主義批判》（中國現代哲學史資料彙編第一集第四冊），鍾離蒙、楊鳳麟主編，遼寧人民出版社，1981 年，第 122 頁。

〔註25〕南陔：《無政府主義之由來及無政府黨各家傳略與學說》，《無政府主義批判》（中國現代哲學史資料彙編第一集第四冊），鍾離蒙、楊鳳麟主編，遼寧人民

（三）蒲魯東的無政府互助主義

如果說施蒂納的個人無政府主義因其絕對的個人利己主義被政治性的無政府主義及社會主義陣營所輕視的話，那麼，蒲魯東則將無政府主義與社會主義色彩相合併，從而開始了社會主義陣營內與馬克思主義的爭鬥。他被看作是無政府主義學說和派別的創始人，被尊為「無政府主義運動之父」〔註26〕。克魯泡特金在1883年的法庭辯護說：「人們還責備我，說我是無政府理論的始祖。這對我是大大過譽了，無政府理論的始祖是不朽的蒲魯東，他在1848年第一次敘述了這個理論。」〔註27〕而巴枯寧則說蒲魯東是「我們共同的偉大的和真正的導師」〔註28〕，「你總應當承認，你一貫敵視的蒲魯東如今是巴黎和政治著作界唯一還有點見識的人。」〔註29〕

「無政府主義」這個詞最早是由蒲魯東提出來的，他宣稱「我是一個名符其實的無政府主義者」。在1840年《什麼是所有權》中，他就以「財產就是盜竊」開始了對於資產階級私有制以及國家的攻擊，高倡「無政府狀態就是沒有主人，沒有元首」〔註30〕，要致力於「獨立、自由、平等」的理想社會。他對自由的界定是自由就是平等，自由就是無政府狀態，自由就是無限的多樣性，自由就是相稱性。〔註31〕在對絕對自由與無政府狀態的終極追求上蒲魯東與施蒂納是一樣的，但超越於施蒂納之處在於他尊奉「自由之神」時，同時將「平等之神」也奉為同等地位。「啊，自由之神！平等之神！在我

出版社，1981年，第123頁。類似以哲學的和文學的無政府主義與政治的社會的無政府主義相區分的說法，其後亦可見葉麐《「無強權主義的根據」及「無強權的社會略說」》（《無政府主義批判》第136頁，原載《新潮》二卷三號，一九二〇、二），李達（江春）《無政府主義之解剖》：「無政府主義通例分為兩種。一為個人的無政府主義（或稱哲學的無政府主義）。一為社會的無政府主義（或稱科學的無政府主義）。」（《無政府主義批判》第34頁，原載《共產黨》四號，一九二一、五、七）

〔註26〕徐覺哉：《社會主義流派史》，上海人民出版社，1999年，第91～93頁。亦見【英】G·D·H·柯爾：《社會主義思想史》第一卷，何瑞豐譯，商務印書館，1977年，第218頁：「儘管在一些早期著述家——特別是威廉·葛德文——提出無政府主義這一名稱以前，無政府主義學說已經發展了，然而蒲魯東畢竟仍舊稱得上是無政府主義運動之父。」

〔註27〕徐覺哉：《社會主義流派史》，上海人民出版社，1999年，第91頁。

〔註28〕巴枯寧：《巴枯寧言論》，三聯書店，1978年，第133頁。

〔註29〕巴枯寧：《巴枯寧言論》，三聯書店，1978年，第14頁。

〔註30〕蒲魯東：《什麼是所有權》，商務印書館，孫署冰譯，1963年，第288頁。

〔註31〕蒲魯東：《什麼是所有權》，商務印書館，孫署冰譯，1963年，第292頁。

的理智還沒有能夠懂得正義感以前就把它放在我心中的神，請你聆聽我的熱烈的祈禱吧。」〔註32〕在他看來，平等是自由的基礎，「自由就是平等，因為自由只能存在於社會狀態中，如果沒有平等，就沒有社會。」〔註33〕「人在平等中尋求正義，同樣地，社會則在無政府狀態中尋求秩序。」〔註34〕對平等的強調使蒲魯東的無政府主義在一開始就決定了與施蒂納的個人無政府主義在未來發展的不同軌迹。

　　1848 年後，蒲魯東進一步發展和完善了其無政府主義理論系統。他反對私有制，代之以個人佔有基礎上和契約基礎上的互助主義制，並由此建立「自由聯邦」社會，由此，蒲魯東的理論也被稱作無政府互助主義。

　　雖然蒲魯東 1865 年去世，但蒲魯東主義仍在第一國際前期有著很大影響，他們與馬克思主義的主要鬥爭在於兩點上。一是其絕對自由理念下，既反對資產階級的國家政權，同時也反對建立無產階級專政的國家。二是蒲魯東主義是一種小資產階級改良主義，他反對無產階級一切的階級鬥爭和暴力革命，甚至反對工人的罷工等政治鬥爭，在他看來，主要的任務不是政治變革，而是社會變革。因此，他又被稱作無政府主義的溫和派。蒲魯東主義的衰落除馬克思主義在理論和實踐中對其鬥爭外，另一致命因素在於 1871 年巴黎公社革命中的實踐檢驗，「蒲魯東主義者所實行的唯一社會措施就是拒絕沒收法蘭西銀行，而這卻是公社覆滅的一部分原因。」〔註35〕「公社同時是蒲魯東社會主義學派的墳墓」。〔註36〕

（四）巴枯寧的無政府集產主義

　　「無政府主義之中，葛德文和施梯納二人，和實際運動沒有一點關係。蒲魯東雖然在二月革命時站在街頭，他底思想也給與後代人以相當的影響，但和巴枯寧所及的影響相比，卻差得很遠，幾乎不足言道。實際，巴枯寧與其說是理論家，毋寧說是運動家。他在第一國際中，對於馬克思派底中央集權說，以自由聯合說相抗，不僅在社會思想上，就是在社會運動上，也有重

〔註32〕蒲魯東：《什麼是所有權》，商務印書館，孫署冰譯，1963 年，第 297 頁。
〔註33〕蒲魯東：《什麼是所有權》，商務印書館，孫署冰譯，1963 年，第 292 頁。
〔註34〕蒲魯東：《什麼是所有權》，商務印書館，孫署冰譯，1963 年，第 288 頁。
〔註35〕弗‧恩格斯：《論住宅問題》，《馬克思恩格斯全集》第 18 卷，人民出版社，1964 年，第 297 頁。
〔註36〕恩格斯：《〈法蘭西內戰〉導言》，《無政府主義批判》上冊，中國人民大學馬克思列寧主義基礎系編，中國人民大學出版社，1959 年，第 176 頁。

大的意義。無政府主義，明確地從社會主義分離，把色彩弄鮮明，就是這個時候。其後，社會主義和無政府主義，成為社會思想上底二大潮流，直到了今日。」〔註37〕羅素也說：「就像馬克思可看作現代社會主義的創始人一樣，巴枯寧也可看作現代無政府主義的創始人。」〔註38〕Ｇ・Ｄ・Ｈ・柯爾稱：「米哈伊爾・巴枯寧是馬克思在第一國際中的主要對頭，他即使不能算是現代無政府主義的鼻祖，無論如何也算得上無政府主義第一次形成有組織的國際運動時的傑出領袖。」〔註39〕

巴枯寧的一生富有「革命」的傳奇色彩。他身為俄羅斯貴族，卻參與民粹派運動，是19世紀七十年代民粹主義中村社社會主義理論、無政府主義「暴動派」的代表者；他一生參加世界各地的暴動不計其數，先後在德、奧、俄等國家監禁十二年，兩次被判死刑，最終從西伯利亞逃脫，成為無政府主義運動的領袖。他的影響直到19世紀末20世紀初歐美的無政府工團主義的主要理論也幾乎是巴枯寧無政府主義的翻版。〔註40〕而馬克思則概括說：「他的綱領是從各方面膚淺硬湊起來的混合物：如階級平等（！），廢除繼承權作為社會運動的出發點（聖西門的謬論），無神主義作為國際的會員必須遵奉的教義等等；而主要的教義（蒲魯東主義式的）是拒絕政治運動。」〔註41〕

巴枯寧綱領的首要基礎即是承認施蒂納、蒲魯東的個人絕對自由和反對一切權威。「對於人們來說，只存在一個唯一的教條，一項唯一的法律，一個唯一的道德基礎——自由。」〔註42〕「個人自由和集體自由是人類秩序的源泉和唯一基礎」，「無條件地排除權威原則和國家的必要性。自由應當是一切社會組織（不管是經濟組織還是政治組織）的唯一建立法則。」〔註43〕一切對自由產生束縛的東西——國家、宗教、法律、政黨等等都是他要破壞的

〔註37〕波多野鼎：《近世社會思想史》，徐文亮譯，《無政府主義批判》下冊，中國人民大學馬克思列寧主義基礎係編，中國人民大學出版社，1959年，第46頁。

〔註38〕【英】羅素：《自由之路》，李國山等譯，文化藝術出版社，1998年，第32頁。

〔註39〕【英】Ｇ・Ｄ・Ｈ・柯爾：《社會主義思想史》第二卷，何瑞豐譯，商務印書館，1978年，第214頁。

〔註40〕藍瑛、謝宗範主編：《社會主義流派政治思想述評》，上海社會科學院出版社，1988年，第12頁。

〔註41〕中國人民大學馬克思列寧主義基礎系編：《無政府主義批判》上冊，中國人民大學出版社，1959年，第266頁。

〔註42〕巴枯寧：《巴枯寧言論》，三聯書店，1978年，第74頁。

〔註43〕巴枯寧：《巴枯寧言論》，三聯書店，1978年，第78頁。

對象，「破壞的欲望也就是創造的欲望」〔註44〕成為他的名言。他的傳記作者卡爾這樣稱呼他：「說到底，巴枯寧的自由概念就是極端個人主義。這是浪漫式的學說合乎邏輯的結論……巴枯寧在理論上最瘋狂地鼓吹自由，是古往今來最徹底的自由主義者。」〔註45〕巴枯寧說：「總之，我們否定一切立法，一切權威，一切特權的、特許的、官方的和法律的影響，即使它是從普選中產生的，我們確信它只會有利於少數占統治地位的剝削者，而損害那屈服於他們之下的極大多數人的利益。我們是真正的無政府主義者就是這種意思。」〔註46〕因為「我們的確是任何政權的敵人」〔註47〕，所以，任何政權和企圖建立政權的人也都把他作為敵人。這既是他成為革命者的原因，同時，也是他分裂國際，成為馬克思主義敵人的原因——因為馬克思主義主張建立無產階級政黨和建立無產階級專政的政權，而他則同樣反對之：「革命專政和國家政權之間的全部差別僅僅是表面上的。」〔註48〕不要權威在現實世界中是不可能的，尤其是不要無產階級專政的權威，那就只能是任由資產階級專政的權威的肆虐——這也就是恩格斯在《論權威》一文中駁斥他的根

〔註44〕 巴枯寧：《巴枯寧言論》，三聯書店，1978年，第3頁。
〔註45〕 【英】愛德華・哈利特・卡爾：《巴枯寧傳》，宋獻春等譯，中國人民大學出版社，1985年，第459頁。甚至於該書中記載道：「他（巴枯寧）鼓吹只要一物尚存，就要摧毀到底，即使沒有造反的對象也要造反。他對於建立新秩序的建設性工作卻沒有多大興趣。臨時政府成員說的兩句很精闢的話仍可見之於巴枯寧的稗史。科西迪耶爾說他『真是個怪人！革命的第一天是個寶貝，第二天就該槍斃。』弗洛孔說：『如果有三百個巴枯寧，法國就無法治理了。』」【英】 愛德華・哈利特・卡爾：《巴枯寧傳》，第153～154頁。〕
〔註46〕 巴枯寧：《巴枯寧言論》，三聯書店，1978年，第223～224頁。
〔註47〕 巴枯寧：《巴枯寧言論》，三聯書店，1978年，第324頁。
〔註48〕 巴枯寧：《巴枯寧言論》，三聯書店，1978年，第325頁。巴枯寧說：「按他們的解釋，人民國家不是別的，而是『上陞為統治階層的無產階級』。請問，如果無產階級將成為統治階級，它將統治誰呢？就是說，將來還有另一個無產階級要服從這個新的統治，新的國家。例如，大家都知道，賤農是不被馬克思主義者賞識的，而且是文化程度最低的，他們大概要受城市的和工廠的無產階級的管理……如果有國家，就必然有統治，因而也就有奴役：沒有公開的或隱蔽的奴役的國家，是不可想像的，這就是我們要與國家為敵的原因……由全民選舉所謂人民代表和國家統治者的普遍的、人人享有的權利，——這就是馬克思主義者以及民主學派的最新成就，——都是謊言，它掩蓋著少數管理者的專制，更危險的是，它好像是所謂人民意志的表現。」（《巴枯寧言論》，三聯書店，1978年，第328～331頁）巴枯寧上述對政權，即便是無產階級政權以及人民代制國家的攻擊，從後來斯大林政權的專制和對農民的損害來看，並非沒有一絲道理，但問題在於不能由此得出不要政權的結論。

本所在。解決這個矛盾的途徑只能是通過建立無產階級專政國家，最終過渡到取消國家，而不是空想的「一天之內消滅國家」。

既要個人絕對自由，又要一切人經濟與政治的平等，這個矛盾是無法調和的。普列漢諾夫說：「施蒂納和普魯東的無政府主義是徹底個人主義的。巴枯寧『不願意』要個人主義，或者說得更正確些，他只『願意』要個人主義的一個方面。因此他就發明了無政府主義的集體主義。」〔註49〕這個無法調和的矛盾，巴枯寧的解決方法是自由個人的自由聯合和聯邦制：「一切政治和經濟組織，整個來說，都不應像現在那樣自上而下，從中央到地方按照統一的原則來組織，而應當自下而上、從地方到中央按照自由聯合和聯邦的原則來組織。」〔註50〕這樣的理論指導下，巴枯寧派對於社會主義陣營內表現為分裂主義，對於資產階級政權的鬥爭則表現為政治冷淡主義，因為他認為任何參與資產階級政權下政治活動的鬥爭都是承認資產階級政權的「妥協」，這種政治冷淡主義同樣嚴重損害到無產階級的革命鬥爭事業，馬克思的《政治冷淡主義》一文深刻揭示出它的危害性之巨。恩格斯也針對這種政治冷淡主義和分裂主義說：「在工人階級鬥爭的歷史中，我們第一次在工人階級內部遇到了一個目的不是要摧毀現存的剝削制度，而是要摧毀為反對這種制度而進行最堅毅鬥爭的協會秘密陰謀。這是一個旨在反對無產階級運動本身的陰謀。……它在鼓吹起削弱作用的絕對放棄任何政治活動的學說。」〔註51〕在1872年第一國際海牙代表大會將巴枯寧開除後，他在瑞士公開召開「反權威主義」大會，成立無政府主義國際，公開分裂了第一國際。

否定了無產階級政黨和政治鬥爭，那麼，巴枯寧靠什麼來實現他的「革命」呢？他提出的方法是「直接行動」——即超越具體歷史階段的任何情況下的總同盟罷工、暴動，這種後來列寧曾予以批判的盲動症、左派幼稚病只能葬送革命的大好局勢，而現實鬥爭則是對巴枯寧理論最有力的否定。1870年法國里昂起義中，「里昂事件表明，只用一紙廢除國家的命令遠遠還不足以實現這一切美妙的諾言。但是，只用資產階級國民自衛軍的兩個連，就足以粉碎這個美妙的幻想並且迫使巴枯寧收起他那創造奇跡的命令趕快溜往日內

〔註49〕【俄】普列漢諾夫：《無政府主義和社會主義》，王蔭庭譯，三聯書店，1980年，第72頁。

〔註50〕巴枯寧：《巴枯寧言論》，三聯書店，1978年，第78頁。

〔註51〕弗・恩格斯：《總委員會告國際工人協會全體會員書》，《馬克思恩格斯全集》第18卷，人民出版社，1964年，第133頁。

瓦去了。」〔註52〕恩格斯《行動中的巴枯寧主義者》一文歸納了巴枯寧主義者所參加的「直接行動」在1873年西班牙革命的種種「功績」：「所謂的無政府狀態、獨立小組的自由聯合等原則的唯一結果，只能是無限制地和荒謬地分散革命的鬥爭力量，讓政府用一小撮兵士幾乎沒有遇到抵抗就把各個城市一一征服。」結論就是——「總而言之，巴枯寧主義者在西班牙給我們提供了一個不應當如何進行革命的絕好的例子。」〔註53〕而列寧也由此說：「無政府主義者是絕望的產物。它是失常的知識分子或遊民的心理狀態，而不是無產者的心理狀態。」〔註54〕

總之，巴枯寧的無政府主義是唯心主義的，個人主義的和矛盾的，無論在理論上，還是實踐中，都已破產。

（五）克魯泡特金的無政府共產主義

克魯泡特金是巴枯寧後又一位無政府主義領袖，他將無政府主義理論加以系統化和完善，「克魯泡特金是無政府主義的集大成者」〔註55〕。克魯泡特金出身於俄國最高貴族，少年時本可成為沙皇侍從，從而飛黃騰達，但他卻最終選擇了從民粹派到無政府主義革命的道路。他是19世紀著名的大地理學家，同時有高尚的人格，被尊為「無政府主義的聖徒」、「俄國革命之父」。〔註56〕

〔註52〕 卡·馬克思和弗·恩格斯：《社會主義民主同盟和國際工人協會》，《馬克思恩格斯全集》第18卷，人民出版社，1964年，第383頁。

〔註53〕 弗·恩格斯：《行動中的巴枯寧主義者》，《馬克思恩格斯全集》第18卷，人民出版社，1964年，第539～540頁。

〔註54〕 列寧：《無政府主義和社會主義》，《列寧選集》第一卷，中共中央馬克思恩格斯列寧斯大林著作編譯局編，人民出版社，1972年第2版，第218頁。

〔註55〕 李達（江春）：《無政府主義之解剖》，《無政府主義批判》（中國現代哲學史資料彙編第一集第四冊），鍾離蒙、楊鳳麟主編，遼寧人民出版社，1981年，第37頁。

〔註56〕 【俄】B.A.特瓦爾多夫斯卡婭：《我的自傳·1966年俄文本前言》，巴金譯，三聯書店，1985年，第548、549頁。勃蘭兌斯說克魯泡特金：「他從來不是一個復仇心切的人，但始終是一個殉道者。他從不強迫他人作犧牲：他總是自己作出犧牲。……他是一個不事鋪張、不打旗號的革命家。他非笑一切的宣誓和儀式（謀叛者通常總愛用什麼宣誓和儀式把自己裝扮得像演戲一般）。此人乃是質樸的化身。在人格上，他可以和世界各國任何爭自由的戰士比肩而立而毫不遜色。沒有人比他更公正無私，他愛人之深切，也沒有人能勝過他。」〔克魯泡特金：《我的自傳·英文本序（格奧爾格·勃蘭兌斯作）》，《巴金譯文全集》第一卷，人民文學出版社，1997年，第8頁〕馬丁·艾·米勒說：「他作為榜樣的力量之所以特別強大，是因為在一些最基本的方面，他畢

　　克魯泡特金關於絕對自由、反對一切強權的理論，強調正義、平等等都是對蒲魯東、巴枯寧無政府主義理論的繼承。而他對於無政府主義理論最重要的突破便是為無政府主義確立了「科學的」基礎──「互助論」。他在考察動物之間的互助，蒙昧人、野蠻人、中世紀城市到現代人的互助後，得出「互助為一個自然法則和進化的要素」，「互助」是生物的本能，「互助法則」是一切生物包括人類在內的進化法則，稱「互助論」是對達爾文強調生物競爭的進化論「彌補一個重大的空白」。〔註 57〕「他（克魯泡特金）以科學的方法，證明即使沒有權威，社會生活仍是可能，甚至於較善。這就是他底有名的互助論，他底無政府主義，被稱為科學的無政府主義，其理由便在於此。」〔註 58〕

　　克魯泡特金另一大突破是將無政府主義與共產主義結合，對巴枯寧的無政府主義集體主義加以改造，正式提出「無政府共產主義」論。「我們認為無論任何社會，只要廢止了私有財產後，便不得不依著共產的無政府的方向進行。由無政府主義生出共產製；由共產製達到無政府主義。」〔註 59〕要求在公有制基礎上放棄按勞分配，而實行「各盡所能，各取所需」的分配原則，取消工錢制度。在他看來，馬克思主義的共產主義不過是國家社會主義，也即是國家資本主義，「我們的共產主義並不是傅立葉和共同居住論者的共產主義，也不是德國國家社會主義者的共產主義，這是無政府主義者的共產主義，即是說沒有政府的共產主義──自由的共產主義。這是我們人類經年累月所追求的二大理想之綜合。這二大理想就是──經濟的自由和政治的自由。」〔註 60〕馬克思的科學社會主義以經濟學和政治學為基礎，而克魯泡特金則企圖將所謂「科學無政府主義」建立在生物學和倫理學的基礎上。道德問題一直是他關注的重要問題，《互助論》可謂他道德學說的一個緒論〔註 61〕，他的遺著《倫理學》中將互助、公正、自我犧牲歸為道德的三要素，由互助本能

　　　　生都是按照他自己的思想和信仰行事的。」【美】馬丁・艾・米勒：《克魯泡特金》，於亞倫等譯，黑龍江人民出版社，1982 年，第 351 頁。

〔註 57〕　【俄】克魯泡特金：《互助論》，李平漚譯，商務印書館，1963 年，第 12 頁。

〔註 58〕　波多野鼎：《近世社會思想史》，徐文亮譯，《無政府主義批判》下冊，中國人民大學馬克思列寧主義基礎系編，中國人民大學出版社，1959 年，第 93 頁。

〔註 59〕　【俄】克魯泡特金：《麵包與自由》，巴金譯，商務印書館，1982 年，第 56 頁。

〔註 60〕　【俄】克魯泡特金：《麵包與自由》，巴金譯，商務印書館，1982 年，第 61 頁。

〔註 61〕　【俄】克魯泡特金：《倫理學・俄文原本編者列別傑夫序》，《巴金譯文全集》第十卷，人民文學出版社，1997 年，第 11 頁。

而生出仁慈、同情及愛的感情，這些本能與感情生出了人的道德。〔註62〕倫理學是他的無政府主義共產主義理論的又一個支點，「他就把正義的觀念與平等的觀念連結在一起從而他的倫理學也和他的自由社會主義（無政府共產主義）連在一起。他的社會主義的原理是『各盡所能，各取所需』，他的倫理學原則也就是『無報酬地給與他人』。他的倫理的公式，『無平等則無正義無正義則無道德』也就由此構成了。」〔註63〕顯然，這種所謂「科學」理論支撐是唯心主義的、虛幻的，但對於飽受壓迫，渴望正義，憧憬愛的哲學的人們來說，卻又是有著很大迷惑性的。

（六）當代無政府主義

　　二十世紀初，無政府主義曾風行一時。在蘇聯，有克魯泡特金的無政府共產主義，歐美有無政府工團主義，在亞洲日本、中國等也卷起了無政府主義的風潮。但它們很快衰落下去，一方面，共產主義政黨、政權對之進行了鬥爭和壓制，實際的革命實踐也淘汰了空談的無政府主義；另一方面，在資本主義世界，隨著二十世紀三十年代經濟危機，國家權力對經濟的強力干預與國家資本主義的興起也壓縮了無政府主義的生存空間，無政府主義全面衰落。但是，在六十年代，無政府主義思潮在歐美再度崛起，尤以青年文化為主要載體，以1968年為標誌，發起了席卷法、美、英、德、意等諸多國家的反叛運動，六十年代人由此被稱為「反叛的一代」。黑旗與紅旗共同領導了這場革命，「『這次革命』，他指著身後的旗幟道，『是為了樹立社會主義和工人國家的紅旗而進行的，是為樹立無政府主義和個人主義的黑旗而進行的。』」〔註64〕而華勒斯坦等認為1968年是反體系運動，是類似於1848年的「世界規模的革命和一次世界歷史性的大預演。」〔註65〕「只有兩次世界革命。一次發生於1848年。第二次發生在1968年。兩次革命都是歷史性的失敗。兩次革命都改變了世界。兩次革命都沒有計劃，因此在某種深刻的意義上都是自發的──這件事實說明了兩件

〔註62〕【俄】克魯泡特金：《倫理學‧俄文原本編者列別傑夫序》，《巴金譯文全集》第十卷，人民文學出版社，1997年，第11頁。

〔註63〕【俄】克魯泡特金：《倫理學‧中譯本附錄‧克魯泡特金的〈倫理學〉之解說》，《巴金譯文全集》第十卷，人民文學出版社，1997年，第453頁。

〔註64〕【英】塔里克‧阿里、蘇珊‧沃特金斯：《1968年：反叛的年代》，范昌龍等譯，山東畫報出版社，2003年，第112～113頁。

〔註65〕【美】伊曼努爾‧華勒斯坦等：《自由主義的終結》，郝名瑋、張凡譯，社會科學文獻出版社，2002年，第356、357頁。

事實：它們失敗了，它們改變了世界。」〔註66〕對於 1968 年革命意義的闡釋，西方學者有著多重角度的分析，但幾乎都承認它具有「分水嶺」意義。〔註67〕

六十年代革命出現的歷史背景迥異於歷史上為「麵包」而進行的革命，正如默里·布克勤所說，它是「匱乏時期以後的無政府主義」，這是一場為「自由」的革命。「它的爆發，正值西方資本主義經濟的繁榮期。從 1945 年到 1970 年的四分之一的世紀裏，歐洲和美國的經濟都處於增長、擴展和繁榮時期，這與 20 世紀上半葉資本主義世界遇到的經濟困難形成鮮明的對比。……歐洲各國一改戰前普遍存在的失業和經濟呆滯，60 年代歐洲各國的失業率僅為 1.5％。法國人把這段歷史稱為『光輝的三十年』，英美社會則有『四分之一黃金時代』之說。」〔註68〕以往的因貧困而引發革命的理論已經失效。

從革命的主體來看，參加這場運動的主體者已經變化，不再是在貧困線上掙扎的工人、農民階級，相反，是富裕的中產階級子弟，是知識分子，這標誌著革命性質的變化。正如 1968 年 5 月 4 日楠泰爾學院的法國共產黨委員會發表的攻擊學生運動的聲明所說：「某些小群體（無政府主義者、托派、毛派等等）他們的絕大多數成員都來自中產階級上層，並且，他們為德國無政府主義者科恩·邦迪所領導。」〔註69〕「在最後一次大起義中，法國大革命中的無套褲漢高喊的口號是『要麵包，要 1793 年憲法！』美國貧民窟裏的黑人無套褲漢起來鬥爭時高喊的口號則是『黑人是美麗的！』『要愛，不要戰爭』。在這兩個口號之間世界發生了前所未有的重要變化。……在技術進步和自動控制有可能消除人剝削人的現象、苦役和任何形式的物資匱乏時，『黑人是美麗的！』『要愛，不要戰爭』的口號標誌著傳統的對生存的需要已轉變成一種有歷史意義的對生活的新的要求。」〔註70〕新老無政府主義者的構成差

〔註66〕【美】伊曼努爾·華勒斯坦等：《自由主義的終結》，郝名瑋、張凡譯，社會科學文獻出版社，2002 年，第 346 頁。

〔註67〕參見沈漢、黃鳳祝編著：《反叛的一代——20 世紀 60 年代西方學生運動·前言》，甘肅人民出版社，2002 年，第 1～3 頁。

〔註68〕沈漢、黃鳳祝編著：《反叛的一代——20 世紀 60 年代西方學生運動》，甘肅人民出版社，2002 年，第 2～3 頁。

〔註69〕沈漢、黃鳳祝編著：《反叛的一代——20 世紀 60 年代西方學生運動》，甘肅人民出版社，2002 年，第 270 頁。

〔註70〕默里·布克勤：《匱乏時期以後的無政府主義》，《當代無政府主義》，【美】特里·M·珀林編，吳繼淦、林爾蔚、姚俊德、林紀德譯，商務印書館，1984 年，第 307 頁。

別在於，「現在，那些良心受到譴責的貴族們和僧侶們被那些良心受到譴責的中產階級替代了。而這些人，同大量增加的生活豪放不羈的藝術家們一起，幾乎完全取代了以往無政府主義運動中的農民和貧民。」〔註71〕如果仍用「階級論」來解釋，那麼，則只能沿引美國激進社會學家阿爾文·古爾德納的「新階級」概念。新的歷史條件下握有文化資本的知識分子集團「新階級」（學生，則是「新階級」的實習生），因為「上陞受挫」，而要求對自由和發展的新的革命。〔註72〕新階級面對舊的價值觀體系和政治體制，進入「質疑權威的年代」，爆發出全面解放的革命要求，「使我們團結在一起的，首先是我們都相信質疑權威的時代到來了。政治的、社會的、性的、所有的清規戒律，都該受到挑戰並予以打破的時候到來了。解放的觀念傳遍全球，速度之快令人吃驚。」〔註73〕「1968 年的事件就已使政治激進主義全球化了」，「1968 年是創造新世界的嘗試，是政治、文化和個人關係的新起點。」〔註74〕如特里·M·珀林所說，60 年代革命是「作為一種批判和一種可能性的無政府主義」〔註75〕。「人們對社會制度展開了廣泛的批評——二百年前表現為啓蒙運動，今天則表現為對一切事物的批判。這種批判態度滲入到了下面，從根本上加速了分子運動。」〔註76〕

60 年代革命爆發的首要價值目標是對於工具理性造成的異化的反抗。「無政府主義理論的出現正是對機器文明固有的弊病，即人的異化的一種反應。」〔註77〕面對這種異化造成的社會與生活的全面平庸化束縛，生活與生命力全

〔註71〕 喬治·伍德科克：《無政府主義捲土重來》，《當代無政府主義》，【美】特里·M·珀林編，吳繼淦、林爾蔚、姚俊德、林紀德譯，商務印書館，1984 年，第 37 頁。

〔註72〕 參見【美】阿爾文·古爾德納：《新階級與知識分子的未來》，杜維眞等譯，人民文學出版社，2001 年。

〔註73〕 【英】塔里克·阿里、蘇珊·沃特金斯：《1968 年：反叛的年代·引言》，范昌龍等譯，山東畫報出版社，2003 年，第 3 頁。

〔註74〕 【英】塔里克·阿里、蘇珊·沃特金斯：《1968 年：反叛的年代·引言》，范昌龍等譯，山東畫報出版社，2003 年，第 2 頁。

〔註75〕 《當代無政府主義》第六部分標題，【美】特里·M·珀林編，吳繼淦、林爾蔚、姚俊德、林紀德譯，商務印書館，1984 年，第 276 頁。

〔註76〕 默里·布克勤：《匱乏時期以後的無政府主義》，《當代無政府主義》，【美】特里·M·珀林編，吳繼淦、林爾蔚、姚俊德、林紀德譯，商務印書館，1984 年，第 304 頁。

〔註77〕 埃米爾·卡布亞：《紅旗與黑旗》，《當代無政府主義》，【美】特里·M·珀林編，吳繼淦、林爾蔚、姚俊德、林紀德譯，商務印書館，1984 年，第 124 頁。

面僵化和喪失活力，傳統的老左派對此也同樣開始了僵化，喪失了其先鋒的戰鬥力，他們已經淪爲議會政治下的附庸，並成爲維護既存政治體制與生活模式的一部分。從而，新左派開始取代老左派，成爲推動解放運動的火車頭。60 年代革命「主旨基本上是相同的：全面實現尚未實現的人類自我解放的現代性。技術現代性是個容易使人上當的陷阱。形形色色的自由主義者——自由派自由主義者、保守派自由主義者以及社會主義派自由主義者（即老左派）——不可信賴；他們實際上是通往解放的主要攔路虎。」〔註78〕「1968 年，那些對意識形態上傾向於自由主義的一致性表示不滿的人們，轉向憑藉無政府主義和（或）毛主義反對自由社會主義意識形態。」〔註79〕從政治層面說，「『新左派』最基本的特點是它反對資本主義國家權利和政黨，對官僚和代議制政府表示不信任。『新左派』要求不僅在大學中，而且在廣泛的社會各層次實行分享民主制，這種見解帶有盧梭思想和半無政府主義思想的痕迹。因此『老左派』批評『新左派』有烏托邦傾向，追求權力但不負責任。」〔註80〕新左派促使老左派認識到，「現在在街頭鬥爭中黑旗向紅旗挑戰並非偶然。現在，在這裏有一種自由觀念復活了。現在到了提醒一些政治領袖和工人領袖注意到一個社會若沒有眞正的民主就是一所兵營的時候了。」〔註81〕從文化層面說，60 年代革命追求的是反政治、反體制、反文化，追求的是「爲所欲爲」「無法無天」的絕對自由的生活方式。政治領域的反叛只是導火索，引爆了文化領域的全面批判與反叛，而文化領域的叛逆又反過來醞釀和加速著政治領域的運動，由此，形成了改變整個世界價值觀與生活方式的「世界革命分水嶺」。正如中國古語「倉廩實而知禮節」、「飽暖思淫欲」所揭示的一樣，馬斯洛的「人的需求」的幾重層次中，在基本的物質層面的生存需求滿足後，自我實現的需求便突顯出來，現在，「自由」的革命呼求突現出來。而一旦以「自由」爲標尺，那麼既往的所謂輝煌的物質文明體系便被歸諸於「虛無」之中，因爲物質化的既往文化體系都以對「自由」的扼殺爲代價。而現在，

〔註78〕 【美】伊曼努爾‧華勒斯坦等：《自由主義的終結》，郝名瑋、張凡譯，社會科學文獻出版社，2002 年，第 137 頁。

〔註79〕 【美】伊曼努爾‧華勒斯坦等：《自由主義的終結》，郝名瑋、張凡譯，社會科學文獻出版社，2002 年，第 239 頁。

〔註80〕 沈漢、黃鳳祝編著：《反叛的一代——20 世紀 60 年代西方學生運動》，甘肅人民出版社，2002 年，第 23 頁。

〔註81〕 沈漢、黃鳳祝編著：《反叛的一代——20 世紀 60 年代西方學生運動》，甘肅人民出版社，2002 年，第 311 頁。

如同薩特的存在主義哲學一樣，〔註82〕「只有自由能與虛無相對抗：它的不確定，它的無限廣度和深度，甚至它的形而上美感，都使它與虛無對峙而不致被對方吞沒。自由對虛無的充填便是充實；人類對自由的追求又充實了自由。」〔註83〕追求自由的自由意志論者的身份最終會發生變化，「一個人怎麼可能一邊支持個人的權利一邊支持獨裁壟斷的政權呢。從這時起，他覺得『無政府主義是合理』。像 SDS（Students for Democracy Society，美國學生爭取民主社會組織，重要的新左翼組織）成員的激進化過程伴隨著身份的轉變——從左翼人士到激進分子到馬克思主義者或者革命者一樣——很多自由意志論者在自我標識方面經歷了轉變，從自稱『自由意志論者』到最終的『無政府主義者』或『無政府—資本主義者』。」〔註84〕

　　默里‧布克勤歸納道：「這種日益強烈的抗拒已發展到了很深的程度。它由反對戰爭發展到仇恨任何形式的政治控制。從反對種族主義開始，進而對統治權力本身的存在提出疑問。從厭惡中產階級的價值標準和生活方式，迅速發展到對商品制度的抵制；從對環境污染感到惱怒，進而厭惡美國的城市和現代城市居民的生活方式。總之，它趨向於超越對社會的某一現象進行具體批判，而要以日益擴大的規模對資產階級的社會秩序進行全面的反抗。」〔註85〕無政府主義化革命一方面是將既往文明體系虛無主義化，一方面是對「自由」的極度張揚到狂歡化，革命與自由互相推動、激蕩。法國的口號變爲「我愈是革命，我就愈想做愛」、「禁止禁錮！」「嚴禁禁止」。〔註86〕德國

〔註82〕薩特存在主義的行動哲學和無政府主義自由觀、革命觀、國家觀等等有很多共同之處。關於這一點，薩特本人開始是否認的。但在晚年的著作《七十自述》中不得不承認兩者的共同性：「如果人們重讀我的全部著作，人們將會明白，我在骨子裏沒有改變，我始終是無政府主義者。……這是眞的。」他還說：「當我在寫《作嘔》時，我不知道自己是無政府主義者，我不明白對我寫的東西可以有一個無政府主義的詮釋，我只是看到『作嘔』這個形而上學觀念以及與形而上學的存在觀念的關係。原來我通過哲學發現了活在我自己身上的這個無政府主義。」（轉引自周積泉：《無政府主義思想批判》，福建人民出版社，1984年，第244頁。）
〔註83〕周倫祐：《反價值時代》，四川人民出版社，1999年，第23頁。
〔註84〕【美】理伯卡‧E.卡拉奇：《分裂的一代》，覃文珍、蔣凱、胡元梓譯，社會科學文獻出版社，2001年，第157頁。
〔註85〕默里‧布克勤：《匱乏時期以後的無政府主義》，《當代無政府主義》，【美】特里‧M‧珀林編，吳繼淦、林爾蔚、姚俊德、林紀德譯，商務印書館，1984年，第303～304頁。
〔註86〕沈漢、黃鳳祝編著：《反叛的一代——20世紀60年代西方學生運動》，甘肅人

的是「馬克思以科學爲根據搞革命，我們邊玩邊跳舞邊革命。」〔註87〕而美國，則是從「垮掉的一代」向「嬉皮士文化」發展，搖滾樂、性亂、吸毒，都成爲個性與革命的表達。這種反政治化自由的要求逐步走向無政府主義化、日常生活化、反文化化。「很清楚，今天革命的目的必須是解放日常生活。未能實現這個目標的任何革命都是反革命。首先，必須獲得解放的是我們，是我們的日常生活，包括每日、每時、每刻，而不是泛泛的『歷史』和『社會』。」「必須使革命完全體現在生活中，而不僅僅是參加革命。」「在這些革命中，每個人的個性得以盡情地表現出來，呈現出一片歡樂和團結的氣氛，使日常生活變成了節日。」〔註88〕60年代革命的自由、解放訴求既帶來了合理的變化，同時也帶來了嬉皮士文化、道德墮落、乃至恐怖主義暴力等新的問題。

無政府主義是60年代革命中的主動力之一，但是，它畢竟只是之一，「到現在爲止還從來沒有發生過無政府主義革命，或許根本不可能發生。」〔註89〕60年代也不可能稱爲「純」無政府主義運動。『純』無政府主義是不存在的。人們只能將無政府主義的原則應用到社會生活的現實中。無政府主義的目的是激起一種推動社會向自由方向前進的力量。只有從這個觀點出發，才能夠正確地評價無政府主義與現代生活的關係。」〔註90〕正因爲60年代革命的無政府主義化色彩，它促成了西方世界日常生活方式與價值觀、思維方式的「分水嶺」式改變，而這種改變之一，便是爲後現代主義、解構主義哲學、文化、藝術的泛濫衝開了閘門。非理性、反文化、無中心的哲學時代由此開始了。

民出版社，2002年，第307頁。

〔註87〕 沈漢、黃鳳祝編著：《反叛的一代——20世紀60年代西方學生運動》，甘肅人民出版社，2002年，第342頁。

〔註88〕 默里・布克勤：《匱乏時期以後的無政府主義》，《當代無政府主義》，【美】特里・M・珀林編，吳繼淦、林爾蔚、姚俊德、林紀德譯，商務印書館，1984年，第300頁，302頁。

〔註89〕 【美】特里・M・珀林編：《當代無政府主義》，吳繼淦、林爾蔚、姚俊德、林紀德譯，商務印書館，1984年，第277頁。

〔註90〕 薩姆・多爾戈夫：《無政府主義與現代社會的關聯》，《當代無政府主義》，【美】特里・M・珀林編，吳繼淦、林爾蔚、姚俊德、林紀德譯，商務印書館，1984年，第57頁。

二、無政府主義在中國

　　20 世紀初，中國的留學生開始在國外接觸到無政府主義，開始宣傳無政府主義，組成無政府主義團體。最早的「天義派」成立於中國接觸西方世界的窗口——日本，而新世紀派則成立於無政府主義在 19 世紀末、20 世紀初的活動中心——法國。國內出現的第一個無政府主義團體是劉師復組織的「晦鳴學舍」，後改爲「民聲社」，並形成國內無政府主義的正統派別——師復主義。

　　中國無政府主義者在理論上，全面繼承了世界無政府主義的理論體系，主要起到繼承和傳播作用，並無大的新創造與突破。其基本教義爲宣傳絕對自由與絕對反權威，反對國家、法律、宗教、政黨、政治；在實踐中，主要採用直接行動——暗殺與工團主義的罷工；另外，也接受了托爾斯泰的泛勞動主義，部分人進行了新村主義的實踐。國內無政府主義者主要以巴枯寧的無政府工團主義、克魯泡特金的無政府共產主義爲旗幟，而個人無政府主義則在五四時期才出現了朱謙之及「奮鬥社」，但不居主流。

（一）天義派與新世紀派

　　1907 年 6 月，留日學生劉師培、張繼、何震等人，受日本社會黨硬派（即無政府派）影響，發起組織「社會主義講習會」，並創辦《天義報》（後改名《衡報》），成爲第一個無政府主義團體。因張繼很快去向法國，章太炎初積極參與講習會，後因與劉師培、何震發生衝突而離開該會，並逐步轉向對無政府主義的批判，故而，天義派的核心實爲劉師培。至 1908 年秋，《衡報》被封，劉師培、何震、汪公權年底回國，並依附於端方，叛變革命，天義派宣告結束。

　　新世紀派則由留歐學生李石曾、吳稚暉、張繼、褚民誼、張靜江等於 1907年 6 月 22 日在法國巴黎創辦《新世紀》周刊，宣告成立。《新世紀》於 1910年 5 月 21 日停刊，1911 年武昌起義後，這些人先後回國，活動停止。

　　天義派、新世紀派作爲辛亥革命前中國的兩個無政府主義團體，二者共同主張絕對自由與絕對反權威的無政府主義基本教義。但二者亦各有其特色。天義派以傳統文化爲背景，將無政府主義宣講多與中國傳統文化掛鈎，因此被稱作「無政府主義的國粹派」，這也是他們後來與封建清政府官僚妥協、投靠後者的一個文化基礎；而新世紀派則以西方思想、尤其是法國資產階級革命文化爲背景，其成員也多爲小資產階級上層知識分子。以此爲背景，

天義派更重以「平等」爲信條，而新世紀派則以資產階級文化的「自由、平等、博愛」爲宣教信條，並批評天義派的國粹傾向。在對待資產階級政黨同盟會上，二者也由此表現出明顯不同的態度。天義派初本爲同盟會成員，後不滿於孫中山等，而從同盟會分裂出來；而新世紀派則認爲建立資產階級民主共和制國家可以視爲通向共產主義的一個津梁，一個階段，故而基本認同同盟會現階段主張，具改良主義傾向，其成員先後加入同盟會，並在辛亥革命後基本逐步融入其資產階級政權，成爲後來國民黨的元老派，並積極推動了蔣介石政權的反共，主導了無政府主義與國民黨的「安國合作」。

（二）辛亥革命後的國內無政府主義：中國社會黨與師復主義

　　江亢虎自稱「國內宣講社會主義第一人」，宣傳其「三無」（無宗教、無國家、無家庭）主義「二各」（各盡所能，各取所需）學說，並於 1911 年組建中國社會黨。但江亢虎及中國社會黨只是一個改良性質的並包容多種政治派別聯合的派別，毛澤東 1956 年曾說：「中國也有過『第二國際』——江亢虎的中國社會黨。」〔註 91〕「江亢虎社會主義的最大特色表現在折衷主義的色彩上，即社會主義和無政府主義的混合、國家社會主義和個人社會主義的混合、新世紀派和天義派式的混合、甚至三民主義和三無主義的混合等。」〔註92〕正因爲這種折衷性，沙淦、樂無（即太虛）等無政府派以「惡紫之奪朱」爲由，於 1912 年 11 月脫離出來另組社會黨。只是由於社會黨、中國社會黨很快先後爲袁世凱所查禁解散，江亢虎也出國七年，逐步被人遺忘，後墮落爲漢奸。總之，江亢虎及中國社會黨儘管喧囂一時，但並不被無政府主義正統派認爲是眞正的無政府主義，劉師復先後發表《無政府共產主義釋名》、《孫逸仙江亢虎之社會主義》、《江亢虎之無政府主義》等文，進行無政府主義理論的清理和捍衛。

　　劉師復早年是堅定的排滿主義者，曾參加過同盟會並組織暗殺團，辛亥革命後，於 1912 年 5 月組織「晦鳴學舍」，創辦《晦鳴錄》周刊，宣佈實行無政府共產主義，《晦鳴錄》被查禁後改名《民聲》，故又被稱作「民聲派」，後又組織無政府共產主義同志社，形成中國無政府主義的正統派——師復主

〔註91〕轉引自汪佩偉著：《江亢虎研究》，武漢出版社，1998 年，第 82 頁。
〔註92〕【韓】曹世鉉：《清末民初無政府派的文化思想》，社會科學文獻出版社，2003年，第 180 頁。

義。劉師復本名劉思復，辛亥革命成功後，改名「師復」，並廢姓，從名字變化上即可看出其思想之變化。師復主義尤有兩大特色突出：一是奉無政府共產主義爲正宗，堅持「不完全，則寧無」的絕對態度；二是尤重於道德自律要求。新世紀派已有重視教育及道德以爲實現無政府主義之途徑，如吳稚暉有《無政府主義以教育爲革命說》，後又李石曾、汪精衛、吳稚暉、張繼於1912年共同發起進德會，約以「不狎妓、不賭博、不置妾，不作官吏、不作議員、不吸煙，不飲酒、不食肉」道德自律。師復發起的心社「十二不」社約爲「不食肉、不飲酒、不吸煙、不用僕役、不坐轎及人力車、不婚姻、不稱族姓、不作官吏、不作議員、不入政黨、不作海陸軍人、不奉宗教」，「心社乃以道德問題爲準的」。〔註93〕師復一方面系統地整理和闡述無政府共產主義理論體系，一方面自己身體力行，嚴格奉行無政府主義道德自律，獻身於無政府主義傳播事業，成爲中國無政府主義者的偶像。師復之死對無政府主義理論建設與實際運動都損失巨大，國內無政府主義事業也逐步從高峰走向衰落。

（三）五四時期的國內無政府主義及與馬克思主義的關係

五四前，無政府主義在國內社會主義思潮以及工人運動中佔據著主要位置，「一九一七年，我進北大預科讀書時，在北大圖書館裏，陳列著不少無政府主義的書刊。……在那個時候，所謂新思想，就是指的無政府主義思想。無政府主義思想揭發社會的黑暗，是作爲社會主義思潮被介紹到中國來的。」〔註94〕在師復主義的影響下，全國各地出現了大大小小許多無政府主義團體，宣傳刊物幾十種，尤以《進化》、實社《自由錄》、《勞動》、《北京大學學生周刊》影響爲大。

無政府主義內部主要有兩派，一是以師復主義爲旗幟的無政府共產主義派，骨幹分子多爲師復的同事、親友、學生，黃凌霜、區聲白等成爲新的代表人物，這一派是中國無政府主義的主流派。另一派則是以朱謙之與奮鬥社爲代表的個人無政府主義派，他們自稱虛無主義者，主張奮鬥主義，倡言宇宙革命、虛無革命，認爲黃凌霜、區聲白的無政府共產主義仍不夠徹底，只是通向虛無革命的一個階段。個人無政府主義派雖人數不多，在無政府主義

〔註93〕師復：《論社會黨》，《無政府主義思想資料選》（上），葛懋春等編，北京大學出版社，1984年，第298頁。
〔註94〕《朱謙之的回憶》，《無政府主義在中國》，高軍等主編，湖南人民出版社，1984年，第507頁。

運動中被邊緣化，但對思想界、文學界有較深刻影響。

　　隨著 1917 年「俄國革命一聲炮響」，馬克思主義也傳入中國，並迅速在國內思想界廣泛傳播，無政府主義與馬克思主義既合作又論爭的局面開始形成。「『五四』時，馬克思主義和無政府主義雖則是相反的，但在反對賣國政府，主張革命方面，二者是統一的，在反對賣國政府的條件上，二者是可以結合的，但在空想社會主義和科學社會主義之間，無政府主義逐漸向馬克思主義轉化。蔡元培也是有無政府主義傾向的（蔡尚思雖列舉八大理由，說明蔡元培是無政府主義者，其實，蔡元培只能說是個有無政府主義傾向者）。孫中山在《社會主義談》中，也反映了無政府主義思想。」〔註 95〕隨著馬克思主義的傳播，許多具有無政府主義傾向的人開始轉向馬克思主義，「據統計，中國共產黨『一大』時期的黨員 50 多人中，有 22 人不同程度地受到無政府主義的影響，如李大釗、毛澤東、瞿秋白、周恩來、彭湃、惲代英等。在中國近代史上，近代中國無政府主義思潮幾乎成了不少先進分子從民主主義向社會主義思想過渡的不可或缺的一環。」〔註 96〕「一九二〇年，共產主義小組組成時，無政府主義者也參加了，黃凌霜就是其中的一個。後來在討論黨綱時，黃凌霜等因反對無產階級專政而退出了。這種分化，在北京和其他各地的共產主義小組中都曾發生。」〔註 97〕「沒有經過無政府主義和空想主義這個環節，直接成為馬克思主義者的反而是少數人。因此，我們認為，以接受無政府主義和各種空想社會主義的影響為起點，最後走向馬克思主義，這是『五四』時期一個比較普遍的現象。」〔註98〕總的來看，在共產黨成立前，

〔註 95〕 《朱謙之的回憶》，《無政府主義在中國》，高軍等主編，湖南人民出版社，1984年，第 509 頁。

〔註 96〕 李怡：《近代中國無政府主義思潮與中國傳統文化》，華中師範大學出版社，2001 年版，第 509 頁。

〔註 97〕 《朱謙之的回憶》，《無政府主義在中國》，高軍等主編，湖南人民出版社，1984年，第 509 頁。

〔註 98〕 蔣俊、李興芝：《中國近代的無政府主義思潮》，山東人民出版社，1991 年，第 239 頁。對於早期馬克思主義者中的無政府主義思想因素的材料及論述，亦可參見《中國無政府主義史》（徐善廣、柳劍平著，湖北人民出版社，1989年）第 174～187 頁，《中國近代的無政府主義思潮》（蔣俊、李興芝著）第 238～244 頁，《近代中國無政府主義思潮與中國傳統文化》（李怡著）第 63～65頁，《清末民初無政府派的文化思想》（曹世鉉著）第 270～273 頁。關於馬克思主義與無政府主義鬥爭的材料可見《無政府主義批判》下冊（中國人民大學出版社，1959 年）第 222～325 頁，《無政府主義批判》〔（中國現代哲學史

無政府主義與馬克思主義是共生合作，成立後，二者開始分裂。「無政府主義在共產黨成立前，是有進步作用的，在黨成立後，可以說是反動的。」〔註99〕但在工人運動中，兩者仍進行了一段時間的共生合作，亦有稱之爲「安布合作」。一九二一年五一勞動節，廣州大遊行中「曾掛上兩個大畫像，一個是馬克思，一個便是克魯泡特金。當時遊行隊伍中，贊成共產主義的人佩著『紅領帶』，贊成無政府主義的人佩著『黑領帶』。」〔註100〕而范天均回憶說：「一九二四年後的『五一』勞動節，廣州許多無政府主義者參加工會罷工集會遊行，曾掛馬克思和克魯泡特金的像，許多次『五一』節集會遊行活動都經常見到，但遊行的人，是沒有佩帶『紅領巾』和『黑領巾』的。當時我參加東教場的集會，看到的是各工會隊伍都有自己的旗幟，會旗上端旗杆有的裝飾著『紅布條』，有的是裝飾『黑布條』，有的是加一小『紅旗』，有的加一小『黑旗』，紅的表示屬於馬克思主義的共產主義者組織的隊伍，黑的是表示信仰無政府主義者組織的隊伍。」〔註101〕

隨著馬克思主義政黨的成立，無政府主義思想已成爲共產黨組織進一步發展的障礙，與之進行鬥爭成爲不可避免的當務之急。1920年9月，陳獨秀發表《談政治》一文批判無政府主義，從而引發了無政府主義與馬克思主義的大論爭。國內的論爭又帶到了國外的共產主義小組旅歐支部，國外的爭論再度激發國內的討論和論爭，從國內到國外，「到處都是無政府主義者和馬克思主義在爭論。」其中，尤以陳獨秀與區聲白的三度書信往還爲高潮，系統地涉及到馬克思主義與無政府主義的各方面問題論爭。論爭的焦點包括絕對自由是否可能？權威需不需要？無產階級政黨需不需要？組織與紀律需不需要？無產階級專政政權是否需要建立？

無政府主義者攻擊馬克思主義的政黨與無產階級專政政權仍是對自由的束縛，而馬克思主義者則認爲，無政府主義主張的絕對自由是不可能的空想，必須建立無產階級政黨和無產階級專政政權，才能眞正實現社會主義，並最

　　　　資料彙編第一集第四冊），鍾離蒙、楊鳳麟主編，遼寧人民出版社，1981年〕第1～69頁。

〔註99〕《朱謙之的回憶》，《無政府主義在中國》，高軍等主編，湖南人民出版社，1984年，第511頁。

〔註100〕《鄭佩剛的回憶》，《無政府主義在中國》，高軍等主編，湖南人民出版社，1984年，第521頁。

〔註101〕《范天均的回憶》，《無政府主義在中國》，高軍等主編，湖南人民出版社，1984年，第534頁。

終過渡到共產主義社會。李達認為，「無政府黨是我們的朋友，不是我們的同志。無政府黨要推倒資本主義所以是我們的朋友。無政府黨雖然要想絕滅資本主義。可是沒有手段，而且反不免有姑息的地方，所以不是我們的同志。」〔註102〕無憚認為，「無政府主義的思想，根本上有兩種缺點，一是人性問題，一是經濟問題」〔註103〕，並指出無政府主義的空談在現實政治中的危害：「你們要自覺，切不要為有產階級底恩人，無產階級底敵人！」〔註104〕早在室伏高信作《無政府主義批評》中即指出：「所有無政府主義，大率對於人類性太過樂觀。故以為今世之人，都可與為善；理想樂境，不難達到；此其破綻一。而對於所有政治太抱悲觀。以為舉世混濁，莫可救藥。所有政治，徒苦我民。故捨『推翻』『破壞』無可設法。此其破綻二。」〔註105〕而李達則指出：「一切無政府主義，對於人性研究太樂觀了，對於政治太悲觀了。對於人性，與其樂觀，不如悲觀，較為合理。實在的說起來，將來實現的新社會中與其樂觀不如把悲觀做基礎實行建設，反為萬全之策。」〔註106〕對於無政府主義理論中個人主義與集體主義的內在矛盾，普列漢諾夫指出：「如果個人主義的無政府主義有許多矛盾，那麼在『共產主義』的無政府主義中就可以看出更多更多的矛盾；同克魯泡特金的同道比較，應當承認特凱爾的同道是思想方法徹底的人。『共產主義』的無政府主義，這就是圓的方形或荒誕的胡說，即某種同邏輯完全不可調和的東西。」〔註107〕而陳獨秀更具體地指出這種矛盾：「你若真相信無政府主義，我勸你還是相信斯悌納和托爾斯泰才對，因為要實行

〔註102〕 李達（江春）：《無政府主義之解剖》，《無政府主義批判》（中國現代哲學史資料彙編第一集第四冊），鍾離蒙、楊鳳麟主編，遼寧人民出版社，1981 年，第 34 頁。

〔註103〕 無憚：《我們為什麼主張共產主義》，《無政府主義批判》（中國現代哲學史資料彙編第一集第四冊），鍾離蒙、楊鳳麟主編，遼寧人民出版社，1981 年，第 41 頁。

〔註104〕 無憚：《奪取政權》，《無政府主義批判》（中國現代哲學史資料彙編第一集第四冊），鍾離蒙、楊鳳麟主編，遼寧人民出版社，1981 年，第 47 頁。

〔註105〕 室伏高信：《無政府主義批評》，陳伯儁譯，《無政府主義批判》（中國現代哲學史資料彙編第一集第四冊），鍾離蒙、楊鳳麟主編，遼寧人民出版社，1981 年，第 135 頁。

〔註106〕 李達（江春）：《無政府主義之解剖》，《無政府主義批判》（中國現代哲學史資料彙編第一集第四冊），鍾離蒙、楊鳳麟主編，遼寧人民出版社，1981 年，第 39 頁。

〔註107〕 【俄】普列漢諾夫：《無政府主義和社會主義》，王蔭庭譯，三聯書店，1980 年，第 144 頁。

無政府主義，只有求教於反社會的個人主義及無抵抗主義；若離開了個人主義和無抵抗主義，那強力、政治、法律等，一切抑制個人或團體自由的事便必然不免，所以克魯泡特金的無政府共產主義已百孔千瘡的展出破綻來了。我所以說你若是反對個人的無政府主義和無抵抗的無政府主義，便是把無政府主義打得粉碎。」〔註108〕

通過論爭，無政府主義敗下陣來，迅速破產，馬克思主義的傳播與共產黨的發展勢不可擋。朱謙之回憶說：「當時，無政府主義者只有兩條路：（1）轉為馬克思主義者，轉向共產黨；（2）自暴自棄、消沉沒落。」〔註109〕從事實來看，無政府主義者的發展確是如此。

三、無政府主義精神與其它思潮

無政府主義傳播與發展過程中，因為其本身的矛盾性，因為中國近現代社會革命局勢的急劇變遷，無政府主義與馬克思主義、自由主義、民族主義、中國傳統文化等各種思想有著時分時合的複雜矛盾，對此值得辨析。無政府主義與馬克思主義對個人絕對自由、無產階級政黨建設與無產階級專政政權建立上有著的本質分歧，前已論及，故此僅作其他幾種辨析。

（一）無政府主義的廢家族主義

結合中國傳統文化及實際，國內無政府主義尤其強調反家庭、反家族主義，這是與國外無政府主義所異的，可謂無政府主義者的中國特色。

儒家孔學作為中國幾千年封建統治的意識形態，其根基乃是由家庭倫理出發而奠定整個儒家統治秩序。君權、神權、族權都因為以父權、夫權的血緣親情為基礎而牢不可破。「父為子綱，夫為妻綱」奠定以血緣親情為基礎的人身依附關係；而族權只是擴大了的家庭；再上之，君權又是擴大了的家庭與宗族，所謂各級官吏被稱作「父母官」，而為君主、為官吏的要求也是要「愛民如子」；最上之，神權乃是最高等級的神聖化了的家庭，各種造世神話中，人為女媧等神所造，人是神之子，必須無條件感恩與服從於神，而君主為「天

〔註108〕陳獨秀：《討論無政府主義》（中國現代哲學史資料彙編第一集第四冊），鍾離蒙、楊鳳麟主編，遼寧人民出版社，1981年，第22頁。
〔註109〕《朱謙之的回憶》，《無政府主義在中國》，高軍等主編，湖南人民出版社，1984年，第509～510頁。

子」，因而繼承下統治合法性與神聖性。所以，龐大的倫理控制體系其根基乃在於家庭，而整個倫理體系信條也以「百行孝爲先」，以「孝」治國是儒家倫理體系的根基。天地君親師中，連最末一級的師也因「一日爲師，終生爲父」而與家庭倫理掛上鈎，作爲孔學奠基人，孔子的「師道尊嚴」也要依附和求助於家庭倫理，從而獲得其神聖性。「見鬼神而不語」，缺乏宗教信仰的儒家倫理體系中，替而代之的正是祖宗崇拜，因爲祖宗正是家庭、家族主義中的「父」。正因爲在儒家學說中家庭、家族有如此核心的控製作用，所以，爲打破整個控制系統，無政府主義強調了反家庭主義、反家族主義。另外，無政府主義者認爲，家庭、家族是使人產生自私的基礎，而要達到人類大同之境，亦則必須廢家庭、廢家族。故無論於舊秩序的破壞，於新秩序的創造，都必須廢家庭、廢家族主義。

天義派劉師培、何震將男女平權革命與無政府革命相提並論爲其宗旨，何震還組織女子復權會，劉師培有「毀家論」。新世紀派倡「三綱革命」「祖宗革命」（李石曾），「毀家譚」云：「夫夫權、父權、君權，皆強權也，皆不容於大同之世者也，然溯其始，則起於有家，故家者，實萬惡之源也。治水者必治其源，伐木者必拔其本，則去強權必自毀家始。」〔註110〕更有吳稚暉以「四無」爲名，冒天下之大不韙，直言「無父無君無法無天」「大哉四無，乃成立無政府之要素」。〔註111〕江亢虎之「三無主義」即包括「無宗教、無家庭、無國家」之主義也。而到正統派師復主義之教義，則正式確立廢婚姻主義、廢家族主義，並身體力行。無政府主義者的廢姓運動也正是本於廢家族、人類大同之意。

（二）無政府主義與自由主義

在中國近現代史上，無政府主義、自由主義、馬克思主義無論從理念上，還是從實踐運動中，都存在著既鬥爭又不時彼此轉化交錯的錯綜關係，張東蓀說：「西方歷史告訴我們：民主主義的運動與社會主義的運動係抱著同一目的，向著同一的方向而運動的。」「民主主義的概念基型是這些概念（即指自由、平等、公道、人權與理性等項），而社會主義的概念基型亦正是這些概念。

〔註110〕鞠普：《毀家譚》，《無政府主義思想資料選》（上），葛懋春等編，北京大學出版社，1984 年，第 213 頁。

〔註111〕四無：《無父無君無法無天》，《無政府主義思想資料選》（上），葛懋春等編，北京大學出版社，1984 年，第 217 頁。

並非有兩個不同的概念基型。」〔註112〕對這種錯綜關係辨析很有必要。

首先，從陣營歸屬上來說，有社會主義與自由主義之別。在經濟上，作為社會主義思潮，要求廢除私有制，建立生產資料公有制，最終實現「各盡所能，各取所需」的共產主義理想社會。而自由主義則是堅持「私有財產神聖不可侵犯」的資本主義意識形態。在平等與自由的矛盾中，社會主義思潮更強調平等，無政府主義認為平等是自由的基礎，而自由主義雖也重視平等，但是在既存私有制基礎上的平等，是指法律面前人人平等，在結果平等與起點平等之間，更傾向於起點平等（當代自由主義也出現了重視結果平等的派別，並由此導致了福利國家的出現，但這應更多的是受社會主義思潮影響與資本主義社會貧富懸殊現實刺激下，作出的內部調整）。在正義概念上，在程序正義與實質正義之間，自由主義更重視程序正義。在哲學基礎上，自由主義以個人主義為基礎，社會主義則更多傾向於集體主義，儘管無政府主義內部存在個人主義與集體主義的區別，但巴枯寧、克魯泡特金的無政府共產主義更具有集體主義的傾向。

其次，在變革現實的共同目標下，在具體道路選擇上有激進主義整體革命、暴力革命與漸進、和平改良主義之別。哈耶克在《自由秩序原理‧跋》中以「我為什麼不是一個保守主義者」為題來闡述保守主義、社會主義、自由主義三者間的關係。哈耶克糾正說，三者間的關係並非一條水平線（社會主義者在左端，保守主義者在右端，自由主義者則居中間某個位置），而是一個三角形：保守主義者居一角，社會主義者竭力拉向另一個角，而自由主義者則試圖把他們拉向第三個角。〔註113〕作為一條水平線來說，面對保守主義時，自由主義與社會主義有共同的敵人，即都強調變革，「在社會主義興起之前，保守主義的對立面一直是自由主義」〔註114〕，只是變革的方式和程度不同，社會主義者要求是激進的、全盤革命的，而自由主義者則強調漸進的、改良式的；但又作為一個三角形來說，指二者儘管與保守主義的方向不同，但他們間也有變革方向的不同。正因為這兩種圖形的不同，故而決定了自由

〔註112〕轉引自胡偉希：《理性與烏托邦——二十世紀中國的自由主義思潮》，《二十世紀中國思想史論》（下），許紀霖編，東方出版中心，2000年，第17頁。

〔註113〕【英】哈耶克著：《自由秩序原理‧跋》，鄧正來譯，三聯書店，1997年，第189頁。

〔註114〕【英】哈耶克著：《自由秩序原理‧跋》，鄧正來譯，三聯書店，1997年，第188頁。

主義者與社會主義者間有時聯合，有時又鬥爭的局面。在中國亦如此，五四前，面對晚清政府、北洋軍閥政府，他們有共同的敵人，可以結成聯盟，無論政治上同盟會與無政府主義團體天義派、新世紀派的合作、國共第一次合作，還是文化上新文化運動中新青年派的多種成分合作，均是如此。但一旦共同的敵人不再，二者間便會分裂、鬥爭，上述政治聯盟、文化聯盟的分裂是不可避免的。儘管無政府主義與馬克思主義也有鬥爭，但畢竟二者同屬社會主義大陣營，在面對自由主義挑戰時，是有一致處的，這在「問題與主義」之爭中，即清晰可見。在「問題與主義」之爭中今人往往以為胡適批評的是馬克思主義，起而迎戰的也是馬克思主義者，這恰恰掩蓋了無政府主義與馬克思主義同為當時風頭正盛的「過激主義」，無政府主義也同是胡適批判的對象：「我們不去研究人力車夫的生計，卻去高談社會主義；不去研究女子如何解放，家庭制度如何救正，卻去高談公妻主義和自由戀愛；不去研究安福部如何解散，不去研究南北問題如何解決，卻高談無政府主義；我們還要得意揚揚誇口道，『我們所談的是根本解決。』老實說罷，這是自欺欺人的夢話，這是中國思想界破產的鐵證，這是中國社會改良的死刑宣告！」「懶的定義是避難就易。研究問題是極困難的事，高談主義是極容易的事。……高談『無政府主義』便不同了。買一兩本實社《自由錄》，看一兩本西文無政府主義的小冊子，再翻一翻《大英百科全書》，便可以高談無忌：這豈不是極容易的事嗎？」「『主義』的大危險，就是能使人心滿意足，自以為尋著包醫百病的『根本解決』，從此用不著費心力去研究這個那個具體問題的解決法子了。」（《胡適：多研究些問題，少談些「主義」》）此時，馬克思主義與無政府主義的分殊尚未在國內明晰，正同屬於胡適所批評的激進意識形態，起而迎戰的李大釗雖說也是共產黨的創建人之一，但其時，馬克思主義因素與無政府主義因素在大多數社會主義者中是共存的，區分也都是混沌模糊的，而他應戰的言論可以說正是二者兼於一身，是共同的「激進主義」答辯辭：「因為一個問題的解決，必須靠著社會上多數人共同的運動。」「恐怕必須有一個根本解決，才有把一個一個的具體問題都解決了的希望。」（李大釗：《再論問題與主義》）另外，無政府主義者也進行迎戰和還擊，朱謙之回憶他所編的《北京大學學生周刊》「無政府革命專號」中自己寫的一篇「宣言」：「這篇宣言還批評胡適的『少談主義』的主張，罵胡適是改良主義。」〔註115〕

〔註115〕《朱謙之的回憶》，《無政府主義在中國》，高軍等主編，湖南人民出版社，1984

　　但是，無政府主義與馬克思主義也有鬥爭，作爲社會主義陣營，強調的
更多是平等，而無政府主義卻在平等與自由間陷入矛盾，它既強調平等，因
此與自由主義有鬥爭，同時它又強調自由，這就又與馬克思主義相鬥爭，而
當它強調的是絕對自由時，馬克思主義、自由主義就都不認同於它了，無政
府主義正是在這矛盾中逐步邊緣化。

　　正是在對個人自由的強調上，無政府主義與自由主義有了更多的契合
處。個人自由，始終是自由主義的首要原則。儘管西方自由主義內也有多種
派別，對自由的闡釋也有消極自由、積極自由等諸多不同，但在確保個人自
由這一點上則是共同的。自由主義的基礎是個人主義，而施蒂納一系的個人
無政府主義基礎也是個人主義，他們是同源的，而巴枯寧、克魯泡特金等的
無政府主義中對自由的追求仍是以個人主義爲本質，他們所做的將無政府主
義與馬克思主義調和一起是矛盾的，這種矛盾爲自由主義與馬克思主義從不
同角度予以揭露和詬病。無論是「免於……的自由」（消極自由）還是「去幹……
的自由」（積極自由），自由主義的原則都是要以法律、政權爲保證，來確保
最大多數人的最大自由。也正是在最大公約數自由原則上無政府主義與自由
主義有了合流的可能，這也就是新世紀派張繼、李石曾、吳稚暉、張靜江、
褚民誼認同於國民黨的民權、民生主義，與國民黨合作，並帶動所謂「安國
合作」的教義基礎。在這一點上，在他們看來，馬克思主義強調強權與組織，
壓制個人自由，成爲他們共同的敵人。儘管馬克思主義的終極目標仍是自由
社會，但其過程中強調政黨的嚴格紀律性、階級與政權的專政性，故而存在
一個悖論，社會主義之路究竟是羅素所說的「自由之路」還是哈耶克所謂的
「通往奴役之路」。李石曾曾將政治哲學劃分爲「法家——霸道（其爲術也，
有政治無道德；亦可曰強權，亦可曰強暴之政治）、儒家——王道（其爲術也，
兼政治與道德；亦可曰仁政，亦可曰和平之政治）、道家——人道（其爲術也，
無政治而有道德，可曰無治，亦可曰消極之政治）」〔註116〕三組，在他看來，
俄國之革命乃第一組，第一組之特性，在奪取政權；國民黨則是第二組，賴
政權以施行仁義；而無政府黨則屬永不求取政權之第三組。「故爲道理計，儒
道可以並存；而爲共同防禦計，亦有儒道合作，以圖共同抵抗第一組之必要。」

　　　　年，第 508 頁。
〔註116〕李石曾：《政治哲學中之黨派觀》，《無政府主義思想資料選》（下），葛懋春等
　　　　編，北京大學出版社，1984 年，第 816～817 頁。

「概而言之，二、三兩組雖不盡同，而有接近之處，且有互助合作之可能。」〔註117〕李石曾的謬論帶動了一批無政府主義者加入了「安國合作」。而既不滿於「國」，又不滿於「共」的中立者則在放棄無政府主義後成爲三四十年代新的民主主義者、自由主義者。

　　但自由主義之自由與無政府主義之自由，畢竟又有著質的區別，概一者爲「有限的自由」，一者爲「無限的、絕對的自由」，這即在對權威的態度上的區別。在對待權威上，無政府主義是絕對反權威，一切國家、法律、政黨、組織，甚至乃至民主制、代議制都是對個人自由的限制，均要予以反對。而對此，自由主義則認爲政府是「必要的惡」，是「有政府主義」，政府、法律等權威是必要的，是維護秩序、維護最大可能平等與自由的外在保證，平等是法律面前人人平等，自由也是法律保障下的自由，「法律的目的不是取消或限制自由，而是維護和擴大自由」（約翰・洛克），政府是合法秩序的象徵。針對無政府主義思潮，胡適發表《好政府主義》、《無政府主義》等文，來闡述不能「無政府主義」，只能「好政府主義」。自由主義一方面認爲要有權威來維護秩序，保證最大限度的自由與平等；另一方面，又對權力保持警惕，認爲「權力導致腐敗，絕對的權力導致絕對的腐敗」（阿克頓），故而必須對權力實行限制、監督，由此產生了分權制。儘管信奉「最好的政府是管得最少的政府」，但畢竟是有政府主義、有法律主義，而非無政府主義。

　　另外，作爲資產階級意識形態的信條「自由、平等、博愛」，「博愛」在以個人主義爲基礎的社會裏，只能是虛僞的，宣揚愛的信條的宗教成爲資本主義社會「博愛」的最重要維繫紐帶。而無政府主義則揭露宗教的虛僞性，認爲「神」是束縛人的又一限制，其最重要教義之一即反神與無神主義。無政府主義將「博愛」建立在集體主義、互助主義基礎上。

　　從哲學基礎上來說，自由主義是理性主義、實證主義和功利主義的，以此推出漸進改良主義、分權制等；是個人主義的，道德多元主義的，以此保證自由爲第一要義；是社會契約論的，以此推出政府、法律以及分權制等具體組織形式。而無政府主義則是唯心主義的，以此保證其絕對自由和絕對反權威的浪漫主義、理想主義；而其根本仍是極端的個人主義，但又加入了集體主義的調和，二者存在明顯的矛盾。

〔註117〕李石曾：《政治哲學中之黨派觀》，《無政府主義思想資料選》（下），葛懋春等編，北京大學出版社，1984年，第818頁。

作爲同產生於資本主義制度下的思潮，無政府主義與自由主義既在自由、平等、博愛等信條上有著思想的同源性，又有著明顯區別。無政府主義的前期主要論爭對象是自由主義，後期主要論爭對象則是馬克思主義。它與二者都是既有親緣性，又有鬥爭性。

（三）無政府主義與民族主義

無政府主義的基本教義之一，即無國家、無民族，因爲國家只是維護統治階級利益和壓迫人民的強權工具，而民族亦只是國家用來破壞人類自由、平等交往的藉口，是爲了維護統治秩序，製造受壓迫人民內部矛盾，以便分而治之的手段。因此，社會主義陣營提出「全世界無產者聯合起來」、「工人無祖國」等口號，而無政府主義，更是以「無中心、無畛域」而反對國家、民族的區隔。但是，現實中往往存在的矛盾是，除了階級矛盾外，國家、民族間矛盾也往往同時存在，除了階級強權外，大國沙文主義、民族沙文主義也同樣存在，甚至這種矛盾在特定歷史時期還會發展爲主要矛盾，甚至發展爲侵略、戰爭。此時應該怎麼辦？一方面是國家政權的強權，一方面是外國、外族侵略、奴役的強權，此時，無政府主義者何所抉擇？克魯泡特金在一戰時就面臨著這樣的矛盾，他支持協約國對德奧開戰，這引起了無政府主義者內部包括他的信從者們的激烈批評，認爲與國家政權合作，違背了無強權、無國家、無戰爭的無政府主義信條，而俄國的布爾什維克列寧等也批評他是「無政府愛國者」、「無政府-chauvins」、「無政府主義『衛國』戰士」〔註118〕。而對於中國無政府主義者來說，這種矛盾更爲突出和緊迫，因爲事實上，即便接受無政府主義，其初衷也乃出自於一種民族救亡的需要，所以，這種悖論從其接受時就相伴而生。從一些早期無政府主義者的名字變化即可看出，劉師培又名劉光漢，師復最早名叫劉思復，而接受無政府主義後的天義派一方面贊成政治上的廢民族、廢國家主義，另一方面其國粹化傾向仍爲其加入了文化民族主義的基因。在這悖論中，辛亥革命前，面對滿清政府，排滿民族主義革命成爲主要革命旗幟，無政府主義者怎麼辦？中國近現代史上，一直面臨著帝國主義侵略的危險，面臨亡國滅種的危險，無政府主義者又怎麼辦？

〔註118〕中國人民大學馬克思列寧主義基礎系編：《無政府主義批判》上冊，中國人民大學出版社，1959年，第316、317頁。

在辛亥革命前，面對推翻清政府的革命要求，孫中山及同盟會提出民族、民權、民生的綱領，成為革命力量彙聚的中心，排滿主義是革命者的主要口號之一。無政府主義者客觀上也加入了反對清政府的行列，但他們並不贊同民族主義，力主這是反強權而非排滿。劉師培在《論種族革命與無政府革命之得失》中論道：「夫滿人之當排，非以其異族而排之也，特以其盜竊中國、握中國之特權。故僅言民族問題，不若言民族特權問題。」「故吾人所言民族主義，在於排異族之特權，不在禁異族之混合。」排異族強權而非排民族之混合的見解，於當時挑動民族仇恨盲目排滿的時弊是有重要的消毒作用的。同時，他指出「今之僅言種族革命者，欲顛覆滿洲政府，代以漢族政府，而吾人所昌言者，則在於滿洲政府顛覆後，即不復設立政府。欲保滿洲君統，固不足道，即於排滿以後，另立政府，亦有以暴易暴之虞。」「不知朱元璋、洪秀全之虐民，不減於滿洲，吾人之革命，為民生疾苦計，豈僅為正統閏統辨乎！」〔註119〕這種對「革命後第二天」的強權的警惕正是無政府主義思想所特有的超越與深刻性。而章太炎則譏孫中山的「三民主義」只剩下「一民主義」。這種以排強權革命代種族革命的觀念，於當時於後世都仍是有效的。而新世紀派亦同此主張，認為任何大民族主義都為不妥，「民族主義者，復仇主義也；復仇主義者，自私主義也。」〔註120〕雖然無政府主義者不贊同民族主義，但在共同反清革命中，二者卻可以結成聯盟，所起作用是積極的：「今諸君所主張者覆滿政府（名曰種族革命，是因其為滿而傾之），吾輩所主張者傾覆滿政府（名曰帝王革命，是因其為政府而傾之），雖諸君與吾輩之界說異，而其作用同。」「然此不同，因無礙其同為革命黨也，無礙其協力以圖最近之革命也（傾覆今之政府）。」〔註121〕

因為革命派一直以「反滿」民族主義為主張，武昌起義後，這種「反滿」「排滿」的義憤很快導致「興漢滅滿」的傾向，不分青紅皂白殺戮滿人的事到處發生。江亢虎對此發表了《致武昌革命軍論「興漢滅滿」事》。他首先表

〔註119〕劉師培：《論種族革命與無政府革命之得失》，《無政府主義思想資料選》（上），葛懋春等編，北京大學出版社，1984 年，第 90 頁、92 頁、91 頁。

〔註120〕民（諸民誼）：《伸論民族、民權、社會三主義之異同 再答來書論＜新世紀＞發刊之趣意》，《無政府主義思想資料選》（上），葛懋春等編，北京大學出版社，1984 年，第 175 頁。

〔註121〕真（李石曾）：《與友人論種族革命黨及社會革命黨》，《無政府主義思想資料選》（上），葛懋春等編，北京大學出版社，1984 年，第 178 頁、179 頁。

明了對武昌革命的「贊成」態度和「欽佩」心情，在尚未光復的上海公開支持革命軍，聲稱「於政體絕對的反對君主立憲黨，而比較的贊成民主共和」，同時，江又針對「興漢滅滿」的趨勢，認為其有十二大不可，指出狹隘民族主義和種族復仇主義的偏頗，反對大漢族主義，提出反清革命中應注意維護民族團結、維護國土統一的建議。這些主張在當時是既需要見識又需要膽量的。文章發表後，江亢虎果然收到了革命軍駐滬事務所的痛斥，甚至收到了警告的匿名信，但江亢虎仍堅持呼籲停止「興漢滅滿」。後來，當革命軍宣佈漢、滿、蒙、回、藏「五族共和」後，江氏《致武昌革命軍論「興漢滅滿」事》一文，終於獲得廣泛認同。〔註122〕

　　辛亥革命並未改變列強侵吞中國的現狀，尤其在一戰結束後的巴黎和會上，中國外交失敗，激發了「外爭國權，內懲國賊」的五四運動，愛國主義成為抗爭列強和凝聚民心的主要旗幟。此時，一些無政府主義者看不到主要矛盾的發展與轉化，對列強的抵抗已成為抗爭強權的主要任務，民族主義與民主主義、族權與人權已存在合流的條件，而受壓迫民族人權的先決條件是要爭得族權。他們仍僵化堅持無國家無民族的信條，反對愛國主義（如芾甘《愛國主義與中國人到幸福的路》），這便在當時顯得逆時代潮流而動，起到了混淆思想和削弱抗爭力量的不良效果。但隨著局勢的逐步發展，尤其是抗日戰爭的爆發，令無政府主義者徹底拋棄了這種僵化的論調，積極投入了救亡洪流中，這大約也算是「救亡壓倒啓蒙」的正面效應之一。最強有力否定無政府主義空想錯誤的仍是現實生活。

（四）無政府主義與中國傳統文化

　　無政府主義被目為革命之「最激烈派」，一方面是因為其「絕對自由、絕對反權威」的徹底性，另一方面是其對傳統文化激烈的批判性與不可調和性，故而被舊勢力以「無君無父無法無天、共產共妻」來代稱之。但事實上，並非所有無政府主義者見傳統文化就反，他們所激烈批判的是傳統文化中的專制成分，相反，為了擴大無政府主義的傳播，部分人對無政府主義理論進行了中國化的理解與吸收，將中國傳統文化與無政府主義比附。這尤以天義派劉師培為典型，他通過比附，多次得出「無政府革命易行於中國」的結論，天義派也因此被稱為無政府主義的國粹派。無政府主義者中尚有社會黨的太

〔註122〕參見汪佩偉著：《江亢虎研究》，武漢出版社，1998年，第70～77頁。

虛等的佛教無政府主義、朱謙之等的個人無政府主義，亦有與傳統文化的比附。無政府主義者主要從傳統文化中尋找以下契合：

1.大同理想與無政府共產主義烏托邦。這主要包括兩方面，一是平等觀：「大道之行，天下為公，莊詮齊物，翟闡尚同」〔註123〕，亦包括佛家眾生平等觀；一是博愛觀：儒家「泛愛眾」，墨家兼愛，佛家菩薩心腸、普度眾生。

2.絕對自由觀。這主要由道家思想而來，一方面是個人絕對自由，如莊子的無待逍遙、任性自由；另一方面是指政府統治的無為而治。劉師培之所以認為「共產製易行於中國」，「世界無政府，以中國為最易，亦當以中國為最先」，正因認為「中國數千年之政治出於儒道二家之學說，儒道二家之學說主於放任，故中國之政治主放任而不主干涉。……名曰有政府，實與無政府無異。……使人人去其階級之觀念，則以人人易為抵抗，則由放任之政府，一變而為無政府，夫復何難之有哉！」〔註124〕羅素曾在《自由之路》中引《莊子·內篇·馬蹄》來與無政府之境相比擬，證明中國早有絕對自由、無為而治的思想，中國無政府主義者亦多引此。

3.虛無主義觀。道家的棄聖絕智、絕仁棄義、絕巧棄利，聖人不死大盜不止，不尚賢，「失道而后德，失德而後仁，失仁而後義，失義而後禮，失禮者，忠信之薄，而亂之首也」，混沌鑿七竅而死等都包含著明顯反文化、反政治的虛無主義文化觀。而佛家的四大皆空更是虛無。但這些與無政府主義的反政治、反文化的虛無主義傾向正相契合。

4.勞農觀。墨家、農家的勞農觀正與托爾斯泰的泛勞動主義、無政府主義者的重視工農運動相合。而天義派則尤重視農民革命問題。

5.泛倫理主義。無政府主義者強調由教育及道德自律為實現無政府共產主義之根本途徑，正與儒家的泛倫理主義路經相合。雖然無政府主義者批判傳統道德，但仍視道德問題為根本，只是以新道德代舊道德而已。林毓生認為的中國五四兩大傳統，即全盤反傳統主義，而又仍借思想、文化以解決問題的方法入手，這兩點都為無政府主義所具備。〔註125〕

6.俠、刺客文化與無政府主義的「直接行動」。墨家兼愛不成，轉而發展

〔註123〕《衡報發刊詞》，《無政府主義在中國》，高軍等主編，湖南人民出版社，1984年，第30頁。

〔註124〕公權：《社會主義講習會第一次開會紀事》，《無政府主義在中國》，高軍等主編，湖南人民出版社，1984年，第20頁。

〔註125〕林毓生：《中國傳統的創造性轉化》，三聯書店，1988年。

起民間的俠文化、刺客文化，一方面以「義」為信仰，使之具宗教性，一方面以暴力手段行除暴安良。無政府主義的暗殺恐怖主義行徑亦從中尋找到精神支持，並使中國之革命多與民間會黨掛鈎。

總之，中國無政府主義者以傳統文化之胃來消化無政府主義，使之舊瓶裝新酒，也頗有成效。但對此國粹化傾向，亦有堅決批判者，典型代表即新世紀派。他們批評這種現象是：「每受一新理新學，必附會古人，妄用典故，亂引陳語，何者為某人所曾言，何者為某人所已為。帝國主義膨脹，則成吉思汗而為東亞拿破侖矣。復仇主義昌盛，則朱元璋而為中國真德矣。民族思想發達，而黃帝軒轅氏為漢民之鼻祖矣。革命風潮普及，而洪秀全為失敗之加里波的矣。景教流行，而孔子為教主矣。民權之說入，而黃梨洲奉為盧騷矣。無政府主義盛，則老子為發明家矣。大同博愛主義興，則墨子為首倡者矣。理化薄為戲法，共產疑為井田。總之，西人之新理新學，皆吾中國古人所已道者也。」〔註126〕認為這種「好古」危害在於「中國人之好言程度，其病源全在好古，凡百行事，首重守成，與照老例，故弊端百出，而莫可挽回。非行疾雷不及掩耳之革命，以破盡其好古之成見，則新理新學，終不能輸入也。」〔註127〕新世紀派主張尊今薄古，成為無政府主義的西化派。

四、無政府主義精神與文學

無政府主義作為主張個人絕對自由與絕對反權威的思想，可謂是最徹底的解放哲學，最執著的自由哲學，在任何強權面前，它都具有爆炸性的摧毀作用和無絲毫妥協餘地的戰鬥精神。這種思想在面對中國數千年根深蒂固的儒家文化與封建主義思想的頑固堡壘時，確實可以起到急先鋒和爆破作用，令世人為之深深震撼，真正可謂為振聾發聵，開始重新評估一切價值。儘管由於其空想性，無政府主義在政治領域必然失敗，但在思想和文化領域，其啟蒙之功卻是巨大和不容抹煞的。亦正因其空想性和終極性追求，它所面對的不是一時一地的某個具體權威，而是人類社會所有的強權批判，所以，只要仍存在強權，它便不會過時，不會失效，它的批判作用至今在面對新的強

〔註126〕民（褚民誼）：《好古》，《無政府主義思想資料選》（上），葛懋春等編，北京
　　　　大學出版社，1984年，第200頁。
〔註127〕民（褚民誼）：《好古》，《無政府主義思想資料選》（上），葛懋春等編，北京
　　　　大學出版社，1984年，第201頁。

權時，仍然富有戰鬥力和批判性，不管是對政權意識形態的批判，還是對文化控制的批判，乃至對知識中心的解構。

（一）無政府主義與思想啓蒙

20 世紀初年的中國，正是無政府主義者率先以虛無主義的極端姿態發起對傳統文化的全面攻擊，我們可以驚奇地發現，所謂新文化運動、五四運動反帝反封建的大多數思想母題均已出現在無政府主義思潮中。長期以來，當思想史抹煞無政府主義者的存在，我們以康梁、孫中山等人的思想為背景來看待五四一代知識分子時，一方面是深深震撼於他們非孝、打倒孔家店、「吃人」等反封建思想的全面、深刻、徹底，感奮於人格獨立和天狗精神的磅礴，另一方面，也不免驚訝於他們以上思想的突兀特出和與康梁、孫中山思想間的斷裂。然而，當這個斷層間填上無政府主義時，這些疑惑就會頓時豁然。另外，對於從五四後政治與思想界的諸多知識分子的迅速馬克思主義化轉向，在文壇的由文學革命到革命文學的轉向，創造社作家由先前的極端個人主義、個性解放遽變為嚴辭批判個人主義，轉向集體主義、階級論，這種從個人到團體轉向的突然亦令人驚詫和茫然。五四時代思想絕非無源之水、無本之木，只有考慮到無政府主義的前奏，我們才能對五四一代的思想武庫真正加以全面清理；同時，只有考慮到無政府主義思想系統本身的空想性和龐雜性，我們也才能真正找到五四一代思想裂變的重要根由。

1、五四前無政府主義的思想啟蒙意義

作為一種政治思潮，無政府主義很快被淡忘，然而作為一種啓蒙思想，它卻對五四一代發生了深刻影響。「對馬克思主義的這種接受是經過一番自願的思想鬥爭的。在馬克思主義佔領他們之前，許多急進青年們都接受過、信仰過、熱衷過無政府主義。包括毛澤東、蔡和森、周恩來，都如此。本來，無政府主義最適合於既要求個性解放又具有社會理想的新的一代。反對一切壓迫、剝削；反對一切權威、束縛，主張人人勞動、工作、互愛、互助……，這不是一個極富魅力的個體自由和社會幸福的理想世界麼？」〔註 128〕無政府主義作為主張個人絕對自由與絕對反權威的思想，可謂是最徹底的解放哲學，最執著的自由哲學，在任何強權面前，它都具有爆炸性的摧毀作用和無絲毫妥協餘地的

〔註 128〕李澤厚：《啓蒙與救亡的雙重變奏》，《中國現代思想史論》，天津社會科學院出版社，2003 年，第 22～23 頁。

戰鬥精神。這種思想在面對中國數千年根深蒂固的儒家文化與封建主義思想的頑固堡壘時，確實可以起到急先鋒和爆破作用，令世人爲之深深震撼，眞正可謂爲振聾發聵，開始重新評估一切價值。儘管由於其空想性，無政府主義在政治領域必然失敗，但在思想和文化領域，其啓蒙之功卻是巨大和不容抹煞的。五四前無政府主義的思想啓蒙意義主要體現在以下幾方面：

（1）反封建。中國幾千年的封建文化，有著強大的意識形態控制系統，三綱五倫、儒家泛倫理主義、忠孝節義，在哲學上有天人合一、儒道互補等，包括制度上的科舉制、文官制，使中國社會形成了窒息和扼殺文化離心傾向的超穩定體系。對於中國人來說，這成爲思想解放的強大的「負遺產」並構成現實約束力。從魯迅作品中啓蒙者往往都以瘋子面目出現或者以不同形式死亡來看，可見這種封建文化及制度的強大與啓蒙的困難。如果沒有強大的理論武器，沒有堅定的戰鬥激情，是很難撼動這個文化堡壘的。這從近代以來，眾多革新者包括康梁等的妥協性與歸於保守的普遍趨勢中都可以得到驗證。而無政府主義，正提供了對這個堡壘的爆破作用。無政府主義從根本上對封建文化發起猛烈、徹底的批判：三綱革命、祖宗革命、家庭革命、四無（無父無君無法無天）、排孔等，這些都是對封建文化根基的撬動。無政府主義的根本出發點是對一切強權都予以反對，因爲一切強權都是對人性、自由的束縛，這個理論武器是銳利的，經此分析，以往披上神聖光環的封建文化不過是各種強權的集合，是扼殺人性的強權的彙聚，用魯迅的概括就是——「吃人」。這種揭露是大膽而又深刻的，確能破除人們的迷幻與困惑，推動猛醒與戰鬥。正是這盜來的火種，燎原成新文化運動、五四運動中反封建的熊熊烈焰。

（2）破壞—創造哲學。「破壞的欲望也就是創造的欲望」是無政府主義者巴枯寧的名言。〔註129〕面對龐大的封建文化體系，局部的、片面的破壞與修補，往往無濟於事，甚至造成妥協與復歸的局面。所謂不破不立，無政府主義正是以虛無主義的方式橫掃一切封建文化；所謂「矯枉過正」，五四以來這種激進的全盤反傳統之風成爲中國現代文化的新傳統，而這個傳統，正是無政府主義所帶來的。朱謙之與奮鬥社的「宇宙革命」、「奮鬥主義」、「破壞論」〔註130〕以虛無主義式的破壞爲創造、奮鬥的手段。朱謙之認爲「革命家

〔註129〕巴枯寧：《德國的反動》，《巴枯寧言論》，中共中央馬克思恩格斯列寧斯大林著作編譯局資料室編，三聯書店，1978年，第3頁。

〔註130〕有 A・D 的《破壞論（一）》、A・I 的《破壞論（二）》專門論述「破壞」的

的精神」首要的便是「破壞的精神」，〔註131〕認爲「因破壞就是更新就是創造，所以眞正有創造能力的人，只是敢於破壞的人」，〔註132〕「破壞——破壞——一旦把舊制度，舊風俗，都放在爆裂彈裏，這才是我們的勝利！」〔註133〕從郭沫若《女神》中對舊社會舊制度的詛咒、鳳凰涅槃式的期望、「破壞就是創造」的叫囂，都可以看到破壞—創造哲學成爲五四時代精神。

（3）個人本位主義基礎上的個性解放。反對強權是因爲它們束縛了個體的自由，反對封建文化的目的正是爲了實現個體的解放、自由。爲對抗於封建文化的人格依附與扼殺個人，無政府主義倡導男女平權、男女革命、家庭革命、祖宗革命，這到新文化運動、五四時期則推廣爲戀愛自由、婚姻自由、個體自由、個性解放的熱潮。郁達夫那評價五四的一段話被廣爲引用：「五四運動的最大的成功，第一要算『個人』的發見。從前的人，是爲君而存在，爲道而存在，爲父母而存在，現在的人才曉得爲自我而存在了。」〔註134〕無政府主義哲學的基礎是個人主義，而五四正是在個人主義哲學基礎上，掀起「人的文學」「個性解放」大潮。周作人在《人的文學》中所提倡的「人道主義」，即是「一個個人主義的人間本位主義」，「人的文學」即是「用這人道主義爲本對於人生諸問題，加以記錄研究的文字。」魯迅的子君「我是我自己的，他們誰也沒有干涉我的權利！」（《傷逝》）正是時代的最尖銳呼叫、是魯迅贊爲「徹底的思想」。而創造社中郭沫若對自由個性的表達，郁達夫對個性倫理的突破都有驚世駭俗的表現，然而正是在這個性解放的時代氛圍中，他們得到了人們的辯護、支持，甚至歡呼！

（4）人道主義。無政府主義宣揚人的博愛、互助，以此構築人與人之間新的倫理關係。而五四時期正是在「人的文學」「愛的哲學」中，青年們尋找到人的價值、愛的安慰，確立起人道主義向度，來對抗神道、獸道主義。

各種問題，並有言「他們能建設，我們能破壞。」（《無政府主義在中國》，高軍等編，湖南人民出版社，1984 年，第 366～378 頁。）
〔註131〕A・A：《革命家的性格與精神》，《無政府主義在中國》，高軍等編，湖南人民出版社，1984 年，第 362 頁。
〔註132〕A・A：《革命的目的與手段》，《無政府主義在中國》，高軍等編，湖南人民出版社，1984 年，第 383～384 頁。
〔註133〕A・A：《破壞與感情衝動》，《無政府主義在中國》，高軍等編，湖南人民出版社，1984 年，第 385 頁。
〔註134〕郁達夫：《新文學大系・散文二集導言》，上海良友圖書公司，1935 年，第 5 頁。

　　另外，在諸如科學理性、泛勞動主義的提倡和力行上，無政府主義也有不沒之功。

　　一個值得注意的現象是，在中國無政府主義者中，所接受的大多都是克魯泡特金的無政府共產主義，或者無政府工團主義，而很少是個人無政府主義，然而，在文學界，接受施蒂納個人無政府主義的卻甚爲普遍。這是一個很有意味的現象，倒也正合於國內對無政府主義的宣介時，將無政府共產主義稱爲社會的政治的無政府主義，將個人無政府主義稱爲哲學的文化的無政府主義的劃分。〔註135〕作爲政治思潮來接收的無政府主義者著眼於它作爲意識形態的理想性與社會改造的現實性，而作爲哲學思潮來接收的五四文人則更青睞於其中的「立人」價值，這造成二者不同的選擇，一邊通向政治激進主義，一邊通向文化自由主義。也正因爲此，五四一代有了自己文化建設的立足點並開始了超越無政府主義前驅們的步伐。

2、無政府主義與馬克思主義論爭對「啟蒙轉向」的意義

　　無政府主義思想推動了思想啟蒙閘門的開啟，而在隨後二、三十年代的「啟蒙轉向」中，發掘馬克思主義與無政府主義論爭的意義也對重新認識啟蒙內在理路轉向具有重要意義。

　　對於二、三十年代間時代思潮劇變，李澤厚已經點破了其轉變的本質：「從建黨一開始到抗日戰爭勝利前夕的延安整風都不斷地在理論上和實踐中徹底否定了無政府主義鼓吹的那種種絕對個人主義，也否定了自由主義所倡導所追求的種種個體自由、個性解放等屬於資本主義啟蒙思想體系中的許多東西。」「五四時期啟蒙與救亡並行不悖相得益彰的局面並沒有延續多久，時代的危亡局勢和劇烈的現實鬥爭，迫使政治救亡的主題又一次全面壓倒了思想啟蒙的主題。」〔註136〕以往的「救亡壓倒啟蒙」說偏重於從外界環境的變化來解釋，「這些否定和批判主要都是救亡——革命——戰爭的現實要求，而並非真正學理上的選擇。」〔註137〕這固然有一定說服力，但這種外界壓力說的

〔註135〕南陔：《無政府主義之由來及無政府黨各家傳略與學說》，《無政府主義批判》（中國現代哲學史資料彙編第一集第四冊），鍾離蒙、楊鳳麟主編，遼寧人民出版社，1981年，第122頁。

〔註136〕李澤厚：《啟蒙與救亡的雙重變奏》，《中國現代思想史論》，天津社會科學院出版社，2003年，第26頁。

〔註137〕李澤厚：《啟蒙與救亡的雙重變奏》，《中國現代思想史論》，天津社會科學院出版社，2003年，第26頁。

解釋是單向和機械的，是不全面乃至有些乏力的，難道二、三十年代間思想發展沒有本身內在的理路必然性？如同在第一國際中馬克思、恩格斯同無政府主義交鋒，第二國際與俄蘇中列寧、斯大林對無政府主義的批判，都既是外在革命局勢的要求，同時，也是內在學理上的交鋒一樣，中國的救亡壓倒啟蒙這一現象也既有外在救亡壓力一面，也存在內在學理上的交鋒，而理解這種內在學理的交鋒與選擇的關鍵便是「三大論爭」。

　　五四時期的三大論爭可謂是中國思想界道路抉擇的幾次關鍵，也是後人破解那段歷史時期思想前後走向的關鍵。其中，無政府主義與馬克思主義的論爭因為長期單向話語權下敵我化單向度的批判和簡單化解釋，因而掩蓋了它對於思想界未來走向必然性的意義發掘。令人驚異的是，李澤厚事實上已經注意到並十分重視馬克思主義前無政府主義的廣泛影響和啟蒙意義，但我認為，他對其意義的重視仍是有限度的，我們仍有必要再度思考和發掘這種意義，我們有必要將無政府主義的啟蒙意義以及它與馬克思主義的論爭對於思想史演變的重要意義放在更為關鍵的位置，有必要在其基礎上再進一步。如果考慮到主張絕對自由的無政府主義思想與主張服從權威的馬克思主義思想間的激烈交鋒，再如果考慮到無政府主義思想本身內在的缺陷性，它在與馬克思主義的交鋒中必然敗下陣來，那麼，從五四前的絕對自由到 20 年代末 30 年代初的服從權威，從個人主義轉向集體主義，便會找到思想史發展的內在必然理路，而不光是外在壓力的原因。

　　救亡的壓力於近現代史是一直存在的，但為什麼仍會出現啟蒙運動？正因為思想者們認識到啟蒙正是實現救亡的必要措施和步驟之一，而救亡的壓力也正構成推動啟蒙行進的動力，從五四其前其後來說，啟蒙都並不絕然對立於救亡。從時間上看，五四後，甚至從辛亥革命後算起，真正具備影響和顛覆全國各界格局的外在「救亡」壓力——抗日戰爭爆發是在 1937 年，其後救亡熱潮才席卷全中國所有人的生活，即便考慮到東三省淪陷，那也是在 1931 年後，而且其影響並未達到顛覆整個思想界格局的程度，國共矛盾仍居主流，從內戰仍在繼續即可見一斑。而啟蒙的消沉與向馬克思主義化的轉變，是在 20 年代中後期即已實現，如果以救亡來解釋啟蒙的失敗，那顯然於時間上已產生明顯錯位和滯後了。這兩個方面，一是外界壓力單向解釋思想走向，二是時間錯位，〔註138〕都可以質疑「救亡壓倒啟蒙」說。

〔註138〕李澤厚《啟蒙與救亡的雙重變奏》一文中，並未將「救亡」指稱具體事件，

在此質疑中，李慎之以對三十年代的「新啓蒙運動」的歷史回憶爲基礎而提出「啓蒙本身轉向」的觀點。他從革命崇拜邏輯推出「革命壓倒民主」的觀點，在《革命壓倒民主——〈歷史的先聲〉（港版）序》中他指出：「除了中國人不懂民主而外，民主在中國人中只能留在口頭上的又一個原因是，在中國的左派知識分子心目中還有一個比民主更高的價值，那就是革命，就是社會主義和共產主義。」「你追求的要是革命，你就得把一切交付給領導你衝鋒陷陣的組織及其領袖，不該問的不問，不該說的不說，一切服從命令聽指揮。」〔註139〕而後他又在《不能忘記的新啓蒙》中重拾三十年代的「新啓蒙運動」，進一步推出啓蒙並未消失，而是「還是救亡推動啓蒙，只是啓蒙本身轉向」的重要觀點。「爲什麼說轉向？因爲七八十年前的中國學術界和今天的中國學術界總是把啓蒙認爲是與西方的啓蒙大同小異的提倡人權、自由、平等、法治、理性的啓蒙運動，而新啓蒙運動都偏偏以馬列主義作爲眞理來宣傳，這就是新啓蒙之『新』，而且決定了中國今後幾十年的命運。」〔註140〕李慎之「革命壓倒民主」和「還是救亡推動啓蒙，只是啓蒙本身轉向」的觀點已經在二三十年代思想轉向內在理路梳理上提供出重要的突破，它對於我們重要的啓示在於，馬列主義在新啓蒙運動中居於主流是思想界發展的自然結果，是革命崇拜從空想到現實主義的必然發展。

從五四時期到三十年代，從啓蒙運動到新啓蒙運動，思想界變遷的決定性因素是馬克思主義的從開始傳播到百家爭鳴中勝出，從而「啓蒙本身轉向」。因此，如果考慮到無政府主義於五四前思想啓蒙的巨大意義（實際上，啓蒙運動中馬克思主義的作用十分有限，馬克思主義影響的擴大主要是在五四後，這一點已爲諸多研究所證實。新文化運動中的陳獨秀思想就迥異於他

而且也先已講明，啓蒙性的新文化運動與救亡性的反帝運動（五四運動）有合流和相互促進的階段，只是後來「救亡」壓倒了「啓蒙」。但顯然，既名曰「救亡」，那麼，最有說服力的和最容易想到的五四之後的「救亡」代表自然要算抗日運動了。而且實際上，學界即便算是以訛傳訛或對李澤厚原說的歪曲，但事實上確有許多人用「救亡壓倒啓蒙」擴大化來指稱三十年代乃至四十年代的思想界趨勢，產生這種歪曲和擴大化的原因之一仍要歸於「救亡」這個命名所包含的泛化意義。正針對於此，我們可以提出這種二十年代思想界轉向與三十年代救亡壓力間的時間錯位質疑。

〔註139〕李慎之：《革命壓倒民主——〈歷史的先聲〉（港版）序》，《歷史的先聲——半個世紀前的莊嚴承諾》，笑蜀編，汕頭大學出版社，1999年。
〔註140〕李慎之：《不能忘記的新啓蒙》，《炎黃春秋》，2003年第3期。

成爲馬克思主義者後的思想），以及啓蒙陣營三大論爭中馬克思主義在與無
政府主義交鋒中的勝出與擴大影響，那麼，中國思想界在 20 年代中後期的
轉向便可以找到內在理路的必然因素之一——從啓蒙運動到新啓蒙運動就
是從空想的絕對性到現實的功利性的遷移。「最值得注意的是，馬克思主義
之所以戰勝無政府主義，與其說是在理論上弄清了兩者的社會理想和革命原
則貌似而實非的差異，還不如說主要是由於馬克思列寧主義有一套切實可行
已見成效（十月革命）的具體行動方案和革命的戰略策略。……而馬克思主
義戰勝無政府主義的結果，便是階級鬥爭和無產階級專政理論的強調和實
行。」〔註 141〕馬克思主義對無政府主義論爭的勝利意味著權威、集體原則
對自由、個體原則的勝利，現實原則對空想的勝利，階級論對人性論的勝利。
可以說，即便不發生 30 年代的抗戰熱潮，中國思想界的這種從啓蒙中的絕
對個人自由到服從集體、服從階級、服從權威的轉向也仍然要發生，事實上
轉向於 20 年代中後期便已經開始發生。

　　總之，無政府主義思想之於思想啓蒙的意義值得重視和重新發掘。

（二）革命文藝政策與對無政府主義因素的清除

　　馬克思主義對無政府主義論爭的勝利推動了啓蒙的轉向，但無政府主義
一直被視爲是馬克思主義政黨和組織的「眞正的敵人」，「所以我們也就承認
對眞正的敵人要進行眞正的鬥爭。」〔註 142〕因此在革命隊伍以及革命意志的
純潔過程中，在革命文藝政策的建立和鞏固歷程中，仍始終伴隨著對無政府
主義思想元素的清除。

　　因爲無政府主義對馬克思主義者如同曾經的他們共同對待封建主義、資
本主義制度一樣，都以「自由、解放」爲旗幟，這構成了革命組織內部眞實
的危險。從第一國際，到俄國布爾什維克黨內，到中共建黨後，這種鬥爭都
一直在進行。如其所願，無政府主義者視任何政權爲其敵人，於是，他們也
被任何政權視之爲敵並連同他們的思想一起掃蕩。對於革命者和革命組織來
說，這種鬥爭與清洗是必要的，必須的。然而悖論在於，人們會發現，那些
被革命者清洗掉的某些東西，似乎恰恰是他們曾經爲之而奮鬥的東西——如

〔註 141〕李澤厚：《啓蒙與救亡的雙重變奏》，《中國現代思想史論》，天津社會科學院
　　　　　出版社，2003 年，第 25 頁。
〔註 142〕斯大林：《無政府主義還是社會主義？》，《斯大林全集》第一卷，人民出版社，
　　　　　1953 年，272 頁。

自由，而他們執行的東西，也往往恰是他們曾經要反對的地方。列寧的政黨在建立起革命文藝政策的同時，恰恰也陷入了這個悖論之中。

馬克思曾面對普魯士的書報檢查制度，憤怒地寫下《評普魯士最近的書報檢查令》來抨擊對寫作、出版自由的專制：「你們讚美大自然令人賞心悅目的千姿百態和無窮無盡的豐富寶藏，你們並不要求玫瑰花散發出和紫羅蘭一樣的芳香，但你們爲什麼卻要求世界上最豐富的東西——精神只能有一種存在形式呢？……一片灰色就是這種自由所許可的唯一色彩。每一滴露水在太陽的照耀下都閃現著無窮無盡的色彩。但是精神的太陽，無論它照耀著多少個體，無論它照耀什麼事物，卻只准產生一種色彩，就是官方的色彩！」正是爲了這樣的自由，馬克思發明出革命的理論走上了革命道路。而列寧，其最重要功績在於將這種革命理論變爲了現實實踐。然而，在這種改造中，在文藝政策方面，一些人向他們呼籲的，恰恰是他們曾向別人要求過的東西——寫作、出版自由。馬克思主義眞義的批判威力巨大，以致對於即便奉其爲主義的政黨來說，也同樣如此。

列寧在《黨的組織與黨的出版物》這篇綱領性文件中，提出了「黨的出版物的原則」，從而成爲黨的文藝政策的基礎，進而成爲國家的文藝政策基礎。在這篇文章中，列寧提出，要清除「老爺式的無政府主義」、「資產階級無政府主義的個人主義」、對「自由」的要求。「無黨性的寫作者滾開！」「超人的寫作者滾開！」他正式將寫作事業定位爲「有組織的、有計劃的、統一的黨的工作的一個組成部分」，「成爲由整個工人階級的整個覺悟的先鋒隊所開動的一部巨大的社會民主主義機器的『齒輪和螺絲釘』。」〔註143〕一部巨大機器的「齒輪和螺絲釘」，這就是黨的文藝政策。

列寧顯然意識到這樣定位的後果和可能遭致的反對：「怎麼！也許某個熱烈擁護自由的知識分子，會叫喊起來。怎麼！你想使文學創作這樣精緻的個人事業服從於集體呀！你想使工人們用多數票來解決科學、哲學、美學的問題呀！你否認絕對個人的思想創作的絕對自由呀！」〔註144〕他爲之辯護的理由主要是兩條。一是「言論和出版應當有充分的自由。但是結社也應當有充

<hr>

〔註143〕列寧：《黨的組織與黨的出版物》，《馬克思　恩格斯　列寧　斯大林論文藝》，人民文學出版社，1999年第3版，第199頁。此處的「出版物」一詞，舊譯作「文學」，是用廣義的文學的意思。

〔註144〕列寧：《黨的組織與黨的出版物》，《馬克思　恩格斯　列寧　斯大林論文藝》，人民文學出版社，1999年第3版，第201頁。

分的自由。為了言論自由，我應該給你完全的權利讓你隨心所欲地叫喊、扯謊和寫作。但是，為了結社的自由，你必須給我權利同那些說這說那的人結合或者分離。黨是自願的聯盟。」〔註145〕一種自由壓倒另一種自由，一個黨派、團體當然有維護自己利益的權利。問題是，一個以「自由、解放」為宗旨的黨派為了實現這個宗旨卻要來限制必要的自由，這免不了是個悖論。更何況，當這個黨派成為掌握國家政權的黨派，並將結社團體內的政策擴大到整個國家、整個社會時，國家、社會並非「自願聯盟」的黨團，此時，掌握權力者的自由變成統治階層的自由，而且只有後一種自由，而壓倒了前一種自由。此時，究竟是「自由之路」（羅素）還是「通向奴役之路」（哈耶克）的質疑，便無可迴避。第二個辯護理由是，「這種絕對自由是資產階級的或者是無政府主義的空話」，「我們社會主義者揭露這種偽善行為，打破這種假招牌。」〔註146〕是的，絕對自由確是不可能的，但問題是，揭掉偽善、偽自由招牌後，剩下的路有兩種可能，是逐步實現真正的自由呢還是蛻變為真正的專制呢？自由之路還是奴役之路，這是一個無法迴避的現實問題。

　　中國的馬克思主義者在同無政府主義的論爭勝利後，很快也將蘇聯的建黨原則與文藝政策移植過來。毛澤東《在延安文藝座談會上的講話》中，將列寧的「齒輪和螺絲釘」之喻改為特定環境下的「文化軍隊」，同樣的定位是「我們今天開會，就是要使文藝很好地成為整個革命機器的一個組成部分，作為團結人民、教育人民、打擊敵人、消滅敵人的有力的武器，幫助人民同心同德地和敵人作鬥爭。」「為什麼人的問題」在階級論和民族解放戰爭環境中，顯得更具說服力，但加於文藝上的功利性要求與限制也就更加不可抵抗，以至走向「軍隊」論、「武器」論、「革命機器」論。在此面前，艾青保留個人創作有限自由權利的言論受到批判：「作家並不是百靈鳥，也不是專門唱歌娛樂人的歌妓」，「作家除了自由寫作之外，不要求其他的特權。他們用生命去擁護民主政治的理由之一，就因為民主政治能保障他們的藝術創作的獨立的精神。因為只有給藝術創作以自由獨立的精神，藝術才能對社會改革的事業起推進的作用。」〔註147〕而王實味這「藝術家」則甚至被「政治家」誤殺

〔註145〕列寧：《黨的組織與黨的出版物》，《馬克思　恩格斯　列寧　斯大林論文藝》，人民文學出版社，1999年第3版，第201頁。

〔註146〕列寧：《黨的組織與黨的出版物》，《馬克思　恩格斯　列寧　斯大林論文藝》，人民文學出版社，1999年第3版，第202頁。

〔註147〕艾青：《瞭解作家，尊重作家——為〈文藝〉百期紀念而寫》，《世紀抉擇：中

掉了。

人們常視魯迅爲五四精神的象徵。那麼，他所代表的五四精神究竟是什麼呢？陳獨秀的「科學、民主」是當時於社會層面能爲最大多數人所接受的口號。這是外在層面的、社會層面的，而作爲啓蒙精神，其內核則是理性、自由、獨立之精神，這才是思想文化界眞正的五四精神。魯迅其實是反對所謂「民主制」的，他所代表的，正是自由與獨立之精神。在無政府主義敗於馬克思主義論爭後，這種個體的自由與獨立便讓位於集體的抗爭與服從。魯迅也在激烈的動盪中經歷了思想的巨變，尋找新的盟友。然而，畢竟，新的共產黨盟友奉行的原則與他個體間的自由與獨立原則間不免齟齬，這也使他時時不得不陷於猶豫彷徨、痛苦之中，陷入絕望之與希望同，陷入思想最深的黑暗中，猶如既需要跳入和淹沒到水中，又不得不試圖掙扎出來的落水者。魯迅的轉向與困惑是具歷史典型性的。魯迅畢竟在絕望中最大可能地保持了自己的獨立精神，而他的朋友、學生們如胡風等，則在類似悖論處境下在個體自由獨立精神與集體服從原則的碰撞中，一個個留下慘痛的歷史記憶。

許多作家、研究者將黨的文藝政策視爲戰時的特定產物，它在特定歷史環境中對無政府主義因素的清理是必要的，隨著歷史環境的變遷，黨的文藝政策變成整個國家的文藝政策，從十七年到文革，當這種政策造成的對文藝發展的諸多不良限制非常明顯時，再次思考自由與集體間一直存在的悖論，重新審視曾經的矯枉過正成爲必要的課題。我們是否要考慮將與洗澡水一起潑掉的嬰兒——眞正的寫作獨立精神揀回來呢？而我們學習和繼承魯迅，是不是正是要重新審視和繼承他的自由與獨立之精神呢？新時期，黨的文藝政策實現了巨大的調整，重新肯定了創作自由，文藝發展展現出嶄新格局，面臨單一化枯萎危機的文藝重新走向多元的爭鳴共存和繁榮。

（三）無政府主義的審美性與文學的無政府主義性

作爲一種空想性的哲學，無政府主義在現實政治領域中處處碰壁，「共產主義有目的，實行有步驟，有手段，有方法，反之，無政府主義除開他視爲掌上珠，圖案畫，繡花衣的最美妙的理想目的以外，卻空空毫無所有了。」

國命運大論戰》第四卷，林㪚編著，時事出版社，1997 年，第 1746、1747頁。

〔註148〕是的，正因為這種空想性，使無政府主義很大程度上成為一種頗具審美性特徵的哲學，它的接受多為文人騷客所青睞，而文藝界人士也多表現出無政府主義傾向。個人無政府主義在被引入介紹時，本就被一些人稱作「哲學的和文學的無強權主義」。〔註149〕在室伏高信所作《無政府主義批評》中介紹道：「黑雅士於其《近代歐洲政治及社會史》Hayes：The political and Social History of modern Europe 中，更引尼采 Nietzsche，惠特曼 Whitman，陶斯泰 Tolstoy，易卜生 Ibson 及佐拉 zola 輩，為無政府黨。」〔註150〕延陵譯 Steed 的《克魯泡特金的〈無治主義略說〉》中亦在介紹「關於無治思想之侵入近代著作，和現代作家的思想之影響無治主義」時，指出「詩界之中又有易卜生的戲劇，惠德蠻（Whitman）的詩歌，托爾斯泰的著作，皆是很有用的。」〔註151〕

　　對於中國文學界，影響巨大的尼采，其思想與施蒂納一系的個人主義無政府主義的承續關係明顯，他又被尊為「詩人哲學家」，其文學性亦同樣突出；在國內，對摩羅詩人的呼喚成為一大主題。而朱謙之的個人無政府主義與文學界的互動也值得注意。至於國內無政府主義與文學的聯姻則早在 19 世紀末、20 世紀初的「虛無黨」、烏托邦小說中即見其影，到其傳播之初，又有《新民叢報》上的《虞初今語‧人肉樓》（1902 年）、蔡元培的《新年夢》（1904 年）、魯哀鳴的《極樂地》（又名《新桃花源》，初版於 1912 年，後多次翻印）小說來圖解和演繹其無政府主義理想。〔註152〕後又有部分人從宣傳角度對文

〔註148〕重遠：《共產主義與無政府主義》，《無政府主義批判》（中國現代哲學史資料彙編第一集第四冊），鍾離蒙、楊鳳麟主編，遼寧人民出版社，1981 年，第 60 頁。

〔註149〕葉麐《「無強權主義的根據」及「無強權的社會」略說》，《無政府主義批判》（中國現代哲學史資料彙編第一集第四冊），鍾離蒙、楊鳳麟主編，遼寧人民出版社，1981 年，第 136 頁。

〔註150〕室伏高信：《無政府主義批評》，陳伯雋譯，《無政府主義批判》（中國現代哲學史資料彙編第一集第四冊），鍾離蒙、楊鳳麟主編，遼寧人民出版社，1981 年，第 126 頁。

〔註151〕《克魯泡特金的〈無治主義略說〉》，延陵譯，《無政府主義批判》（中國現代哲學史資料彙編第一集第四冊），鍾離蒙、楊鳳麟主編，遼寧人民出版社，1981 年，第 160 頁。

〔註152〕對三篇小說的分析可參見：耿傳明：《無政府主義與中國現代文學現代性的起源》，《華東師範大學學報》（哲學社會科學版）1999 年第 2 期。張全之 2004 年的博士論文《無政府主義與中國近現代文學》對此也進行了詳細考證。

藝的重視：「所以我主張對無產階級的紙上宣傳，最好不如編散歌謠、鼓詞，春調、劇本。」〔註153〕而中國無政府主義者華林也直接感受到無政府主義與「美」之間的諸多共通性，在1927年提出「文藝中心說」：「我們的願望是以『文藝中心說』；以感情消滅一切階級。世界最可崇仰的，就是『美』，無論何人，到了美的面前，只有降服在他的威權之下，誰也不能反抗的，我以此願望來和無政府主義的人們相握手。因為文藝的本身，就富於創造性和革命性的；文藝上是沒有階級的。……如此世界，當然沒有階級、國界可說。這樣看來，無政府主義者不過是『美』的忠僕而已。」〔註154〕雖然在無政府主義已被邊緣化的時代，華林的「文藝中心說」並未引起多少注意，而且還被認為是無政府主義落魄時的逃遁之舉，但無政府主義與審美間的關係，確是一個有意義的題目。無政府主義的無強權、各盡所能、各取所需、人人互助的理想世界本就是一個充滿愛與美的世界。

無政府主義思想的審美性及與文學的天生契合性，主要來自三方面。

1、烏托邦空想性。無政府主義思想既源於現實世界，同時又是對現實世界的否定，它指向於彼岸的理想世界，是在現實世界基礎上對美好理想的構思與追求。而文學等審美活動同樣具有這種空想性。同樣既源於現實生活，又超越於現實生活，其創作過程也就是一個立足現實，構思和創造虛幻世界的過程。二者在思維特徵、思考模式上有共通性。

2、對絕對自由與個性解放的追求。這一點對於無政府主義來說是顯然的。而對於文學來說，同樣如此，美學家高爾泰說：「美是自由的象徵」。對於文學構思來說，「精騖八極、心遊萬仞」，「觀古今於須臾，撫四海於一瞬」，「籠天地於形內，挫萬物於筆端」，這樣收放自如、縱橫闔蕩的思維與創作過程就是一個對自由的追求與揮灑過程。一個沒有自由心靈的作家，要創作出絕妙作品來是難以想像的。古人甚至早就指出文藝的這種特殊性：「立身之道與文章異，立身先須謹慎，文章且須放蕩」（梁簡文帝蕭綱《誡當陽公大心書》）。創作過程如此，另外，作為創作主體來說，也需要一個「真性情」的主體，一個個性解放的主體。歷代文論中的性靈一派以道家的自由逍遙哲學

〔註153〕劍波：《怎樣去宣傳主義》，《無政府主義在中國》，高軍等主編，湖南人民出版社，1984年，第466頁。

〔註154〕華林：《文藝中心說》，《無政府主義思想資料選》（下），葛懋春等編，北京大學出版社，1984年，第741頁。

為根依，對於個性的強調既是對於文學的解放，也是對於整個封建文化的衝擊，甚至具備了政治與社會解放的功效。從蘇東坡「如萬斛泉源，不擇地而出」，到李贄的「童心」說，公安三袁的「獨抒性靈」說，到袁枚的「性靈」說，都是不斷挑起個性解放的衝擊波。

3、情感性。對於無政府主義這樣的空想性哲學來說，沒有激烈的情感支撐，是不可能持續的。馬克思主義批判無政府主義是「絕望的產物」，絕望正是一種極其強烈的情感狀態，何況，絕望後有消極的墮落，亦有積極的抗爭，而無政府主義正是後者。正是以這種強烈的情感支撐，無政府主義者投入了激越的「破壞就是創造」中，投入暗殺等種種「直接行動」中。至於文學的情感性特徵，此處則不用再多說。共同的情感性特點，使無政府主義哲學與文學具有了類似的性格與氣質特徵，在共同的社會與文化處境中有了更多的接近可能。尼采作為詩人哲學家，薩特存在主義下的自由選擇哲學與文學，〔註155〕郭沫若詩歌的狂放恣肆，這些都是典型的例子。

總之，無政府主義具有與審美活動的親近性，可以說，自由的文學天生就是帶有無政府氣質的，而無政府的精神則天生就是審美的。探尋文學家思想中的無政府主義因素，是對其理解的一個重要闡釋途徑。

（四）無政府主義精神與 20 世紀中國文學

無政府主義在 20 世紀中國的主要形態是作為一種政治思潮而存在，在對它的傳播中，宣介者一般也將其分作政治的社會的無政府主義（即無政府共產主義）和哲學的文學的無政府主義（即個人無政府主義）兩類，前已述及，在中國無政府主義者中，所接受的大都是前者，而很少是個人無政府主義，但在文學界，接受施蒂納個人無政府主義影響的卻甚為普遍。作為政治思潮來接受的無政府主義者著眼於它作為意識形態的理想性與社會改造的現實性，而作為哲學思潮來接收的五四文人則更青睞於其中的「立人」（國民性改造）價值。而且，與政治界不同的是，作為政治思潮接受的無政府主義者大多具有鮮明的信仰性，而作為哲學思潮接收的文學界則除巴金外，沒有一人可稱為堅定的無政府主義者，他們大多只是將其作為眾多思想「火種」中的

〔註155〕如周倫祐對文學與哲學的融合舉例說：「現代哲學使自身文學化，因而尼采的鞭子使人舞蹈；現代文學使自身哲學化，因而薩特的煙斗使人嘔吐。」（周倫祐：《反價值時代》，四川人民出版社，1999年，第96頁。）

一種，在中外古今兼收並容中傾向和感染它的色彩，信仰者的狂熱和傾向者的理性是有區別的。故而，無政府主義精神對中國文學的影響具有間接性和隱晦性，一方面是通過時代思潮的社會背景而影響作家，一方面作家作品的表現也是通過人物、故事等折射出來。政治信仰者宣示信仰是明確和堅定的，而文學傾向者的體現則是間接和內蘊的，這二者的分殊是需要明確的。另一點要說明的是，中國有文道合一的傳統，20 世紀的文學界與思想界也有很大重合，文學革命與新文化運動就是基本合一的，所以，文學主題與思想主題間亦很難截然分開，這在啟蒙文學中體現得更為分明，所以，無政府主義精神對啟蒙的影響很大程度上也就相應轉化為對文學主題的影響。

無政府主義精神對於 20 世紀中國文學的影響，主要是通過兩種途徑實現，一是通過單個作家個體的接收與表現的個性而承載，另一方面則是通過時代文化氛圍實現的對文學主題的影響而展現。無政府主義精神對於現代文學主題的影響，主要是三方面，一是反封建主題，二是通過啟蒙諸子題實現的改造國民性主題，三是文學界中的革命崇拜。另外，道德改造主義一直是中國文化的一大特色，而在中國新文學中，這一點也有充分體現，道德改造主義與前面三大主題都有一定關聯。

反封建是現代思想界的中心主題，從新文化運動到五四運動，反封建都是其響亮口號，這也成為現代文學的中心主題。從胡適「文學改良芻議」的「八不」，到陳獨秀《文學革命論》的推倒「貴族文學」、「古典文學」、「山林文學」，代之以「國民文學」、「寫實文學」、「社會文學」，文學革命的反封建主題一方面是思想上對各種封建文化、尤其是孔教文化的批判，一方面是工具上的白話代文言。在對封建文化的揭露和批判方面無政府主義提供了強大的思想武器，這在「無政府主義與思想啟蒙」部分已詳細論述過。魯迅將封建的文化的本質概括為「吃人」，而周作人則將其概括為與人道主義相對的神道主義與獸道主義。周氏兄弟代表了文藝創作與理論上反封建的高峰。

如果說反封建是就大文化系統而言的，那麼國民性主題則深入到每一個文化個體上，而這則是文學界最為獨特和深刻的貢獻，也是新文學中的核心主題，它上承梁啟超的「新民」說，下接八十年代「新啟蒙」中對國民劣根性的發掘和改造。因為近現代中國的積弱困境，所以，對國民性的探討也突出表現為對劣根性的揭露和批判，魯迅作為此主題最具深度的代表，他所揭露和批判的最根本國民劣根性是什麼呢？是奴性。閏土、祥林嫂、孔乙己、

愛姑、阿 Q，都是奴性的典型體現，而所謂哀其不幸，也即是哀其淪爲奴隸的處境，怒其不爭，也就是對其本身內在奴性的怒。奴性既是對人性的掩蓋和戕殺，也是對「主子性」「神性」的貪婪和對「獸性」的暴露，魯迅所特具的對「圍觀的冷漠性」的發現，實際也正是對奴性、神性、獸性的大綜合複雜體現。如果說揭露和批判國民劣根性是破，那麼改造國民性則是立，也就是「立人」主題，要改劣根性爲良種，注入新的健康的文化因子，那就是人道主義、個人主義、個性主義，即由對個人權利的追求、個性解放的要求而實現的人的價值的確立。在引入文化新品質的立人意義上，魯迅、郭沫若、郁達夫等受個人無政府主義影響作家都有突出貢獻。反封建與立人主題具體體現爲啓蒙文學中對封建文化的批判，對於個性解放的呼喊，對於戀愛、婚姻自由的追求等，而還有一個表現就是五四興盛一時的「愛的哲學」「美的哲學」。「愛的哲學」的出現與無政府主義博愛、互助觀對時代文化氛圍的影響和塑造不無關係。〔註 156〕而周作人等的新村實驗則明顯有無政府主義文化因素的驅動。總之，「立人」的基礎，人道主義、個人主義、博愛的哲學，這些都與無政府主義精神有很大關聯。

作爲「最革命」的無政府主義，對時代革命氛圍的影響是重要的，對於強權的反抗思想日益演化爲對革命的崇拜。現代文學中的革命崇拜，一方面是對於傳統文化全盤打倒的文化虛無主義，反權威主義，以及文學形式的革命，這都在文學革命中得以體現；另一方面，這種革命崇拜還推動了文學革命向革命文學的轉化，從郭沫若《女神》的文化破壞主題到後來革命文學中政治主題的變遷，就是典型一例。馬克思主義戰勝了無政府主義，郭沫若、創造社、太陽社等的革命文學儘管在一定程度上也掩蓋甚至壓倒了啓蒙運動、文學革命的許多主題，時代進入了新的階段，但革命文學中的狂熱性與虛無主義化等因素仍帶有強烈的無政府主義革命色彩，而且對人的價值的終極追求也並未完全淪喪，不過是進入集體的、階級的解放帶動個人的解放的階段（當然這裏不可排除前者對後者的遮蔽甚至損害因素）而已。

新文學中的無政府主義精神因素不只是思想主題意義上的，也體現在形

〔註 156〕一般認爲，「愛的哲學」的部分倡導者如冰心、王統照等主要源於基督教文化影響，基督教作爲宗教爲無政府主義所反對，但基督教文化中的博愛已成爲西方文化的支柱之一，無政府主義的博愛、互助與烏托邦性都與它有同質性，二者在這一點上並不衝突。

式革命方面。文學革命中的白話文革命是一種體現，而五四後萌芽的現代主義文藝的形式革命則是另一種體現。作為藝術叛徒，現代主義的形式革命一方面沖決著僵化的語言與文體模式，另一方面也衝擊著從理性到非理性的世界體認方式，現代主義、先鋒派文學通過李金髮、戴望舒的詩，新感覺派小說等，掀動著藝術領域的另一場革命，它們雖然並非政治革命，但其中的無政府主義革命色彩同樣存在。這種現代主義品質在新時期文學中得以延續。

而作為作家個體，對於無政府主義精神因素的接收與表現，亦有不同的路徑。有的是通過作為政治思潮的接收入手，如巴金，他是唯一的無政府主義政治信仰者，但在革命擠壓下，最終轉化為一個民主主義作家。巴金的文學道路是特殊的，他並非如其他作家一樣是為了啟蒙而主動採用文學，相反，他的成為文學家是出於無政府主義政治革命破產的無奈，他的脫離政治運動而被動進入文學界肩負著巨大的內疚與自責，為在文學與革命間的徘徊而痛苦不已這是巴金痛苦的獨特之路。如果說有真正的無政府主義文學的話，那麼巴金的早期作品如《滅亡》、愛情三部曲（《霧》《雨》《電》）可算是唯一的無政府主義文學，而激流三部曲（《家》《春》《秋》）則成為契合於啟蒙文學、帶無政府主義精神性的文學。

更多作家對無政府主義精神是通過作為哲學思潮的接收入手。魯迅、周作人，他們從個人主義、啟蒙主義的思想立人主題開始，其後的路徑亦產生分歧。周作人堅守個人本位的自己的園地，但卻落伍於時代；魯迅接受了階級論，但卻進入「個」與「群」二者間的顛簸與彷徨，在絕望中反抗絕望。在從文學革命到革命文學的轉化中，走向革命的大勢不可阻擋，年輕一代作家從不同路徑而來。郭沫若及創造社這個國內最具無政府主義色彩的文學團體從浪漫主義、新浪漫主義進入文學革命陣營，繼而在到革命文學轉化途中，分化出繼續持守個人本位、文學本位的郁達夫；而郭沫若則展示出弄潮兒的新姿。蔣光慈從無政府主義、馬克思主義的曖昧和浪漫主義走向革命，丁玲從無政府主義性的女權主義走向革命。在走向革命途中，他們分別逐步迷失在自我批判與革命洪流中，無政府主義性也日益清褪而去。郭沫若成為「黨喇叭」後便自稱「不再是一個詩人」，隨三十年代流亡日本而告別文壇，直到抗戰爆發才回國復出。蔣光慈一直因為無政府主義的歷史而受到排擠，破敗而亡。丁玲則投奔革命一度風雲，卻在四十年代因為殘存的「獨立性」而受到批判。文學界的無政府主義因素一步步被清除。

　　毛澤東一貫的浪漫主義激情和反權威傾向是明顯的，而他早年也一度青睞於無政府主義，在建立新的共和國後，他的浪漫主義、烏托邦主義、反權威主義逐步膨脹，並驅使發動了「懷疑一切，打爛一切」的文化大革命，作為整個時代至高的精神偶像和實際權力控制者，毛澤東身上這種鮮明的浪漫主義氣質以及反體制傾向對中國當代文化以及文學發展走向具有重要的待發掘意義。在《西行漫記》中他表露自己的早年經歷：「那時我是一個唯心主義者」，「在這個時候，我的思想是自由主義、民主改良主義、空想社會主義等思想的大雜燴。我憧憬『十九世紀的民主』、烏托邦主義和舊式的自由主義，但是我反對軍閥和反對帝國主義是明確無疑的。」〔註157〕他第一次到北大時，「我讀了一些關於無政府主義的小冊子，很受影響。我常常和來看我的一個名叫朱謙之的學生討論無政府主義和它在中國的前景。在那個時候，我贊同許多無政府主義的主張。」〔註158〕他幼年時便有與其專制父親鬥爭的經歷，在早年詩作中「與天奮鬥，其樂無窮。與地奮鬥，其樂無窮。與人奮鬥，其樂無窮」（《奮鬥》，1917～1918），「萬類霜天競自由」「糞土當年萬戶侯」（《沁園春・長沙》），以及「捨得一身剮，敢把皇帝拉下馬」等既是他追求絕對自由與反權威的心聲和座右銘，也都成為文革中的響亮口號。但作為「新民學會」中出名的「行動家」，他與其組織的「新民學會」都有著突出的求實風格，以「潛在切實，不務虛榮，不出風頭」為宗旨。在他給蔡和森的信中也說：「理想固要緊，現實尤其要緊。」〔註159〕正因為要著眼於政治改造的實際，故而轉向了馬克思主義，他在無政府主義與馬克思主義的論爭中，認為「對於絕對自由主義、無政府主義以及德謨克拉西主義，依我現在的看法，卻只認為於理論上說的好聽，事實上是做不到的。」〔註160〕在漫長的黨內國內國際政治鬥爭、軍事鬥爭中，重視實際的風格為毛澤東贏得了一次又一次的重大勝利，〔註161〕他個人的浪漫主義風格則更多地體現在詩詞這個窗口中，「五嶺透

〔註157〕　【美】埃德加・斯諾：《西行漫記》，董樂山譯，三聯書店，1979年，第122頁，第125頁。

〔註158〕　【美】埃德加・斯諾：《西行漫記》，董樂山譯，三聯書店，1979年，第127～128頁。

〔註159〕　《新民學會資料》59頁，轉引自蔣俊、李興芝：《中國近代的無政府主義思潮》，山東人民出版社，1991年，第242頁。

〔註160〕　1920年12月毛澤東給蔡和森的信，轉引自蔣俊、李興芝：《中國近代的無政府主義思潮》，山東人民出版社，1991年，第243頁。

〔註161〕　在革命年代，毛澤東作為一個成功的革命家超越於諸多極左路線同儕的關鍵

迤騰細浪，烏蒙磅礴走泥丸」（《七律‧長征》），「百萬雄師過大江」（《七律‧人民解放軍佔領南京》），「惜秦皇漢武，略輸文采；唐宗宋祖，稍遜風騷。一代天驕，成吉思汗，只識彎弓射大雕」（《沁園春‧雪》），這些，浪漫主義的卓越豪情成爲其「卡里斯瑪」的一個極其重要方面。毛對參加的革命有個概括——「無法無天」：「有田有地吾爲主，無法無天是爲民」（《七律‧憶重慶談判》，1945），可見在他的心目中對革命與浪漫主義的、乃至無政府主義化反體制激情的關係的理解。毛澤東自言身上有虎、猴二氣，〔註162〕如果虎氣是指唯意志論下的自信，那麼猴氣則是唯物論下的謹慎，前者是揮斥方遒的豪氣，後者則是腳踏實地的「小氣」。〔註163〕虎猴二氣的結合構成了一個偉大革命家復合的氣質以及中國革命事業勝利的因素。

　　青年時毛澤東的批判無政府主義並非因爲其理論不好，而是因爲「事實上做不到」，因此，他幹了一生中的頭件大事，趕跑蔣介石，建立了新中國。那麼，現在，早年的烏托邦情結可以實現了麼？條件具備了麼？建國後，在宣佈社會主義改造基本完成後，毛迫不及待地發動了「大躍進」的又一次革

所在，即他除了頑強堅韌的革命意志外，更爲冷靜唯物地把握了客觀局勢。馬爾庫塞曾對《實踐論》發表看法認爲「其中，杜威多於馬克思」，參見【美】斯圖爾特‧施拉姆：《毛澤東研究：回顧與展望》（《外國學者評毛澤東第 4卷：「傳說」的傳說》，蕭延中主編，中國工人出版社，1997 年，第 18 頁）。此文中還談及斯塔爾斷言毛具有把「實用主義」和「革命的浪漫主義」融合進來的特點，施拉姆並質疑對毛描繪自己的術語的定性：「毛所用的這個術語（實際主義者）是否應該被譯爲『實用主義者』而不是『現實主義者』，是很可懷疑的」。正因爲這種實用主義手法的創造性運用，才創立了引導革命勝利的毛澤東思想，而長期以來，毛也一直與僅有革命意志而缺少冷靜客觀判斷的極左路線作鬥爭，既反對教條本本主義，又反對冒險盲動主義。

〔註162〕《毛主席致江青同志的信（一九六六年七月八日）》：「我是自信而又有些不自信。我少年時曾經說過：自信人生二百年，會當水擊三千里。可見神氣十足了。但又不很自信，總覺得山中無老虎，猴子稱大王，我就變成這樣的大王了。但也不是折中主義，在我身上有些虎氣，是爲主，也有些猴氣，是爲次。」（《毛主席關於無產階級文化大革命的部分論述和指示》，見超星數字圖書館，蘭州軍區軍政幹部學校政治部政治教研室翻印，1976 年 4 月，第 8～9頁。）

〔註163〕對於毛澤東的虎、猴二氣的比喻，存在著多重的可闡釋性，如心理歷史主義派的盧西恩‧派伊在《毛澤東的心理性格及政治得失》中認爲：「『猴子』——頑皮，充滿幻想，反覆無常，無法預言，總是惹人惱火，逗趣和變化無常——還有一部分像『老虎』——兇猛和危險的君主和統治者，爲眾人所敬畏。」（《外國學者評毛澤東 第 2 卷：從奠基者到「紅太陽」》，蕭延中主編，中國工人出版社，1997 年，第 261～262 頁。）

命式運動，他的烏托邦焦慮甚至迫不及待到宣稱要「跑步進入共產主義」，對社會要實現又一次生產關係劇變。毛澤東的共產主義烏托邦焦慮繼續膨脹，以至他在詩詞中公開宣傳「多少事，從來急；天地轉，光陰迫。一萬年太久，只爭朝夕」（《滿江紅　和郭沫若同志》，1963年1月9日），真是虎氣十足。六十年代，強烈的共產主義烏托邦焦慮乃至傳統的道德焦慮令毛澤東產生了「黨在變色」的現實憂患，這個他一生心血所締造的黨和國家然而現在卻要迅速異化為他所深惡痛絕的修正主義、資本主義怪物，毛澤東宛如堂‧吉訶德一般，憤然發動了向風車的進攻，或許他心中充滿悲憤，這種悲憤、荒誕感甚至鼓動起他所熟悉的道德責任感、歷史使命感，並轉化為他戰鬥的豪氣：保衛理想，實現理想——也就是他一生中的第二件大事。他的浪漫主義激情終於使他走上早年所致力反對的敵人——「左」的道路，而具體方法則是其特有的浪漫主義革命化乃至早年的無政府主義因素的復活：發動起一支從無到有的「青年近衛軍」，「懷疑一切，打倒一切」，反體制，摧毀一切既有秩序，創造出嶄新的世界。這也正是西方青年運動引以為思想資源的原因——此時的毛，既是國內紅衛兵的革命化紅色偶像，也是西方無政府主義化的反文化運動的偶像。

　　需要提及的是，作為一名政治家，毛《在延安文藝座談會上的講話》確立了文藝的為政治服務方向，但另一方面，也是重要但又常被遮蔽的一個方面是，毛作為一個浪漫主義詩人，對中國文壇的影響也是重要的。在浪漫主義長期成為被批判對象，包括郭沫若也否認自己是浪漫主義詩人的時候，毛卻說自己就是個浪漫主義者，並在1958年提出「革命現實主義與革命浪漫主義相結合」，這使郭沫若也才慢慢又開始承認自己的浪漫主義身份，他說：「在我個人特別感著心情舒暢的，是毛澤東同志詩詞的發表把浪漫主義精神高度地鼓舞了起來，使浪漫主義恢復了名譽。比如我自己，在目前就敢於坦白地承認：我是一個浪漫主義者了。這是三十多年從事文藝工作以來所沒有的心情。」〔註164〕他闡釋新的文藝政策「兩結合」：「主席提出這個創作方法，糾正了過去對浪漫主義偏頗的看法。我們是既承認革命的現實主義，又承認革命的浪漫主義，同時希望兩者能夠更好的結合。這樣，就使得藝術大解放，作家的思想大解放，破除很多清規戒律，避免可能發生的流弊和偏向。這樣，

〔註164〕郭沫若：《浪漫主義和現實主義》，《郭沫若全集》文學編第17卷，人民文學出版社，1989年，第10頁。

就大大的有利作家的創作活動。」〔註165〕從此後，文壇風向轉變，也開始大刮浮誇風，為政壇的浮誇風開道和推波助瀾，演化為政壇與文壇相互激蕩的「假、大、空」通弊。

對毛及文革的認識不但國內長期存在偏見，在國外也同樣存在誤讀。本傑明‧史華茲1951年提出了「毛主義」概念，而這個「毛主義」與國內的「毛澤東思想」便明顯有區別。例如國內的毛澤東思想始終被認為是堅定的馬克思列寧主義者，而國外的「毛主義」則被認為是偏離列寧主義的，〔註166〕甚至是對馬克思主義的解體，〔註167〕「在『史華茲模式』的影響下，對『毛澤東主義』是正統馬克思主義異端的說法得到廣泛認可和不斷發展」；〔註168〕國內的毛澤東思想被認為是全黨的指導思想，而國外的「毛主義」則被認為二者迥然有異，如本傑明‧史華茲就說：「無產階級文化大革命最引人注目的方面之一，是毛澤東（或毛主義集團）與中國共產黨的對立。」〔註169〕國外的「毛主義」正是從毛的反官僚主義、反體制方面認定毛及文革正是一場無政府主義與烏托邦的革命，並進而成為法國1968年紅色五月風暴的指導思想

〔註165〕 郭沫若：《就目前創作中的幾個問題答＜人民文學＞編者問》，《郭沫若全集》文學編第17卷，人民文學出版社，1989年，第298頁。

〔註166〕 「史華茲的奠基之作是《中國共產主義運動與毛的崛起》（1951）。在十多年內，這一著作都居於統治地位。他將毛的馬列主義歸結為列寧主義，而且是對列寧主義傳統的偏離。」【美】理查德‧費理察：《馬克思主義列寧主義傳統中的毛澤東與馬克思》，《外國學者評毛澤東 第4卷：「傳說」的傳說》，蕭延中主編，中國工人出版社，1997年，第280頁。對國外關於「毛主義」的論爭可參見該書第十章。斯圖爾特‧施拉姆也說：「雖然我從來沒說過毛更像一個民粹主義者，不像一個列寧主義者。但我現在認為我的確朝那個方向走得太遠了。」【美】斯圖爾特‧施拉姆：《對中國問題研究中費理察與沃爾德爾「革命」的一些思考》，《外國學者評毛澤東 第4卷：「傳說」的傳說》，第407頁。

〔註167〕 「史華茲認為，毛澤東與在他之前的列寧一樣，促成了馬克思主義的解體……『毛澤東的異端邪說在黨與階級的關係上正在起作用』。毛澤東製定的、如此適合中國條件的──不，是必不可少的──以農民為基礎的革命戰略，在史華茲看來，完成了從列寧開始的解體過程。」【美】馬克‧賽爾頓：《卡爾‧馬克思、毛澤東和社會主義發展的辯證法》，《外國學者評毛澤東第4卷：「傳說」的傳說》，蕭延中主編，中國工人出版社，1997年，第409～410頁。

〔註168〕 蕭延中、張惠才：《國外毛澤東研究觀點簡介》，《外國學者評毛澤東第4卷：「傳說」的傳說》，蕭延中主編，中國工人出版社，1997年，第579頁。

〔註169〕 【美】本傑明‧史華茲：《道德王國：文化大革命中領袖與黨的宏觀透視》，《外國學者評毛澤東第2卷：從奠基者到「紅太陽」》，蕭延中主編，中國工人出版社，1997年，第329頁。

之一，「毛主義」與無政府主義、法蘭克福派馬爾庫塞思想等同樣成為他們的戰鬥旗幟。國外「毛主義」者為我所用式地著眼於毛及文革的反體製成分，而國內此時的毛澤東思想卻正在強調階級鬥爭論，強調無產階級專政，在反對和批判資本主義制度方面二者有一致之處，但一者是在發達成熟的資本主義體制內的文化批判，一者則是在貧窮和新生的社會主義國家內的政治鬥爭、階級鬥爭，二者間的誤讀是明顯的，卻又是有意義的。只有瞭解及此，才能理解對國內造成劫難的文革為何卻成為法國五月風暴、日本赤軍等的思想養分，並在世界共產主義運動史上成為蘇聯神話破滅後的另一個神話，被目為又一個革命大本營、革命思想輸出地。

對於文革這個複雜的怪現象，只有多層面多角度地看待，才可能真正全方位把握。儘管毛的浪漫主義特質與無政府主義化反體制傾向的復活令他決定發動「文化大革命」，但在其實際運作中，初衷與結果、信仰與權力一直錯綜複雜。如果說有人是企圖火中取栗，亂中奪權，那麼，從紅衛兵到知青，「六八年人」一代的理想主義卻一度是真誠的，也正因為此，西方青年運動一直視毛澤東為反權威、反體制的解放哲學新偶像，視紅衛兵為精神戰友。文革的否定意義是深刻的，但一定意義上，這種無政府狀態對新時期及未來文化走向有多重意義及影響，它也客觀地為一代「六八年人」現代主體意識、荒誕感等現代性意識的獲得，為新時期新的自由、解放思潮，乃至後現代解構主義的興起提供了土壤。

在新時期文學中解放與自由的文化無政府主義精神元素開始變形復活。在八十年代「新啟蒙」中人道主義主題、國民性批判主題開始復活。而現代派小說，現代派詩等，也重新開始了美學烏托邦式的革命和實驗，如朦朧詩、第三代詩、實驗小說等。九十年代，現代主義與後現代主義共生，並日益轉向後現代主義泛濫。後現代主義中的無政府主義精神一方面是體現在消解一切文化權威、中心的解構主義文化烏托邦，另一方面則是體現在世俗化、消費化浪潮中的世俗烏托邦上，王朔現象、後新詩潮、新新人類，成為這一期的現象。新時期文學中的無政府主義精神已日益脫離政治烏托邦，而轉向於文化、美學烏托邦，世俗烏托邦，形成帶有後現代主義色彩的無政府主義的新趨向。

第二章 「個」與「群」間的吶喊和彷徨──魯迅與個人無政府主義

　　魯迅自己曾概括其思想道：「其實，我的意思原也一時不容易了然，因為其中本含有許多矛盾，教我自己說，或者是人道主義與個人主義這兩種思想的消長起伏罷。」〔註1〕然而，這仍是 1932 年改寫過了的結論，而 1925 年的原信中乃是「或者是『人道主義』與『個人的無治主義』的兩種思想的消長起伏罷。」〔註2〕如果說「回到歷史本身」「回到魯迅本身」的話，那麼，個人無政府主義正是魯迅思想中極重要的質素之一。在魯迅作品及譯作中，「無政府」「無治」的直接出現便高達五十多次，他所重點譯介的作家安特萊夫、阿爾志跋綏夫都是典型的個人無政府主義作家，易卜生、愛羅先珂的無政府主義色彩同樣鮮明，而少為人知的孚爾瑪諾夫、巴羅哈也有無政府主義傾向，這其中，尤其安特萊夫、阿爾志跋綏夫對他無論藝術上，還是思想上都影響深刻。而人們通常對其「托尼學說，魏晉文章」的概括中，細加考察，無論於學說上的托、尼，還是文章中的魏晉風範，其實都蘊含著強烈的個人無政府主義色彩。對魯迅思想構成中這樣一個關鍵詞，我們必須重新認識其意義。

　　20 世紀初年，正是無政府主義者率先以虛無主義的極端姿態發起對傳統文化的全面攻擊，作為一種政治思潮，它很快被拋棄，然而作為一種啟蒙思

〔註1〕魯迅：《兩地書 二四》，《魯迅全集》第 11 卷，人民文學出版社，1981 年，第 79 頁。
〔註2〕魯迅：《魯迅手稿全集 書信第一冊》，文物出版社，1978 年，第 177 頁。

想，它卻對五四一代發生了深刻影響。而魯迅，他「任個人而排眾數」的個人主義，「橫眉冷對千夫指，俯首甘爲孺子牛」的愛與憎，「立人」的人道主義與啓蒙立場，自始至終地反對一切專制威權，都可以看出無政府主義賦予他獨特的深刻性與超越性。

一、「個人的無治主義」的早期接受

探源魯迅的個人無政府主義思想，最早在《文化偏至論》中得以鮮明體現。在此文中，他確立了「掊物質而張靈明，任個人而排眾數」的思想主脈，並高張一生的「立人」主張：「是故將生存兩間，角逐列國事務，其首在立人，人立而凡事舉；若其道術，乃必尊個性而張精神」，「人既發揚踔厲矣，則邦國亦以興起」。〔註3〕他批評洋務派、改良主義、議會民主派們爲「輕才小慧之徒」，認爲此前失敗的原因在「重殺之以物質而囿之以多數，個人之性，剝奪無餘」，他反對「立憲」「共和」的議會民主制「借眾以陵寡，託言眾治，壓制乃尤烈於暴君」，〔註4〕其危險在於「古之臨民者，一獨夫也；由今之道，且頓變而爲千萬無賴之尤。」〔註5〕可見，魯迅所主張並非英美議會制下的平等、民主，而是要確立個人的神聖權威性，呼喚強力意志下「唯一者」「超人」的自由。具體支撐他「個性張」的「新神思宗」則是施蒂納至尼采一系的「主觀與意力主義」（唯意志論），個人主義，無政府主義，其要旨他概曰「所述止於二事：曰非物質，曰重個人。」他稱施蒂納（斯契納爾）爲「先覺善鬥之士」，詳述其個人無政府主義主張：發揮個性，脫觀念世界之執持，絕義務，「其思想行爲，必以己爲中樞，亦以己爲終極：即立我性爲絕對之自由者也。」〔註6〕尼采則是「個人主義之至雄桀者」，所列叔本華、克爾凱戈爾、易卜生等同樣都影響其一生。「嗟夫，彼持無政府主義者，其顛覆滿盈，劃除階級，亦已至矣，而建說創業諸雄，大都以導師自命。夫一導眾從，智愚之別即在

〔註3〕魯迅：《墳·文化偏至論》，《魯迅全集》第1卷，人民文學出版社，1981年，第57頁、46頁。

〔註4〕魯迅：《墳·文化偏至論》，《魯迅全集》第1卷，人民文學出版社，1981年，第45頁。

〔註5〕魯迅：《墳·文化偏至論》，《魯迅全集》第1卷，人民文學出版社，1981年，第46頁。

〔註6〕魯迅：《墳·文化偏至論》，《魯迅全集》第1卷，人民文學出版社，1981年，第51頁。

斯。與其抑英哲以就凡庸，曷若置眾人而希英哲？」〔註7〕正是本此主觀唯意志論、個人無政府主義的「文化偏至論」，魯迅開始了其一生偏至的反抗，他對傳統文化的全盤顛覆，看出禮教「吃人」，以「超人」「導師」的姿態對民眾啟蒙，圖通過「立人」而達至「沙聚之邦，由是轉為人國」。

魯迅在早期思想綱領《文化偏至論》中張揚的正是主觀唯意志論、個人無政府主義，其後，他又通過《摩羅詩力說》《破惡聲論》來鞏固和強化這個「偏至」綱領。《摩羅詩力說》別求新聲於異邦之「摩羅詩派」，列舉「立意在反抗，指歸在動作」的摩羅詩人正是《文化偏至論》中唯一者、超人形象的具體演繹。「裴倫既責拿破侖之毀世界，亦愛華盛頓之爭自由，既心儀海賊之橫行，亦孤援希臘之獨立，壓制反抗，兼以一人矣。」這種「地球上至強之人，至獨立者」在魯迅看來，「自由在是，人道亦在是」〔註8〕，正是人道主義與個人的無治主義思想交融的範例。雪萊、普希金、萊蒙托夫、密茨凱維支、裴多菲構成了魯迅一生景仰和宣揚的「精神界之戰士」的譜系。而《破惡聲論》則張揚「獸性」之生命力來「為自繇張其元氣，顛僕壓制」。〔註9〕在五四反專制反權威浪潮中，有各種思想來源，而魯迅正是以主觀唯意志論、個人主義、無政府主義為魂魄，以唯一者、超人撒旦、獸性為至高者。他不同於自由主義者的，正是其最徹底地反對一切權威、體制，最極致地張揚個人之權利。他在 1903 年的《斯巴達之魂》已很難說是翻譯還是改寫，一定意義上，它可視為其創作的第一篇小說，而其中也正是張揚這種強人偉力。〔註10〕魯迅對施蒂納個人無政府主義，到 1925 年時仍以之為「破壞」的典範：「斯諦納爾，尼采，托爾斯泰，伊孛生等輩，若用勃蘭兌斯的話來說，乃是『軌道破壞者』。」〔註11〕而且與寇盜式、奴才式破壞不同，

〔註7〕魯迅：《墳·文化偏至論》，《魯迅全集》第 1 卷，人民文學出版社，1981 年，第 52 頁。
〔註8〕魯迅：《墳·摩羅詩力說》，《魯迅全集》第 1 卷，人民文學出版社，1981 年，第 79 頁。
〔註9〕魯迅：《集外集拾遺補編·破惡聲論》，《魯迅全集》第 8 卷，人民文學出版社，1981 年，第 34 頁。
〔註10〕其時，「激昂慷慨，頓挫抑揚」正是魯迅所佩服的「好文章」，而「被髮大叫，抱書獨行，無淚可揮，大風滅燭」亦正是其誦讀與自況的警句。(魯迅：《集外集·序言》，《魯迅全集》第 7 卷，人民文學出版社，1981 年，第 4 頁)。
〔註11〕魯迅：《墳·再論雷鋒塔的倒掉》，《魯迅全集》第 1 卷，人民文學出版社，1981 年，第 192 頁。

這破壞正是魯迅所推崇的「革命者的志在掃除」。

魯迅對個人無政府主義的青睞並非偶然。在 20 世紀初年的中國，正因爲無政府主義虛無主義式的反抗立場，對一切專制壓迫的警覺和絕無妥協立場，其暗殺手段又是最激進的，加之其共產主義理想社會的誘惑，這種「徹底解決」的方案，革命者的姿態，對於已厭倦種種改良主義破產方案的革命者來說，無疑有著強烈的吸引力。無政府主義成爲 20 世紀初最具影響力的思潮和政治力量之一。天義派劉師培自稱「激烈派第一人」；新世紀派倡導「四無」：無父無君無法無天、「三綱革命」、「祖宗革命」、男女革命；江亢虎及中國社會黨倡言「三無二各」說，即無宗教、無家庭、無政府，各盡所能、各取所需，又有「五非」（非私產主義、非家族主義、非宗教主義、非軍國主義、非祖國主義）之說；而劉師復則集其大成，形成中國無政府主義的正宗——師復主義。我們可以看到，無政府主義的諸多命題均成爲五四一代及魯迅思想的先聲。同時，無政府主義者又致力於將西方無政府主義思潮與中國傳統文化中的儒家大同、老莊的任性自由，墨家的兼愛以及俠義刺客文化相聯繫，更擴大了無政府主義的本土化接受。魯迅無論他人評說還是自認都是「中傳統文化的毒」很深的，「就是思想上，也何嘗不中些莊周韓非的毒，時而很隨便，時而很峻急。」〔註 12〕尤其是影響深刻的道家的自由任性，魏晉狂狷之士的個性解放與虛無放誕本就富無政府色彩，「越名教而任自然」、「非湯武而薄周公」，這使他對無政府主義的絕對自由就更有著親和、接近、認同的可能。

當魯迅留學日本時，日本正是中國無政府主義者天義派活動的中心。而對魯迅思想影響甚大的章太炎當時也正一度熱衷於無政府主義的宣傳。他曾作《五無論》宣揚「無政府、無聚落、無人類、無眾生、無世界」，《國家論》《四惑論》同樣是無政府主義色彩的顯現。而魯迅當時「我的知道中國有太炎先生，並非因爲他的經學和小學，是爲了他駁斥康有爲和作鄒容的《革命軍》序，竟被監禁於上海的西牢。那時留學日本的浙籍學生，正辦《浙江潮》，其中即載有先生獄中所作詩，卻並不難懂。這使我感動，也至今並沒有忘記。」「前去聽講也在這時候，但又並非因爲他是學者，卻爲了他是有學問的革命家。」〔註 13〕由是可見，魯迅的接近章太炎，正是爲其革命形象及思想所感

〔註 12〕魯迅：《墳·寫在〈墳〉後面》，《魯迅全集》第 1 卷，人民文學出版社，1981年，第 285 頁。

〔註 13〕魯迅：《且介亭雜文末編·關於太炎先生二三事》，《魯迅全集》第 6 卷，人民

召，而所提的《浙江潮》及《民報》也正是無政府主義思想宣傳的重要陣地。儘管章太炎自己後來轉向反對無政府主義，但他所帶來的對魯迅的無政府主義思想衝擊與關注已成事實。魯迅與當時著名的無政府主義者劉師培、張繼、宮崎滔天曾一度過從甚密，而其加入的光復會中無政府主義者影響也十分突出，〔註14〕他曾對增田涉談及他作爲「革命黨員」，「參加種種實際的革命活動。也常出入於宮崎滔天的地方。」〔註15〕甚至據傳，還曾有光復會派他去進行無政府主義式暗殺而終爲之拒的事情，而周作人以「獨應」筆名作《論俄國革命與虛無主義之別》，就是「魯迅當時曾囑我節譯出來，送給劉申叔，登在他的《天義報》上。」〔註16〕這都顯示出魯迅既與當時的無政府主義思想的接近，同時又與當時主流的無政府主義思想、恐怖主義活動有所區別。《論俄國革命與虛無主義之別》反對把「虛無黨」看成是「唯以喋血爲快」的個人恐怖主義者，這與魯迅後來的反對刺殺等個人恐怖主義主張是一致的。因爲這種犧牲個人的恐怖主義即是對個人生存和自主權利的剝奪，而「絕義務」的「唯一者」是不能服從於這新權威者、組織的壓迫和控制的，同時，這種主張也是與魯迅後來明確提出的「塹壕戰」「不赤膊上陣」，以及警惕同路人

文學出版社，1981年，第545～546頁。

〔註14〕彭安定、馬蹄疾在其編著的《魯迅與他的同時代人 （上）》中說：「根據許壽裳《魯迅年譜》、增田涉《魯迅與『光復會』》、馮雪峰《回憶片斷》等文的回憶，魯迅曾加入過光復會，而且是由當時亡命日本的光復會主要領導人之一陶成章介紹入會的，從這一點上看，魯迅與陶成章之間的關係並非泛泛之交，而彼此是相當瞭解，相當信任的。並據周作人回憶，當時陶成章經常把一些光復會的文件，送來交魯迅保存，這更可看出陶成章對魯迅的完全信賴。」（春風文藝出版社，1985年，第98～99頁）。

又據王杏根《魯迅與光復會》詳細考證：「魯迅參加光復會後，有沒有實際活動呢？有的。與會中主要人物共商，與會黨首領接觸即其兩端。」「魯迅在日本期間也曾常常與會黨中人直接交往，這在日本友人增田涉的《魯迅的印象》中有記敘。魯迅告訴過他：『在反抗清朝的革命風起雲湧時，我同革命的山賊常有往來。在一起吃飯時，山賊挾給你這麼一大塊（用手比劃著）肉，你得全部吃下去。否則他就會生氣，因爲山賊認爲這是反對他的表示。』這裏所謂的『山賊』，就是指以當時農民、手工業者爲主體而組成的會黨的成員。」（《魯迅在日本》，山東師範學院聊城分院中文系圖書館，見超星圖書館，1977年，第130頁，131～132頁）。

〔註15〕《魯迅與中日文化交流》，88頁。轉引自汪暉：《施蒂納與魯迅前期思想》，《魯迅研究》第 12 輯（「魯迅與中外文化」專輯），中國社會科學出版社，1988年，第192頁。

〔註16〕《魯迅研究資料（3）》，文物出版社，1979年，第288～289頁。

的主張一致的。

二、「個」與「群」間的顛簸與彷徨

　　「誰都無法命令我做什麼!」一方面是主張個人的解放與權威,一方面是反對任何專制、權威下的「作犧牲」,對「個」的張揚與對「群」的反抗,這兩方面正是一體而雙面的。然而,「個」的張揚與受挫的經驗卻又「使我反省,看見自己了:就是我決不是一個振臂一呼應者雲集的英雄。」〔註17〕於是他歸於麻醉法中,歸於「無」的消極中。復蘇他「個」的激情的,正是《新青年》朋友們「群」的召喚,「然而幾個人既然起來,你不能說決沒有毀壞這鐵屋的希望」,他雖仍稟著「鐵屋子」中的「無」,但也「不免吶喊幾聲」起來,顯出「無」的積極一面來。〔註18〕然而,他並未擺脫「墳」的命運,不過是從一個「墳」中爬出,又跨進新的「墳」裏,因爲於他來說,「群」便意味著對「個」的壓迫,而且需要以「犧牲」來獻祭,所以他一邊吶喊,卻也又一邊彷徨,他雖從孤獨的「個」的墳裏爬出,卻又跨進「群」的「聽將令」、乃至受「工頭」折磨的新「墳」。他對「個」感到絕望時,「群」給了他希望,他也不斷地爲尋找「群」,向「群」作「犧牲」、獻祭,然而這希望同樣和終於又使他感到新的絕望、痛苦。在特定時段裏,魯迅必須從啓蒙立場上加入團體和「聽將令」來尋求從個人到團體的解放,這必然要求「犧牲」的代價,魯迅的悖論正是建立在這種個人無政府主義立場之上的,他又始終對借「義務」「神聖」之名而要求於他的「犧牲」保持著強烈的反感與反抗,因爲這在他看來,正是在舊的奴隸主去了後又來了新的奴隸主。魯迅,便始終在這「個」與「群」的二難中顛簸、煎熬。

　　爲了「任個人」,魯迅對於視爲敵人陣營的種種批判之深切這就不說了,然而魯迅對於視爲自己同志者、本陣營中的種種專制、壓迫同樣保持了敏感,進行揭露與反抗鬥爭。對於前者,人們往往以反帝反封建的深刻性來概括,而對於後者,則歸由於革命陣營中「左」的問題。這固然不失爲一個可以接受的解釋,然而,卻並非一個真正深入本質的解釋。事實上,任何集體中種

〔註17〕魯迅:《吶喊·自序》,《魯迅全集》第 1 卷,人民文學出版社,1981 年,第
　　　　417～418 頁。

〔註18〕參見魯迅:《吶喊·自序》,《魯迅全集》第 1 卷,人民文學出版社,1981 年,
　　　　第 418～420 頁。

種偶然與必然的人際摩擦、利用、壓迫都會存在，任何集體中也總會有人犧牲、服從，有領導者與被領導者，尤其是在所謂血與火、生與死的革命陣營中，這種犧牲和服從就更是必需。而魯迅對此如此敏感和敵視，其激烈反應甚至往往讓人對他的「多疑」「不寬容」加以腹誹，反對者說是「多疑」「不寬容」也罷，佩服者說是反封建的深刻與徹底也罷，探其根底，這正是其心底一貫的個人無政府主義思想元素帶來的必然困惑。人們往往說魯迅的深刻在於看到「革命後第二天」的問題，其實，對於個人無政府主義者來說，這一切的「革命」都並非真正完成的革命，因為「直到現今為止，革命的原則仍然是只攻擊這個和那個現存的制度，因而是改良主義的。……總不外是一個新的主子代替舊的，破就是立。」「革命並非是反對一切現存的制度，而是反對這種現存的制度，反對一種特定的實況。革命廢除這個統治者，而不是廢除一切統治者。」〔註 19〕這樣，在無政府主義者眼中，一切的革命都是未完成的革命，因為它們永遠都不能達至真正的人的解放與自由。用魯迅的話來說，便是「稱為神的和稱為魔的戰鬥了，並非爭奪天國，而在要得地獄的統治權。所以無論誰勝，地獄至今也還是照樣的地獄。」〔註 20〕在《失掉的好地獄》中他更是深刻而又絕望、慘淡地揭露了這種種革命不過是換了地獄的統治者而已。魯迅揭露新的統治者不過是新的壓迫者，甚至壓迫與專制更深：「人類於是完全掌握了主宰地獄的大威權，那威稜且在魔鬼以上。人類於是整頓廢弛，先給牛首阿旁以最高的俸草；而且，添薪加火，磨礪刀山，使地獄全體改觀，一洗先前頹廢的氣象。」然而，地獄中的鬼眾們依然是壓迫與專制的對象，甚至受壓迫與專制而更甚：「曼陀羅花立即焦枯了。油一樣沸；刀一樣銛；火一樣熱；鬼眾一樣呻吟，一樣宛轉，至於都不暇記起失掉的好地獄。」〔註 21〕魯迅說得更直白的便是「我覺得革命以前，我是做奴隸；革命以後不多久，就受了奴隸的騙，變成他們的奴隸了。」〔註 22〕

　　魯迅正如《失掉的好地獄》中的鬼魂，總在發出「反獄的絕叫」，總在成

〔註 19〕 麥克斯・施蒂納：《唯一者及其所有物》，金海民譯，商務印書館，1989 年，第 118～119 頁，118 頁。

〔註 20〕 魯迅：《集外集・雜語》，《魯迅全集》第 7 卷，人民文學出版社，1981 年，第 75 頁。

〔註 21〕 魯迅：《野草・失掉的好地獄》，《魯迅全集》第 2 卷，人民文學出版社，1981 年，第 200 頁。

〔註 22〕 魯迅：《華蓋集・忽然想到・三》，《魯迅全集》第 3 卷，人民文學出版社，1981 年，第 16 頁。

爲叛徒，總在革命，然而又總面臨著成爲革命的新的奴隸的危險。而統治他的便是往日自己革命的同志。爲什麼他沒有一併成爲革命成功的新的統治者呢？正因爲其心目中「我」的革命正是無政府主義式的革命，而非現在「這」種革命，所以，他儘管現在也只有參加這種革命，因爲這或許朝「最後的革命」畢竟更進一步，然而，他卻總是在心底自外於這種革命。魯迅曾是光復會成員，然而卻疑心陶煥卿之流革命成功即將成爲新的殺戮者；魯迅成爲新文化運動中的健將，然而很快他便又發現殺戮青年的現在的官僚正是原來的青年；而當他加入左聯後，他又發現了新的「奴隸總管」「革命工頭」在對他「揮著鞭子」。當魯迅感歎國人「想做奴隸而不得」與「做穩了奴隸」的國民性時，正是對一切奴性的批判和對眞正「人」的徹底解放的呼籲和嚮往。

　　正因爲魯迅從個人的無政府主義立場保持著對一切權威和專制的警惕，對自我權利與自由的一切侵犯都保持著反感，「國家、宗教、良心，這些專制君主使我成爲奴隸，而它們的自由即是我的奴隸狀態。」〔註23〕所以他會堅決地反對「犧牲」，即使以任何神聖的名義也不行。在《犧牲謨》中他即以辛辣甚而刻毒的筆調揭露了爲同胞爲國家爲人道爲災民等等名義下的犧牲主義的本質，不過是利己主義者將你剝削壓榨至極點的藉口與工具而已。他概之爲「絕義務」的施蒂納對此揭露道：「還有什麼不是我的事！首先是善事，而後是神的事，人類、眞理、自由的事、人道和正義的事；以至我的人民、我的君主和我的祖國的事；最後，則還有精神的事和成千其他的事。唯有我的事從來就不該是我的事。」「由此我得到這樣一個教訓：與其無私地爲那些偉大的利己主義者繼續效勞，還不如自己也成爲利己主義者。」〔註24〕而魯迅對於這個「我自己的事」，用他的「疲牛說」表達了自己「犧牲」的極限：但倘若用得我太苦，是不行的；要專指我爲某家的牛，將我關在他家的牛牢內，也不行的；如果連肉都要出賣，那自然更不行。「倘遇到上述的三不行，我就跑，或者索性躺在荒山裏。即使因此忽而從深刻變爲淺薄，從戰士化爲畜生，嚇我爲康有爲，比我以梁啓超，也都滿不在乎，還是我跑我的，我躺我的，決不出來再上當，因爲我於『世故』實在是太深了。」〔註25〕生動的「疲牛

〔註23〕　麥克斯・施蒂納：《唯一者及其所有物》，金海民譯，商務印書館，1989 年，第 115 頁。

〔註24〕　麥克斯・施蒂納：《唯一者及其所有物・我把無當作自己事業的基礎》，金海民譯，商務印書館，1989 年，第 3～5 頁。

〔註25〕　魯迅：《華蓋集續編・〈阿 Q 正傳〉的成因》，《魯迅全集》第 3 卷，人民文學

說」，驗證了魯迅並非自由主義者，他甚至反對民主制；他轉向階級論，但亦非馬克思主義者，或更準確地說，並非列寧主義者，他無法忍受和融入一個堅硬、龐大的政黨、組織；他只是一個矛盾的個人主義的無政府主義者，他在「個」與「群」間的顛簸令他痛苦和絕望。馬克思主義者對無政府主義內在矛盾的揭示，都可適用於他，如普列漢諾夫所說的「圓的方形」，或者陳獨秀與區聲白論爭中的批判所說：「一面迷信個人的自由，一面又贊成社會的組織，一面提倡大規模的交通工業，一面又主張人人同意權及人人自由退出社會，一面主張抵抗的革命的行動，一加又反對強力反對以多數壓服少數；這種矛盾的學說，不但不是真的無政府主義，並實在沒有什麼存在的價值。你若真相信無政府主義，我勸你還是相信斯悌納和托爾斯泰才對，因為要實行無政府主義，只有求教於反社會的個人主義及無抵抗主義；若離開了個人主義和無抵抗主義，那強力、政治、法律等，一切抑制個人或團體自由的事便必然不免，所以克魯泡特金的無政府共產主義已百孔千瘡的展出破綻來了。我所以說你若是反對個人的無政府主義和無抵抗的無政府主義，便是把無政府主義打得粉碎。」〔註26〕由這無法解決的深刻的矛盾，魯迅創造出一系列的矛盾意象，《野草》可謂是他的矛盾心結之大彙集，大祭悼，自愛而又憎惡的偽飾的野草、將燒盡的野草（《野草·題辭》），燈罩上撲火的小青蟲（《秋夜》），「絕望之為虛妄，正與希望相同」（《希望》），孤獨的雪（《雪》），過客，死火，失掉的好地獄，抉心自食的《墓碣文》等等。《野草》中最多的死與死後的意象演繹，正是魯迅提前看到和祭奠自己的死，因為解決這矛盾的唯有死，甚至在他看來，死也解決不了這矛盾。〔註27〕

出版社，1981年，第377頁。

〔註26〕 陳獨秀：《討論無政府主義》（中國現代哲學史資料彙編第一集第四冊），鍾離蒙、楊鳳麟主編，遼寧人民出版社，1981年，第22頁。並參見本書《導論·二·（三）五四時期的國內無政府主義及與馬克思主義的關係》。

〔註27〕 我認為如果說《吶喊》《彷徨》是魯迅中期對外抗爭的最重要作品，那麼《野草》則是破解魯迅中、後期矛盾的最重要作品。但它採用了最為隱晦、晦澀的表達方式，這既是因為於他自己言，這種矛盾難以言說，只可體認，需要這種含混；於外界言，特定處境下這種矛盾不可明說；而於後人言，則破解難，但一旦破譯，則可以直入破解整個魯迅之迷。魯迅作為文學家、思想家最獨特的價值即在於他這種複雜和深刻的矛盾、痛苦以及對這種複雜和深刻的藝術表達。相對於《吶喊》《彷徨》，以往對《野草》的研究明顯不足和滯後，而且多是從藝術上如象徵主義等角度入手，這顯然是不夠的，我認為，從思想上，由矛盾入手，尤其是其個人無政府主義下「個」與「群」的矛盾

　　魯迅對「犧牲」的態度是矛盾的，一方面他意識到必然會有犧牲和需要犧牲，故而他要「我以我血薦軒轅」，「俯首甘爲孺子牛」，對於青年他始終熱心扶助，「我先前何嘗不出自於自願，在生活的路上，將血一滴一滴地滴過去，以飼別人，雖自覺漸漸瘦弱，也以爲快活。」〔註28〕然而他又始終保持著對於「犧牲」的警惕，在他看來，這種犧牲必須是客觀上有意義和主觀上自願主動的，而非受到利用和強迫的，受到利用即犧牲是無價值的，而強迫則是失去了主觀意志和個人的權利。達成這兩個條件，即是出自主觀的自動選擇，而非被動接受，「自所甘願，即非犧牲」〔註29〕；然而一旦違背了這兩個條件，他奉獻的眞誠就會化爲激烈和刻毒的怨怒，並立即噴薄而出。對待高長虹、徐懋庸的前後迥異正是眾多此例中的典範。然而，既要加入到集團之中，既要協作和戰鬥，摩擦誤會自然不可免，況且還有眞正的思想對立、專制手段以及惡意陷阱，倘要團結，犧牲與妥協便勢不可免。但個人無政府主義的立場卻令他不能容忍對其個人獨立與權利的任何侵犯，他的「記仇」「易怒」「一個也不饒」都正因爲對一個侵犯的容忍，便是對整個思想立場的放棄。所以，從《新青年》，到語絲派、未名社，到左聯，他的同事、同仁往往大多都或遲或早地反目成隙，能自始至終長期保持友好與坦誠關係的實在少之又少，算來算去，大約只有許壽裳算得一個。魯迅的時時感歎心靈的孤獨、黑暗、痛苦，其中重要原因即在於這種個人無政府主義立場的敏銳使他成爲最易感受到侵犯和傷害的人，而其激烈反抗又使其「善於」化友爲敵，因爲一次侵犯即等於成爲敵人。魯迅的痛苦主要不來自於敵人，因爲有了防禦的甲披在外面，而且戰鬥會令意志更加堅強，相反倒是這個「化友爲敵」給予他的痛苦是致命的，因爲無防禦才會傷得更重，而化友爲敵會更帶來孤獨和意志的軟弱。魯迅自己便說：「敵人不足懼，最令人寒心而且灰心的，是友軍中的從背後來的暗箭；受傷之後，同一營壘中的快意的笑臉。因此，倘受了傷，就得躲入深林，自己舐乾，紮好，給誰也不知道。我以爲這境遇，是可怕的。我倒沒有什麼灰心，大抵休息一會，就仍然站起來，然而好像終竟也有影響，

　　　　入手，將是破譯《野草》思想，繼而破解魯迅的極其重要的一個新的思路，
　　　　這方面尚可有大量工作可做。
〔註28〕魯迅：《兩地書　九五》，《魯迅全集》第11卷，人民文學出版社，1981年，第
　　　　249頁。
〔註29〕魯迅：《兩地書　九五》，《魯迅全集》第11卷，人民文學出版社，1981年，第
　　　　249頁。

不但顯於文章上，連自己也覺得近來還是『冷』的時候多了。」〔註30〕他又說：「叭兒之類，是不足懼的，最可怕的確是口是心非的所謂『戰友』，因為防不勝防。……為了防後方，我就得橫站，不能正對敵人，而且瞻前顧後，格外費力。」〔註31〕當你隨時對身邊朋友要保持警惕，隨時「橫站」時，如何能不陷入孤獨、痛苦、絕望中呢？「化友為敵」的一個典範例子便是他與左聯的關係變遷。

以魯迅的現實主義，他早已體認到「個」的孤獨與軟弱，故而從進化論轉向階級論，以「個」來向「群」作「犧牲」、獻祭，這種現實主義使他甚至要來修正自己的主義，將 1925 年的「『人道主義』與『個人的無治主義』的兩種思想的消長起伏罷」修正為 1932 年的「人道主義與個人主義這兩種思想的消長起伏罷」。要加入「群」，就不得不認同於「群」的權威以及束縛，就不得不妥協式地稍稍放棄無治主義的絕對反權威空想。然而，問題的嚴峻性在於不僅是似乎渺遠的「革命後第二天的問題」，甚至就在正在革命的當天，甚至就在革命之前的「群」中，他也已敏銳地憤憤於「群」對「個」的侵犯，使他忍之又忍的苟且、妥協不得不苟且不下去。人們常說魯迅的可貴在於講真話，然而個人無政府主義立場下的真話也是可怕的，其批判性是徹底的，是無法苟且的，無法「今天天氣哈哈哈……」的，他不得不拍案而起，怨毒噴薄而出，甚至最終也「一個也不寬恕」。

在一個革命的團體中，儘管魯迅後期的傾向馬克思主義是明顯的，而且以他的聲望地位，左聯領導人也定會儘量小心翼翼地尊重他，但他仍敏銳地警覺到團體與領導者對其個性的侵犯，仍日益感到處處的隔閡與反感，他不斷地抱怨「我憎惡那些拿了鞭子，專門鞭撲別人的人們。」〔註32〕「以我自己而論，總覺得縛了一條鐵索，有一個工頭在背後用鞭子打我，無論我怎樣起勁的做，也是打，而我回頭去問自己的錯處時，他卻拱手客氣的說，我做得好極了，他和我感情好極了，今天天氣哈哈哈。」〔註33〕「我們ＸＸＸ（指

〔註30〕魯迅：《書信‧致蕭軍、蕭紅 350423》，《魯迅全集》第 13 卷，人民文學出版社，1981 年，第 116 頁。

〔註31〕魯迅：《書信‧致楊霽雲 341218》，《魯迅全集》第 12 卷，人民文學出版社，1981 年，第 606 頁。

〔註32〕魯迅：《書信‧致徐懋庸 350117》，《魯迅全集》第 13 卷，人民文學出版社，1981 年，第 20 頁。

〔註33〕魯迅：《書信‧致胡風 350912》，《魯迅全集》第 13 卷，人民文學出版社，1981 年，第 211 頁。

左聯）裏，我覺得實做的少，監督的太多，個個想做『工頭』，所以苦工就更加吃苦。」〔註34〕「有些手執皮鞭，亂打苦工的背脊，自以爲在革命的大人物，我深惡之，他其（實）是取了工頭的立場而已。」〔註35〕

　　魯迅深深地陷入苦悶之中，一方面是對作「奴隸」的深深不滿，一方面又要爲了維護統一戰線，故而「我不敢對別人說關於我們的話，對於外國人，我避而不談，不得已時，就撒謊。你看這是怎樣的苦境？」〔註36〕作「奴隸」的累還在其次，而「苦」則傷痛更深，而有苦說不出則更是苦悶抑鬱的極至。魯迅生命的最後階段裏，生命裏的最後一個或一夥敵人，正是他往日最親密和最後的朋友、學生——徐懋庸及左聯戰友。逐步積纍的自傷怨氣終於噴薄而出化爲傷人的利器。積壓愈久，侵犯愈多，所以他一反擊便非針對個人，而是以「之類」「之流」「們」爲對象的，在生命殘餘兩月的信件裏，他判定「其實，寫這信的雖是他一個，卻代表著某一群，試一細讀，看那口氣，即可了然。」〔註37〕終於，魯迅生命中最後一個依託的團體也化爲敵手，不得不重又陷入「獨戰眾數」的境地中了。我們不斷的感歎魯迅爲現代最痛苦的靈魂，然而就其從個人無政府主義立場出發的思想獨立、個人解放的追求來說，那麼，他也算是求仁得仁的眞正戰士了。〔註38〕

〔註34〕魯迅：《書信·致王冶秋 360405》，《魯迅全集》第 13 卷，人民文學出版社，1981 年版，第 349～350 頁。

〔註35〕魯迅：《書信·致曹靖華 360515》，《魯迅全集》第 13 卷，人民文學出版社，1981 年，第 379 頁。

〔註36〕魯迅：《書信·致胡風 350912》，《魯迅全集》第 13 卷，人民文學出版社，1981 年，第 211 頁。

〔註37〕魯迅：《書信·致楊霽雲 360828》，《魯迅全集》第 13 卷，人民文學出版社，1981 年，第 416 頁。

〔註38〕魯迅從個人無政府主義立場出發所要求的個人獨立、思想獨立使他從根本上說成爲一個反體制、反權威、反團體的人。這種獨立甚至表現在對其他眞的、尤其是僞的無政府主義者也尖酸地嘲笑和批判上。前已述及，一個值得注意的現象是，在中國無政府主義者中，所接受的大多都是克魯泡特金的無政府共產主義，或者無政府工團主義，而很少是個人無政府主義。作爲政治思潮來接收的無政府主義者著眼於它作爲意識形態的理想性與社會改造的現實性，故而選擇集體主義的無政府共產主義，而作爲哲學思潮來接收的五四文人則更青睞於其中的「立人」價值，故而多選擇個人無政府主義。當作爲一種團體進行的政治運動，本身即已失去了思想獨立的本義，況且魯迅對所謂「黃金的世界」式的共產主義理想本就懷疑，他對無政府主義者的批判就並不奇怪，更何況如吳稚暉等「變節」「僞」無政府主義者流，後來已成爲國民黨官僚，魯迅對其嘲笑就更爲難免（參見《而已集·答有恒先生》，《魯迅全

三、啓蒙與個人無治主義間衝突的內在黑暗

於己,如果說個人無政府主義成分令魯迅對以任何神聖名義強加的壓迫與束縛反感因而獨戰眾數的話,那麼對人,這個人無政府主義成分同樣與其啓蒙立場存在內在衝突。啓蒙立場使他期望著能喚起民眾,即用權利、生存等等神聖之名來對他人施加影響,亦即干涉到他人的自由選擇。然而這種干涉是否是正確和有益的呢?他對外加於己的干涉反感,那麼對於己加於人的干涉同樣是有著敏銳的擔憂。他必須擔當自己加於人的干涉的責任。這便是他時時憂慮著的自己思想裏的黑暗、鬼氣和毒氣對青年可能的影響,早在鐵屋子中的人被喚醒後的「你倒以爲對得起他們麼?」即已表達了這種憂慮。而後來日益被戴上「思想界前驅」「青年導師」冠冕時,他一方面堅決不承認這些「紙糊的冠冕」,即是不願承擔這些冠冕下於己於人的沉重,而另一方面他不可能不日益深地承擔著這份沉重。「我已在《吶喊》的序上說過:不願將自己的思想傳染給別人。何以不願,則因爲我的思想太黑暗,而自己終不能確知是否正確之故。」「總而言之,我爲自己和爲別人的設想,是兩樣的。所以者何,就因爲我的思想太黑暗,但究竟是否眞確,又不得而知,所以只能在自身試驗,不敢邀請別人。」〔註39〕而「做醉蝦」之說更加強化了這種責任的壓力。眞正的個人無政府主義者必須會對於他人的「啓蒙」加以抗拒,因爲這些外在的「思想權威」正干擾了「唯一者」的獨立與權利。

集》第 3 卷,第 457 頁:《而已集·擬豫言》,《魯迅全集》第 3 卷,第 572 頁)。而他在《智識即罪惡》(《熱風·智識即罪惡》,《魯迅全集》第 1 卷)中所譏刺的朱謙之的虛無哲學,則是與其向來的科學主義信仰相背的。魯迅與國內無政府主義者間的距離正是他保持思想獨立與批判的又一例證。

作爲眞正徹底的虛無主義,是對任何的立場都予以懷疑、否認的。無政府主義雖也被譏爲虛無主義,但它仍是有所寄託的。朱謙之雖被視爲個人無政府主義的代表,但他所提倡的是「宇宙革命」,在他看來,即便無政府主義革命仍是不徹底的,仍只是通向「宇宙革命」「虛無革命」的一個中間站。而魯迅,個人無政府主義成分使他對「群」保持警惕與反抗,但要張揚「個」在現實中的遭遇又處處令他絕望,既否定「群」,又否定「個」,這令他產生虛無。更何況無政府主義所允諾的「黃金世界」在他是不信的,這樣便連未來也被「虛無」掉了。所以魯迅不光是在傾向階級論時仍保留了個人無政府主義式的警惕,而即便是對無政府主義本身,他也是有懷疑的一面的。這都使他的「虛無」「絕望」更加徹底。

〔註39〕 魯迅:《兩地書 二四》,《魯迅全集》第 11 卷,人民文學出版社,1981 年,第 79、80 頁。

高長虹對於魯迅的反抗的緣由之一恐怕正也是這種邏輯的推演。啓蒙立場下要「血薦」，要「哀其不幸，怒其不爭」，然而個人無政府主義立場下又必須保障自己及其他任何一個人的「絕義務」「個性張」，在這個怪圈中，魯迅既要對人施以影響，又怕施以影響，自己不斷地彷徨與自責，無所適從。而一旦青年同樣對導師反抗則更又成爲「被利用」、「吸乾了血還要打殺煮吃、賣肉」〔註40〕的痛苦。面對這一困境，「這實在使我憤怒，怨恨了，有時簡直想報復。……我近來的漸漸傾向個人主義，就是爲此；常常想到像我先前那樣以爲『自所甘願，即非犧牲』的人，也就是爲此，常常勸別人要一併顧及自己，也就是爲此。」〔註41〕可見，面對啓蒙的愛的受挫，魯迅仍是以個人無政府主義式的憎與復仇爲保護的。然而，熾熱的啓蒙主義與個人無政府主義立場間的矛盾並未解決，所帶來的痛苦也仍然存在，如此反覆，愛與憎、犧牲與復仇的煎熬痛苦日甚一日。他自己也並非未意識到此矛盾，所以又說「但這是我的意思，至於行爲，和這矛盾的還很多，所以終於是言行不一致。」〔註42〕可以反映出魯迅這種系列矛盾的典範便是他對阿爾志跋綏夫的認同。

本身在俄國文學中並不顯眼的阿爾志跋綏夫卻對魯迅有著極重要影響。在《魯迅全集》中，提及阿氏多達三十多處。「阿爾志跋綏夫雖然沒有托爾斯泰和戈里奇（Gorkij）這樣偉大，然而是俄國新興文學的典型的代表作家的一人，他的著作，自然不過是寫實派，但表現的深刻，到他卻算達了極致。」〔註43〕如果說安特萊夫在「寫實的象徵主義」、印象主義，以及陰冷色調、心理搏鬥等藝術上對魯迅影響至關重要，那麼，阿爾志跋綏夫除了寫實主義影響外，其個人無政府主義成分更引起魯迅思想的共鳴。安特萊夫爲他帶來「冷」，而阿爾志跋綏夫則除了這冷外，還同時注入了熱、燥熱，由此，這冷與熱使其呈現出燃燒的冰火、凍結的冰火的特異形態。阿爾志跋綏夫創造出兩類無政府主義

〔註40〕 參見魯迅：《兩地書 七三》，《兩地書 七九》，《魯迅全集》第 11 卷，人民文學出版社，1981 年，第 199、212 頁。

〔註41〕 魯迅：《兩地書 九五》，《魯迅全集》第 11 卷，人民文學出版社，1981 年，第 249 頁。

〔註42〕 魯迅：《兩地書 九五》，《魯迅全集》第 11 卷，人民文學出版社，1981 年，第 249 頁。

〔註43〕 魯迅：《譯文序跋集·〈幸福〉譯者附記》，《魯迅全集》第 10 卷，人民文學出版社，1981 年，第 172 頁。另可見《譯文序跋集·譯了〈工人綏惠略夫〉之後》：「阿爾志跋綏夫是俄國新興文學典型的代表作家的一人，流派是寫實主義，表現之深刻，在儕輩中稱爲達了極致。」

者，一類是薩寧式的頹廢的個人無政府主義者，一類是綏惠略夫式的行動的個人無政府主義者，如果說魯迅在「五四」吶喊之前的麻醉法頗帶些薩寧式頹廢厭世意味，那麼，從「五四」開始吶喊，便進入了綏惠略夫式角色處境，啟蒙、抗爭的行動與絕望之中。這種共鳴主要體現在對愛與憎，犧牲與復仇，厭世與入世，人道主義與個人主義，無抵抗與暴力以及希望、天國與絕望等諸多矛盾的命題上。魯迅對於自己的這種個人無政府主義式困境如是表達：「要徹底地破壞這種大勢的，就容易變成『個人的無政府主義者』，如《工人綏惠略夫》裏所描寫的綏惠略夫就是。這一類人物的運命，在現在——也許雖在將來——是要救群眾，而反被群眾所迫害，終至於成了單身，忿激之餘，一轉而仇視一切，無論對誰都開槍，自己也歸於毀滅。」〔註44〕由此魯迅得出了「我常覺得惟『黑暗與虛無』乃是『實有』，卻偏要向這些作絕望的抗戰」的包含一生思想關鍵詞的著名表述。魯迅記錄著對於《工人綏惠略夫》的共鳴正是要「借他人的酒杯」：「然而昨晚上一看，豈但那時，譬如其中的改革者的被迫，代表的吃苦，便是現在，——便是將來，便是幾十年以後，我想，還要有許多改革者的境遇和他相像的。」〔註45〕而魯迅對阿氏作品的評論分析也往往便如同對自己的分析，他稱《工人綏惠略夫》的總基調為「一本被絕望所包圍的書」，又是「一部『憤激』的書」。〔註46〕

　　亞拉藉夫與綏惠略夫的談話正是愛與憎，犧牲與復仇，厭世與入世，人道主義與個人主義，無抵抗與暴力的思想對抗，而綏惠略夫與幻覺中的黑鐵匠的辯論正顯示了他自己內心的精神苦刑。「你憎，就因為你心裏有太多的愛！而且你的憎惡，便只是你的最高的犧牲！」〔註47〕而這用魯迅的話來說便是「愛的大纛」與「憎的豐碑」，「橫眉冷對千夫指，俯首甘為孺子牛」的關係。魯迅又借《〈醫生〉譯者附記》說出「異常的殘忍性和異常的慈悲性」的關係：「且又簡單明瞭的寫出了對於無抵抗主義的抵抗和愛憎的糾纏來。無抵抗，是作者所反抗的，因為人在天性上不能沒有憎，而這憎，又或根於

〔註44〕　魯迅：《兩地書 四》，《魯迅全集》第 11 卷，人民文學出版社，1981 年，第 20 頁。

〔註45〕　魯迅：《華蓋集續編·記談話》，《魯迅全集》第 3 卷，人民文學出版社，1981 年，第 356～357 頁。

〔註46〕　魯迅：《譯文序跋集·譯了〈工人綏惠略夫〉之後》，《魯迅全集》第 10 卷，人民文學出版社，1981 年，第 169 頁。

〔註47〕　《工人綏惠略夫》，《魯迅全集》第 11 卷，人民文學出版社，1973 年，第 696 頁。

更廣大的愛。因此，阿爾志跋綏夫便仍然不免是托爾斯泰之徒了，而又不免是托爾斯泰主義的反抗者，——圓穩的說，便是托爾斯泰主義的調劑者。」〔註48〕然而對於「千夫指」的「憎」「復仇」是容易的，而對於「孺子」「人民大眾」甚至「同人」「朋友」的愛與憎、犧牲與復仇卻是難辦的，因為對於他們，「愛人」與「愛己」往往構成了矛盾，「我要借了阿爾志跋綏夫的話問你們：你們將黃金時代的出現預約給這些人們的子孫了，但有什麼給這些人們自己呢？」〔註49〕這種矛盾更徹底地導致了黑暗與虛無，幻滅與絕望。「這無路可走的境遇裏，不得不尋出一條可走的道路來」的綏惠略夫是最終走向對於社會的復仇和毀滅，而魯迅則在「復仇」的同時，又寄望於「中間物」的慰藉。「以為一切事物，在轉變中，是總有多少中間物的。動植之間，無脊椎和脊椎動物之間，都有中間物；或者簡直可以說，在進化的鏈子上，一切都是中間物。」〔註50〕這裏的「中間物」主要是指從進化論出發的對現狀與自己窘境的開脫和寄望於將來的進化的意思。然而，魯迅最早創造出「中間物」一詞是在 1920 年《「察拉圖斯忒拉」的序言》的翻譯中，而此時的「中間物」更為明顯地表達出其真義。察拉圖斯忒拉自言說：

> 我要教給人以他們的存在的意義：這便是超人，是從人的黑雲裏出來的閃電。但我於他們還遼遠，我的意思說不到他們的意思。
>
> 我於人們還是一個中間物在傻子和死屍之間。〔註51〕

在其他人的譯本中「中間物」並未出現，如楚圖南就譯為「在人們看來，我仍然是半呆子半死屍一類的東西。」〔註52〕可以說「中間物」概念正是魯迅的一個創造，他對《「察拉圖斯忒拉」的序言》第七節的主旨歸納為「Zarathustra 驗得自己與群眾太遼遠。」〔註53〕由是可知，在魯迅看來，「中

〔註48〕魯迅：《譯文序跋集·〈醫生〉譯者附記》，《魯迅全集》第 10 卷，人民文學出版社，1981 年，第 176～177 頁。

〔註49〕魯迅：《吶喊·頭髮的故事》，《魯迅全集》第 1 卷，人民文學出版社，1981 年，第 465 頁。

〔註50〕魯迅：《墳·寫在〈墳〉後面》，《魯迅全集》第 1 卷，人民文學出版社，1981 年，第 285～286 頁。

〔註51〕魯迅：《集外集拾遺·「察拉圖斯忒拉」的序言》，《魯迅全集》第 7 卷，人民文學出版社，1973 年，第 595 頁。

〔註52〕尼采：《查拉斯圖拉如是說》，《尼采文集》，改革出版社，1997 年，第 135 頁。

〔註53〕魯迅：《譯文序跋集·〈「察拉圖斯忒拉」的序言〉譯者附記》，《魯迅全集》第 10 卷，人民文學出版社，1981 年，第 440 頁。

間物」的本意正是指在「超人」與「末人」間的過渡物。他既與群眾相隔閡，又與未來之超人有著距離，這正是一種非此非彼，不能上不能下，不能虛無亦不能實有的尷尬，又是令人「往往彷徨於無地」的痛苦與絕望。對魯迅來說，正是「從安特萊夫的作品裏遇到了恐怖，阿爾志跋綏夫的作品裏看見了絕望和荒唐。」〔註54〕這種絕望與荒唐成為主宰魯迅幾乎所有作品的主色調。「中間物」並非如許多人所理解的對未來的寄望，相反，它只是一個徹底的否定，既是對自己今生，同時又是對來世、未來的否定，「中間物」正是對絕望的表達。

魯迅由這種絕望與荒唐中看到了「無」——「希望之虛妄正與絕望同」，「惟黑暗與虛無乃是實有」。這是他高於同時代人的深刻之處，也是與一般無政府主義的區別處。魯迅高於一般革命者，個人無政府主義為他帶來對過去、現在虛無主義式的反抗；而無政府主義對將來則持以共產主義理想「黃金世界」的厚望，魯迅又高於無政府共產主義者的，是他對將來也持以虛無的態度。這「無」既是對於過去的虛無也是對於將來的虛無，既是社會的「無」，又是哲學的「無」。由此，魯迅的生命哲學是建立於「無」和由此而生的「憎」之上的。這也是當時及後世許多人視其為虛無主義者的緣故。

然而，魯迅之為「民族魂」又並非止於此，他更同時不斷地同黑暗、虛無相搏鬥，同自我相搏鬥，那便是「反抗絕望」。他從「無」出發，卻又採取了存在主義式「有」的行動，他知道「希望是本無所謂有，無所謂無的」，然而卻又以「其實地上本沒有路，走的人多了，也便成了路」的態度而繼續進行著披荊斬棘的探路。正因為此，他既有中間物「無」的悲涼，又有中間物「有」的熱烈。這「有」是唯虛無乃實有，唯個人乃實有，唯現在乃實有。在「無」與「有」之間的態度，便是這個「中間物」。這個「中間物」是無望的，使他看到奮鬥不過是爭奪地獄統治權，但這無望卻使他看透一切虛偽、偽飾，抓住實質，因而提倡「塹壕戰」、「不赤膊上陣」、「打落水狗」等；這個「中間物」以及奮鬥是無奈的，但卻又「仍要」，因為還要反抗絕望，這便成就出他「韌」的戰鬥精神。絕望與反抗絕望，看到虛無，卻又有擔當虛無的勇與痛，而這，才是對於後世百代所謂真正「民族魂」的偉大所在。

總之，五四時代的深刻性與超越性在於反傳統的深刻、徹底乃至虛無，

〔註54〕魯迅：《南腔北調集・祝中俄文字之交》，《魯迅全集》第4卷，人民文學出版社，1981年，第461頁。

而這種深刻、徹底乃至虛無正是起於無政府主義的無所畏懼無所躊躇的先行，正因爲有了對所有強權、禮法、不平等的決絕和幻滅，才不會有半點妥協與猶豫，才能對傳統文化發起決絕的攻擊。而魯迅又超越於五四啓蒙者，在於他對「這次」革命勝利後前景的清醒認識，即「革命第二天」、「娜拉走後怎樣」的認識，他沒有盲目的樂觀，而是清醒地意識到政府、團體、強權的繼續存在，終將仍在老軌道上循環，所以魯迅高於五四時代者即不但在對現在這個強權的決絕，也對於將來的強權的警惕與決絕，他對於強權的警惕和主體獨立的捍衛，即便是對於本陣營中人也不例外，這種深刻性同樣正是無政府主義觀所賦予的。然而魯迅又終高於無政府主義者的，在於他對所謂「黃金世界」的最終的懷疑，即對於未來理想社會的懷疑，在於將無政府主義者從幻想的天空重又拉回現實地面，從唯心的迷狂重又拉入唯物的冷。對於五四時代來說，魯迅具有對現實的超越性，而對於無政府主義的超現實來說，魯迅又具有對現實的回歸性。人道主義、啓蒙主義與個人無政府主義間利他與利己、犧牲與復仇、愛與憎、實有與虛無，這所有的矛盾同時煎熬著他，並使他陷入最深的黑暗與絕望中，成爲肩負著所有痛苦的最黑暗的心靈。然而，人道主義、啓蒙主義仍使魯迅反抗絕望，與黑暗搗鬼，來擔當虛無，成爲眞正偉大的「民族魂」。

第三章 「藝壇上的無政府主義」——從「匪徒頌」到「黨喇叭」的郭沫若

　　郭沫若可謂五四文壇上最具有個人無政府主義氣質的詩人。他對個性的解放和自由的張揚驚世駭俗，正是魯迅所呼喚的典型的「摩羅詩人」，他的破壞—創造精神正是五四時代精神的最強音。而在藝術上，他沖決古典格律的陳規舊制，以情感律爲內在節奏，以白話自由體爲外形，開創了中國新詩的新局面。在 20 世紀西方現代派文藝中，未來主義被稱作「藝壇上的無政府主義」〔註1〕，而郭沫若詩中也富有突出的未來主義共振數，他亦可謂五四文壇上的無政府主義。但正如同幾乎所有駁雜的思想成分在他那裏一樣，其中西文化背景下的兼收並蓄與改造使其思想充滿了活力，但也賦予郭沫若矛盾性與變動性，很難說他是某某主義者。對無政府主義，郭沫若同樣經歷了這樣一個接受—共振—批判—拋棄的過程，他從「匪徒頌」最終轉向成爲「黨喇叭」。〔註2〕

〔註 1〕 【日】千葉宣一：《日本現代主義的比較文學研究》，葉渭渠編選，中國社會科學出版社，1997 年，第 106 頁。

〔註 2〕 千葉宣一在《詩的無政府主義系譜》中說日本的無政府主義傾向的詩人：雖然在詩的抒發和思考樣式上極其個性化，但其實態則向無政府主義急傾，並踏上自我變革之途，在理論上確立詩的革命和革命詩的原理，不單讓無政府主義的詩的方法自立，而且正如「何謂詩？何謂詩人？我們要放棄過去的一切概念，大膽地斷言『詩是炸彈！詩人是向牢獄的堅壁和門投擲炸彈的黑的狂人』！」宣言中所見的，在沒有方向的混亂狀態下，沸騰著反叛的詩的熱

一、「匪徒頌」

　　郭沫若對無政府主義的接受與共振最為突出的兩個方面便是對一切權威的反抗精神與對個性的極端張揚，如果說絕對反權威是破，個性主義則是立，二者共同構成其破壞—創造精神的一體雙面。對這種帶強烈個人無政府主義色彩的破壞—創造精神的熾熱鼓吹和體現正是郭沫若帶給五四中國最主要的衝擊。聞一多最早精闢而全面地論及郭沫若的時代精神：「若講新詩，郭沫若君底詩才配稱新呢，不獨藝術上他的作品與舊詩詞相去最遠，最要緊的是他的精神完全是時代的精神——二十世紀底時代的精神。有人講文藝作品是時代底產兒。女神真不愧為時代底一個肖子。」〔註3〕破壞猶如赴死，創造猶如新生，郭沫若的時代絕唱《鳳凰涅槃》正是這種赴死—新生、破壞—創造的雄偉交響曲。在對舊世界「茫茫的宇宙，冷酷如鐵！／茫茫的宇宙，黑暗如漆！／茫茫的宇宙，腥穢如血！」的詛咒中，鳳凰的破壞與慷慨赴死是徹底的：「身外的一切！／身內的一切！／一切的一切！／請了！請了！」而對創造、新生的歡欣鼓舞則在一片「翱翔！翱翔！／歡唱！歡唱！」數重的複沓中進入歇斯底里式的激越。《天狗》同樣是既要把月來吞了，把日來吞了，又要「我剝我的皮，我食我的肉，我吸我的血，我齧我的心肝」地破壞—新生。《浴海》乾脆叫道：「快把那陳腐了的舊皮囊／全盤洗掉！／新社會的改造／全賴吾曹！」

　　與實現破壞—創造相伴的在現實中自然需要有反叛、革命、鬥爭的匪徒。「二十世紀是個反抗的世紀。『自由』底伸張給了我們一個對待權威的利器，因此革命流血成了現代文明底一個特色了。女神中這種精神更是瞭如指掌。」〔註4〕郭沫若說：「創造的前驅是破壞，否，破壞是創造工程的一部分。」〔註5〕面對郭沫若如同火山噴薄，岩漿沸騰一般的破壞—創造激情，我們不

浪。（《日本現代主義的比較文學研究》，葉渭渠編選，中國社會科學出版社，1997年，第135頁。）這裏關於日本的個性化詩的無政府主義急傾，以及「詩的革命和革命詩」的變遷，對理解郭沫若詩的個人無政府主義色彩以及他與創造社從文學革命向革命文學的轉化有著一定借鑒意義。
〔註3〕聞一多：《女神之時代精神》，黃人影編《郭沫若論》，光華書局，1931年，第95頁。
〔註4〕聞一多：《女神之時代精神》，黃人影編《郭沫若論》，光華書局，1931年，第98頁。
〔註5〕郭沫若：《我們的文化》，《郭沫若全集》文學編第16卷，人民文學出版社，1989年，第79頁。

禁馬上想起了無政府主義宗師巴枯寧的名言：「破壞的欲望就是創造的欲望。」〔註6〕這種破壞是對於一切權威的絕對反抗，對於一切束縛自由和發展的陳規舊制的破壞，而他的創造，則於集體是民族的新生，社會的改造，於個體則是對個人絕對自由、個性絕對解放的追求，顯然，這種破壞──創造的無政府主義色彩是鮮明的。

　　郭沫若無政府主義化的破壞──創造精神成為五四時代精神的最強音，他這種特質固然有受20世紀初無政府主義思想傳播影響的因素，如前所說，無政府主義因革命最徹底、理想最誘人、與傳統文化相契合而引起苦難的平民、求索的知識分子的嚮往。但他無政府主義思想質素的來源是多元的，既有西方無政府主義傳播，有尼采、施蒂納唯意志論、個人主義哲學影響，同時，也有深受中國傳統文化中道家哲學（他的家鄉四川的文化氛圍是道家哲學興盛，而儒家控制系統相對薄弱一些，這一點已有對四川地域文化及郭沫若研究的諸多成果〔註7〕）、墨家俠義文化（四川袍哥組織興盛）影響的原因，而他個人從小生長歷程的獨異性也有重要原因。從幼年到學生時代，郭沫若反對一切權威、張揚個性的特色便十分鮮明。家鄉沙灣鎮本身便是個「土匪的巢穴」，〔註8〕他的祖父是綽號「金臉大王」的江湖中人，而郭沫若從小的玩伴中就有不少後來的土匪頭領。這為郭沫若播下了反權威的種子。在學生時代這一點便顯露無疑，對於一切不公正、專制他都憤然反抗，以致他三度被斥退，他這種反抗有時甚至達到盲目的絕對反抗程度。在上小學時因為扯榜風波，他便決定「以反對教員為宗旨」，「學堂裏的新舊先生們我差不多沒有

〔註6〕巴枯寧：《巴枯寧言論》，三聯書店，1978年，第3頁。
〔註7〕如李怡《現代四川文學的巴蜀文化闡釋》（湖南教育出版社，1995年版）中進行了對「盆地文明」「天府文明」「內陸腹地文明」所孕育的蜀學與洛學區別的分析，「盆地意識」的「顧盼自雄、目空一切」特徵，進攻性、原始野性的倨傲，反叛精神與先鋒意識等及其與四川作家作品、文學意象等的多重角度分析。又有論文如：李怡：《論郭沫若與巴蜀文化》，《郭沫若研究》第12輯，文化藝術出版社，1998年，第125～142頁；張勇：《郭沫若、李劼人與巴蜀文化》，《西南民族學院學報‧哲學社會科學版》2000年第3期；梅瓊林：《郭沫若與楚文化》，《浙江社會科學》1998年第3期；李向陽：《地域文化與郭沫若叛逆性格的形成》，《郭沫若研究》，1998年第4期；張萬儀：《荊楚文化、巴蜀文化對郭沫若浪漫主義的影響》，《重慶大學學報（社會科學版）》1999年第1期；周九香：《郭沫若論四川文化精神》，《郭沫若學刊》1997年第4期。
〔註8〕郭沫若：《我的童年》，《郭沫若全集》文學編第11卷，人民文學出版社，1992年，第12頁。

一個沒有反對過的」，即便對他敬重的老師亦如此：「事實上帥先生所給我的教益是很不少的，但我因為上學期受了侮辱的關係，我怎麼也不能滿意他，無論遇著什麼事情我都要和他反對。」〔註9〕正是這種獨特的成長經歷使郭沫若從小便具備了絕對反權威、個性張揚的特色。同時又因為在這個過程中對所謂新舊各種「權威」「大人物」虛偽性、軟弱性的認識，對封建勢力腐朽性的認識，對包括維新、保路運動等政治運動的失望和厭棄，使他產生了虛無主義式的反抗傾向以及大同主義的理想，而這到青年郭沫若時，則與無政府主義的「非戰、去兵、去私產、去政府」有了共鳴。

　　早在《女神之再生》中，郭沫若揭露戰爭是「武夫蠻伯之群」「說是要去爭做什麼元首」，「總之要滿足我的衝動為帝為王！」《孤竹君之二子》則更鮮明地揭露統治階級的暴虐，全面發出無政府主義思想的聲音：「我們古人本來沒有國家，本來沒有君長」，「你徒使後人效尤，／制出了許多禮教，許多條文，／種下了無窮無盡的罪和不幸。／啊，你私產製度的遺恩！」而在《幕前序話》中更直接出來解說道：「他們反對的是那種以暴易暴的戰爭，那種家天下的私產製度下的戰爭。他們反對家天下的制度，他們所景仰的是『天下為公，選賢與能』的神農虞夏的時代。」〔註10〕此時郭沫若已不再是具朦朧的無政府主義傾向，而是明確宣佈「他們的確是他們古代的非戰主義者，無治主義者。他們的精神和我們近代人是深相契合的。我把他們來做題材，也猶如把 Kropotkin, Bakunin（克魯泡特金，巴枯寧）拿來做題材一樣。」〔註11〕郭沫若自己也說：「在《棠棣之花》裏面我表示過一些歌頌流血的意思，那也不外是誅除惡人的思想，很濃重地帶著一種無政府主義的色彩。」〔註12〕

　　如果說在這些早期話劇中所表現的絕對反權威傾向尚還屬朦朧的本能意識的體現的話，那麼，這種意識很快到詩歌中變得清晰、堅定起來。《匪徒頌》中郭沫若宣稱：「西北南東去來今，／一切政治革命的匪徒們呀！／萬歲！萬

〔註9〕郭沫若：《我的童年》，《郭沫若全集》文學編第 11 卷，人民文學出版社，1992年，第 86～87 頁。

〔註10〕郭沫若：《孤竹君之二子‧幕前序話》，《郭沫若全集》文學編第 1 卷，人民文學出版社，1982 年，第 239 頁。

〔註11〕郭沫若：《孤竹君之二子‧幕前序話》，《郭沫若全集》文學編第 1 卷，人民文學出版社，1982 年，第 239 頁。

〔註12〕郭沫若：《創造十年》，《郭沫若全集》文學編第 12 卷，人民文學出版社，1992年，第 147 頁。

歲！萬歲！」他分別在全詩六節中為一切政治、社會、宗教、學說、文藝、教育革命的匪徒山呼「萬歲！萬歲！萬歲！」而《巨炮之教訓》也複沓高叫「為……而戰嘞！」從話劇，到詩歌，再到構成宣言式的白話文《我們的文學新運動》，他的絕對反權威主張越來越明晰，也越來越系統化，他宣告：

我們反抗資本主義的毒龍。

我們反抗不以個性為根底的既成道德。

我們反抗否定人生的一切既成宗教。

我們反抗藩籬人生的一切不合理的畛域。

我們反抗由以上種種所產生出的文學上的情趣。

我們反抗盛容那種情趣的奴隸根性的文學。

我們的運動要在文學之中爆發出無產階級的精神，精赤裸裸的

人性。

我們的目的要以生命的炸彈來打破這毒龍的魔宮。〔註13〕

這些對社會的全面否定與反抗顯而易見，實在是那個時代「革命」情緒的大彙集。

極度狂熱的破壞—創造總伴隨著無政府主義的傾向，這是在尚未為明確的科學理論指導和規範的社會革命的共性，也正是馬克思主義傳播過程中一直與之相生相剋的。「經驗表明，一切小資產階級的個人反抗，包括他們的個性解放要求，如果長期脫離正確的思想指導，是很容易走到無政府主義的歧路上去的。郭沫若的一些表現個性解放的詩篇，它的那種要求擺脫一切束縛、打碎一切枷鎖，推倒一切權威和偶像的狂熱呼喊，是帶有一定的無政府意味的。」〔註14〕這種無政府主義式的破壞很容易走向虛無主義傾向。中國新文化運動的歷史虛無色彩本身是濃厚的，從「打倒孔家店」，「選學妖孽」，到「不讀古書」論，全盤西化論，都是喧赫一時的理論。而聞一多也指出《女神》的歐化傾向：「女神不獨形式十分歐化，而且精神也十分歐化了。」「我不知道他的到底是個什麼主張。但我只覺得他喊著創造，破壞，反抗，奮鬥底聲

〔註13〕郭沫若：《我們的文學新運動》，《郭沫若全集》文學編第 16 卷，人民文學出版社，1989 年，第 5 頁。

〔註14〕閻煥東：《鳳凰、女神及其他——郭沫若論》，中國人民大學出版社，1990 年，第 190 頁。

音,比——『倡道慈,儉,不敢先底三寶』底聲音大多了,所以我就決定他
的精神還是西方的精神。再者他所歌謳的東方人物如屈原,聶政聶嫈,都帶
幾分西方人底色彩。他愛莊子是爲他的泛神論,而非爲他的全套的出世哲學。
他所愛的老子恐怕只是托爾斯泰所愛的老子。墨子的學說本來很富於西方的
成分,難怪他也不反對。」〔註15〕

　　儘管創造社的歐化及歷史虛無主義色彩十分濃厚,但相較於整個五四時
代,郭沫若郁達夫對於傳統文化其實仍還算是較多尊重吸納的了。郭沫若便
明確表示要崇拜孔子,從王陽明哲學中來修煉身心。當然,他這麼做並非國
粹派的復古,而是西方動的精神指導下的「借古人的骸骨來,另行吹噓些生
命進去」,是「文藝復興」式的對待傳統文化了。如果說郭沫若等創造社作家
對古代文明尚能以揚棄態度來批判地吸收,那麼對當時代新文學陣營則鮮明
表現出一種虛無主義式的一概打倒。從《創造》季刊發刊詞上對於「壟斷文
壇」首啓戰端始,「他們第一步和胡適對立,和文學研究會對立,和周作人等
語絲派對立,在旁系上復和梁任公、張東蓀、章行嚴也發生糾葛。他們弄到
在社會上成了一支孤軍。」從文壇「異軍」到「孤軍」,是因爲他們朝著「創
造」、「建設」的目的,認爲「已經攻倒了的舊文學無須乎他們再來抨擊,他
們所攻擊的對象卻是所謂新的陣營內的投機分子和投機的粗製濫造」,故而採
取了「對於本陣營的清算的態度」。〔註16〕

　　而後期創造社則更虛無得厲害。《文化批判》創刊即聲言要對「中國混沌
的藝術界」「作全面的批判」。成仿吾以「雄糾糾的最道地的湖南人惡罵」(沈
從文《論郭沫若》)和「極左傾的兇惡的面貌」(魯迅《上海文藝之一瞥》)而
被尊爲「黑旋風」;馮乃超在《藝術與社會生活》中一下子就點了「可以代表
五種類的有教養的知識階級的人士」的名。他們「率先對新文壇既有的文藝觀,
特別是其中的資產階級文藝觀,如初、中期創造社的某些文藝觀點,語絲社的
趣味主義,新月派的人性論觀點,茅盾的某些小資產階級文藝觀點等等,進行
清理和批判。」〔註17〕他們更發起了對魯迅的圍攻,高潮到了郭沫若化名杜荃

〔註15〕聞一多:《女神之地方色彩》,黃人影編《郭沫若論》,光華書局,1931年,第
　　　　115頁。
〔註16〕郭沫若:《文學革命之回顧》,《郭沫若全集》文學編第16卷,人民文學出版
　　　　社,1989年,第98頁。
〔註17〕黃淳浩:《創造社:別求新聲於異邦》,社會科學文獻出版社,1995年,第198
　　　　～199頁。

的罵魯爲「封建餘孽」「二重的反革命」。他們之所以如此，乃是因爲他們認爲時代變了，一切舊的文學都是「死去了的阿 Q 時代」（錢杏邨語）的文學，是封建階級、資產階級、小資產階級的文學，是落伍的陳舊的，故而要全部徹底打倒，來建設新的無產階級的文學，即要從文學革命發展到革命文學來。郭沫若及創造社的這些批判固然有無產階級運動中左派幼稚病的因素、宗派主義因素，但也正是與其絕對反權威意識下的虛無主義慣性相合的。

破壞─創造精神一方面是對一切權威、舊制的絕對反抗，另一方面則是對個性的解放與張揚，這均是個人無政府主義精神的基本要素，而郭沫若吞日食月的天狗式精神中，熾熱的個性主義，成爲中國傳統文化背景下的異數，爲五四時代精神豎立起剛健的脊梁。在與傳統文化的群體倫理觀的全面對抗中，五四時的個性主義幾乎是完全等於個人主義的，個人無政府主義成爲五四知識分子的思想支柱之一，魯迅、周作人、郁達夫、郭沫若等都以此爲資源，來呼喚人的權力，呼喚個性的解放，呼喚摩羅詩人。「五四運動的最大的成功，第一要算『個人』的發見。從前的人，是爲君而存在，爲道而存在，爲父母而存在，現在的人才曉得爲自我而存在了。」〔註 18〕這種個人主義的潮流中，有胡適等自由主義一支的理性支配，而周氏兄弟、創造社的個人無政府主義的狂熱和爆破性，則以施蒂納、尼采一系思想爲資源。

尼采繼承叔本華的唯意志論，發展爲鼓吹個性、鼓吹權威的超人哲學，權力意志說，酒神精神說，成爲現代反理性哲學和現代派文學的共同起點。而尼采哲學對郭沫若及中國文壇的影響是巨大的，「我是個偶像崇拜者喲！」「我崇拜偶像破壞者，崇拜我！／我又是個偶像破壞者喲！」（《我是個偶像崇拜者》）「偶像」，權威者也。既反權威，又崇拜權威，既是偶像破壞者，又是偶像崇拜者，這看似矛盾的二者正是絕對反權威與個人主義之間的矛盾，而個人無政府主義正是這既聯繫又矛盾的二者的特殊結合體。「我」的絕對地位將二者統一起來，絕對反權威是爲個人主義掃清障礙，個人主義是絕對反權威的目標，也是絕對反權威的動力和鞏固。反權威、破壞權威是爲「我」的地位之確立，而崇拜權威其實就是崇拜「我」、崇拜權威化偶像化的「我」。既反權威，又崇拜權威，這正是超人哲學的辯證觀。郭沫若那種昂首天外的個性主義、戰鬥姿態、無政府主義色彩，當時便被人目爲「狂人」，正是魯迅所呼喚的典型的「摩

〔註 18〕郁達夫：《新文學大系・散文二集導言》，上海良友圖書公司，1935 年，第 5 頁。

羅詩人」。尼采對於郭沫若的影響，早已為研究者注意，然而，尼采與施蒂納間的承續性則被忽視。「施蒂納的『利己主義』是上升時期資產階級個人主義意圖的理想化；尼采的『哲學』則是同一個階級沒落時代的產物。」〔註19〕個人無政府主義的始祖施蒂納在《〈唯一者及其所有物〉序》中集中體現了這種以虛無主義為基礎的個人主義觀。他揭露了種種人類規範的虛偽：「首先是善事，而後是神的事、人類、真理、自由的事，人道和正義的事；以至我的人民、我的君主和我的祖國的事；最後，則還有精神的事和成千其他的事。唯有我的事從來就不該是我的事。」〔註20〕在戲破一切社會規範的虛無，領悟色即是空後，他宣佈「我把無當作自己事業的基礎」，宣佈「一切其他事物對我皆無，我的一切就是我，我就是唯一者」，「與其無私地為那些偉大的利己主義者繼續效勞，還不如自己也成為利己主義者。」〔註21〕魯迅對於施蒂納個人無政府主義的鍾情是明顯的，郁達夫也為之而激動不已，在脫離走向革命文學的創造社後，郁魯二人在30年代格外親近，恐怕這裏就有著這共同的思想質素在裏面，而那時的郭沫若已拋棄了個人主義。但在前期創造社中，郁達夫與郭沫若的個人無政府主義色彩則同樣濃厚，甚至郭沫若還更為激烈些。那個把日月星球來吞了，狂叫飛奔的天狗，立在地球邊上放號者，「我崇拜偶像破壞者，崇拜我！／我又是個偶像破壞者嘞！」豎立起最為強悍的自我形象。在《匪徒頌》中更是自領「學匪」的名號，為一切政治、社會、宗教、學說、文藝、教育革命的匪徒山呼「萬歲！萬歲！萬歲！」虛無主義式的破壞與個人大我形象的創造如此激越地結為一體。破壞的目的是為了創造，創造是根本精神。正是這種本質的破壞—創造精神，對個人的張揚使它異於「頹廢派」，而帶有從深層意義上的啟蒙主義色彩，成為五四的時代精神。

我們要注意，施蒂納的《〈唯一者及其所有物〉序》之進入中國正是郭沫若翻譯的，當時發表在《創造周報》第 6 號（1923.6.16）上，題名是《我的分內事不放在什麼上面》。〔註22〕郁達夫在同一期的《Max Stirner 的生涯及其

〔註19〕 普列漢諾夫：《無政府主義和社會主義》，王蔭庭譯，三聯書店，1980 年，第33 頁。
〔註20〕 （德）麥克斯・施蒂納：《唯一者及其所有物》，金海民譯，商務印書館，1989年，第4 頁。
〔註21〕 （德）麥克斯・施蒂納：《唯一者及其所有物》，金海民譯，商務印書館，1989年，第5 頁。
〔註22〕 龔濟民、方仁念編：《郭沫若年譜》（上），天津人民出版社，1982 年，第 115頁。

哲學》中對施蒂納精神激動不已:「自我就是一切,一切都是自我,個性強烈的我們現代的青年,那一個沒有這種自我擴張 Erweiterung des Ichs 的信念? Max Stirner 的哲學,實是近代徹底的『唯我主義』的淵泉,便是尼采的超人主義的師傅。」〔註 23〕正是在個人無政府主義的狂熱迷戀中,創造社以「精赤裸裸」的「自我暴露法」來張揚個性,以主情主義來對抗存天理,滅人欲的封建倫理和溫柔敦厚的文風。

而且,作為一個團體的創造社,當然並不是一個信奉無政府主義政治主張的團體,但在組織形式上,卻有意無意中符合無政府主義團體共同的組織特徵。郭沫若表示:「我們是厭惡團體之組織的:因為一個團體便是一種暴力,依恃人多勢眾可以無怪不作。//我們這個小社,並沒有固定的組織,我們沒有章程,沒有機關,也沒有劃一的主義。我們是由幾個朋友隨意合攏來的。我們的主義,我們的思想,並不相同,也並不強求相同。我們所同的,只是本著我們內心的要求,從事於文藝的活動罷了……我們不要什麼介紹,也不經什麼評議。」〔註 24〕顯然,這與無政府主義團體的組織形式特徵幾乎是完全類似的。數年後,郭沫若回顧創造社時說得更為明確:「他們主張個性,要有內在的要求。他們蔑視傳統,要有自由的組織。這內在的要求、自由的組織,無形之間便是他們的兩個標語。這用一句話歸總,便是極端的個人主義的表現。」〔註 25〕

郭沫若無政府主義化的破壞—創造精神是生命哲學的體現,這既有西方尼采的唯意志論影響,也是中國儒家文化中「君子以自強不息」「剛毅」的良性一脈的發展,同時還有王陽明心學的唯意志論、泛神論影響下的個人無政府主義化「泛我論」誘因。這其中,對力的歌頌,動的精神成為無政府主義美學的典型特徵之一。郭沫若的破壞—創造是力的舞蹈,也是動的精神,這是迥異於中國農業文明傳統的工業文明的鮮明特色。「他的詩裏有兩樣新東西,都是我們傳統裏沒有的:——不但詩裏沒有——泛神論,與 20 世紀的動的和反抗的精神。」〔註 26〕「啊啊!不斷的毀壞,不斷的創造,不斷的努力

〔註 23〕 《郁達夫文集》第 5 卷,花城出版社、三聯書店香港分店聯合出版,1982 年,第 141 頁。此篇後改名為《自我狂者須的兒納》。
〔註 24〕 《創造》季刊第 1 卷第 2 期(1922.8.25)《編輯餘談》,轉引自王繼權、童煒鋼編《郭沫若年譜》(上),江蘇人民出版社,1983 年,第 134 頁。
〔註 25〕 郭沫若:《文學革命之回顧》,《郭沫若全集》文學編第 16 卷,人民文學出版社,1989 年,第 99 頁。
〔註 26〕 朱自清:《論郭沫若的詩》,《中國新文學大系·詩集·導言》。

喲！／啊啊！力喲！力喲！／力的繪畫，力的舞蹈，力的音樂，力的詩歌，力的律呂喲！」(《立在地球邊上放號》)《天狗》不斷地在「我飛跑，／我飛跑，／我飛跑」,《新生》也在「飛跑，／飛跑，／飛跑。／好！好！好！……」。「這種動的本能是近代文明一切的事業之母，他是近代文明之細胞核。郭沫若底這種特質使他根本上異於我國往古之詩人。」〔註 27〕郭沫若不但在詩中直接高唱動的精神，而且還上升到世界觀上的理性認識而對我國傳統文化精神進行了創造性的誤讀與吸納，使之迥異於大多數人對儒道傳統文化「靜」的本質的歸納。如果不考慮個人無政府主義精神支撐下的個性主義、動的精神等異質文化特徵，那麼對於傳統文化產生這樣的創造性誤讀就是很難理解的。在《中德文化書》中他認為：「假使靜指出世而言，動指入世而言，則中國的固有精神當為動態而非靜觀。」「我國的儒家思想是以個性為中心，而發展自我之全圓於國於世界，所謂『修身、齊家、治國、平天下』，這不待言是動的，是進取的。」道家「實則『無為』二字並不是寂滅無所事事，是『生而不有，為而不恃』的積極精神。」「老子的恬靜說是由這種思想所產生出來的活靜。活靜與死靜不同。活靜是群力合作的平衡狀態，而死靜則是佛家的枯槁寂滅。」在《中國文化之傳統精神》及《王陽明禮贊》中郭沫若進一步發揮了這種積極進取精神的世界觀與人生觀。對於梁漱溟文化三界說中所歸納的中國文化乃中年文化而言，郭沫若的出現可謂是一個民族文化傳統的驚喜，他既引西方「青年文化」入中，又發揚和強化了民族文化本身中的剛健一面，與近代以及五四諸賢一起大大改良了總體靜態化和衰頹化的民族文化態勢，使古老的民族文化整體重新煥發出活力。對於郭沫若融彙中西，繼承和發展民族文化剛健一面的這一文化貢獻，已有一些論者注意到（如對郭沫若概括為青年文化的代表），對此尚可作進一步的文化學闡發和研究。

對於郭沫若的文藝思想的概括，先後有浪漫主義、積極浪漫主義、新浪漫主義等稱呼，對「新」字的理解一種認為是傳統浪漫主義在新時代的延續與發展，而另一種則認為是現代主義的代稱（茅盾即以「新浪漫主義」為名向國內文壇介紹西方現代主義）。無論怎樣歸類，對郭沫若詩歌的強烈主觀性、自由化特徵均是無法否認的，與之相關的他寫作過程中的直覺主義、藝術情感與藝術形式上的「叫喊詩派」特徵、樓梯體詩形等均呈現出無政府主

〔註 27〕聞一多：《女神之時代精神》，黃人影編《郭沫若論》，光華書局，1931 年，第97 頁。

義美學特徵來。

郭沫若強烈的情緒化、主觀化特徵鮮明地體現在那些熾熱狂暴的詩句與小說文本中，也體現在他的文學到社會的主張上，而他自己對此也毫不掩飾，反而是極力張揚：「我是一個偏於主觀的人」，「我又是一個衝動性的人，我的朋友每向我如是說，我自己也承認。我回顧我所走過了的半生行路，都是一任我自己的衝動在那裏奔馳；我便作起詩來，也任我一己的衝動在那裏跳躍。我在一有衝動的時候，就好像一匹奔馬，我在衝動窒息了的時候，又好像一隻死了的河豚。」〔註28〕。

如果說個人主義、唯心論是郭沫若與個人無政府主義哲學上的共同源頭的話，那麼作爲文藝上的先鋒，支撐 20 世紀文壇的現代主義體現出無政府主義色彩的另一個哲學源頭是非理性主義，這也同樣是郭沫若「新浪漫主義」的哲學源頭。尼采非理性主義哲學對郭沫若的影響之巨，前已述及，除此之外，弗洛伊德開創的精神分析理論，柏格森的直覺主義都打開了人類的潛意識、無意識、直覺領域，成爲反理性運動的另一原動力，它們也對郭沫若很有影響。郭沫若小說中弗洛伊德主義色彩的濃厚（如《骷髏》、《喀爾美蘿姑娘》、《殘春》等）早已有諸多自述和研究者論及，其詩中的直覺色彩、超理性色彩同樣鮮明。他的詩的公式是：詩＝（直覺＋情調＋想像）＋（適當的文字），「詩不是『做』出來的，只是『寫』出來的」成爲著名的觀點，在他看來，吹動詩人心湖的「這風便是所謂直覺，靈感，這起了的波浪便是高漲著的情調。這活動著的影響便是徂徠著的想像。」〔註 29〕觀點如此，而實際創作也同樣如此。《地球，我的母親》寫作時他「赤著腳踱來踱去，時而又率性倒在路上睡著，想眞切地和『地球母親』親昵，去感觸她的皮膚，受她的擁抱。」《鳳凰涅槃》寫時「伏在枕上用著鉛筆只是火速的寫，全身都有點作寒作冷，連牙關都在打戰。」〔註 30〕《立在地球邊上放號》是立在海邊感受著巨浪的撲面衝擊而作，《雪朝》也是「應著實感寫的」，「在落著雪又刮著風的一個早晨」，「那正是一起一伏的律呂，我是感應到那種律呂而做成了那三

〔註28〕郭沫若：《論國內的評壇及我對於創作上的態度》，《郭沫若全集》文學編第 15
卷，人民文學出版社，1990 年，第 225～226 頁。

〔註29〕郭沫若：《論詩三箚·一》，《沫若文集》第 10 卷，人民文學出版社，1959 年，
第 205 頁。

〔註30〕郭沫若：《我的做詩經過》，《郭沫若全集》文學編第 16 卷，人民文學出版社，
1989 年，第 216、217 頁。

節的《雪朝》。」〔註31〕郭沫若詩中那種隨處可見的數重的排比、反覆，那種狂暴激情下的詞句是不可能不受直覺支配的，而當這種直覺過後，如 1928 年的理性便要把 1920 年直覺下的《鳳凰涅槃》末段十五節改削至五節了。朱湘曾奇怪「郭君在一班的時候，對於藝術是很忽略的，誠然免不了『粗』字之譏。但有時候他的詩在形式上、音節上，都極其完美。就是用全副精神在藝術上的人，也不過能做到這種程度。」〔註32〕其實，無論郭沫若的「粗」還是「完美」，都是直覺下的結果。

在具體的詩歌形式上，郭沫若以「詩無定行，行無定節，節無定字」的自由白話體完全破除了古典格律體的金科玉律，在白話文可以爲文難以爲詩的質疑中，以實例開創出白話文學的新局面，奠定了白話新詩的基礎。破除了詩的形式的外在格律，支撐郭沫若詩歌的是內在律，這個內在律就是強烈感情的流動，而它體現於詩形上則爲節奏。郭沫若極其重視詩的節奏，曾在《論詩三劄》、《文學的本質》、《論節奏》等多篇文章中論述詩的內在韻律、詩的節奏。由此決定，郭沫若的詩粗獷激越，適於朗誦，尤其以《女神》第二輯爲代表的詩，甚至是需要整個地喊叫著的，《鳳凰涅槃》、《天狗》、《日出》、《晨安》、《筆立山頭展望》、《立在地球邊上放號》、《我是個偶像崇拜者》、《匪徒頌》這些詩，若不是以喊叫來讀，那便根本不能體味其妙，不能入其「場」。沈從文便說：「到現在，我們說創造社所有的功績，是幫我們提出喊叫方法的一個前輩，因喊叫而成就到今日樣子，話好像稍稍失了敬意，卻並不爲誇張過分的。」〔註33〕而這種「叫喊詩派」恰正是許多無政府主義性詩人的共性，如千葉宣一在《詩的無政府主義系譜》中就說到日本詩壇的無政府主義傾向的詩：「所謂叫喊詩派、噪音詩派即指《紅與黑》、《達姆達姆》（DAMDAM）派系所謂南天堂時代的無政府主義詩人。」〔註34〕而外在詩形上，他的樓梯體只有火山爆發式的激越高亢的感情才相宜，但《女神》之後，郭沫若「就不再是詩人了」，〔註35〕即便革命文學時的「標語人」「口號

〔註31〕 郭沫若：《創造十年》，《郭沫若全集》文學編第 12 卷，人民文學出版社，1992年，第 83 頁。

〔註32〕 朱湘：《郭君沫若的詩》，《中國當代文學研究資料　郭沫若專集（1）》，四川人民出版社，1984 年，第 390 頁。

〔註33〕 沈從文：《論郭沫若》，黃人影編《郭沫若論》，光華書局，1931 年，第 11 頁。

〔註34〕 【日】千葉宣一：《日本現代主義的比較文學研究》，葉渭渠編選，中國社會科學出版社，1997 年，第 134 頁。

〔註35〕 郭沫若：《序我的詩》，《郭沫若全集》文學編第 19 卷，人民文學出版社，1992

人」，〔註36〕仍一如既往地採用了「匪徒頌」「天狗」般的大嗓門，但畢竟缺少了內在主體性的發現與創造，也多是空洞的假激情，而詩情最是容不得虛假，所以樓梯體也便未再被郭沫若所用了。即便是在 1928 年再看《鳳凰涅槃》時，也再難復當初創作時的高亢激昂，所以對之進行了改削，末尾十五節變成五節，二級樓梯被取消，這樣固然更為精鍊些，整飭些，但那激情的高度便已是降了個八度下來了。這個改詩是大有深意在其中的。

二、泛神論——郭沫若個人無政府主義色彩的特殊形態

　　郭沫若對於自己的個人主義是承認的，而無政府主義傾向儘管明顯，但向來為研究者所忽視，郭沫若自己也少予承認，最關鍵原因便在強烈的泛神論特色的掩蓋阻滯了人們的認識，而其泛神論與個人無政府主義間的親緣關係也未被發掘，因此，重新考察郭沫若的泛神論的發展由來、精神內核，成為理解郭沫若無政府主義因素的一個關鍵。

　　關於郭沫若泛神論的構成，其中起決定因素的究竟是斯賓諾莎哲學還是王陽明心學，對於認識其與個人無政府主義的關係至關重要。我認為，正是在王陽明心學的導引下，郭沫若發展出具個人無政府主義色彩的泛神論世界觀。

　　對於郭沫若泛神論思想的形成，陳永志將其分作三步：「一是他少年時代已有的泛神論傾向的潛在作用；二是王陽明思想所起的重要轉折、促進作用；三是斯賓諾莎思想所起的最終完成作用。」〔註37〕但我認為，在郭沫若的泛神論思想發展過程中，王陽明哲學所起的作用是決定性的，而斯賓諾莎哲學則與之有著明顯的異質性與接收障礙，其重要性無法與陽明哲學相比，他不過是郭沫若泛神論世界觀已基本定型後對諸多哲學家融彙整合的對象之一。斯賓諾莎的意義除印證了郭沫若業已定型的泛神論思想外，最大的意義即為這種思想提供了「泛神論」的命名，而對郭思想實質已無大的改變。

年，第 408 頁。
〔註36〕郭沫若：《我的做詩經過》，《郭沫若全集》文學編第 16 卷，人民文學出版社，1989 年，第 221 頁。他說：「我高興做個『標語人』，『口號人』，而不必一定要做『詩人』。」
〔註37〕陳永志：《郭沫若思想整體觀》，上海文藝出版社，1992 年，第 63 頁。

　　我們可以細看王陽明哲學的決定性作用。「民國五六年的時候正是我最彷徨不定而且最危險的時候。有時候想去自殺，有時候又想去當和尚。」〔註38〕這時拯救他的正是王陽明的心學，他甚至開始實行靜坐法以「淨化自己的精神，擴大自己的精神，征服『心中賊』以體驗天地萬物一體之仁」。〔註39〕王學不但使他身體上有了顯著的功效，更使他精神徹悟，將以前素喜的《莊子》「道」「化」哲學了悟，更「從此被導引到老子，導引到孔門哲學，導引到印度哲學，導引到近世初期歐洲大陸唯心派諸哲學家，尤其是斯皮諾若（Spinoza）。我就這樣發現了一個八面玲瓏的形而上的莊嚴世界。」〔註40〕上述諸多哲學門類的認識不可能完全一下子從零開始，其質素應早已存在他頭腦之中，然而它們紛繁龐雜，甚至彼此牴牾，這種混沌無序無異萬火噬心，令他陷入「熾灼得如像火爐一樣」的哲學瘋癲狀態。所謂「淫慢則不能勵精，險躁則不能理性」（諸葛亮《誡子書》），許多哲人詩人的發狂正是因為這種搏鬥的無法平息。拯救他的正是王學中「心即理」的主觀唯心主義、「萬物一體」的主觀唯意志論哲學，這令他一通百通，將眾多迥異的哲學門類豁然貫通統一。

　　「大道即人心，萬古未嘗改。長生在求仁，金丹非外待。」（王陽明詩）王學視天地萬物皆為道之外相，而「道」、「理」，即宇宙的本源則在於「心」「仁」，得到這種「本源」「金丹」的方法不在於向外求，而在於向自我內心去求。一旦獲得自我主觀精神上的「道」，則可以「內外不悖而出入自由」。這種以主觀唯心主義的唯意志論為基礎的哲學本體觀同康德、叔本華以及施蒂納、尼采等的西方唯心主義、個人主義哲學觀正是一脈貫通相得益彰。郭沫若的特殊處在於他將這種主觀唯意志論哲學稱之為泛神論。在他看來，這頗近於「吾養吾浩然之氣」和吾浩然之氣充盈天地萬物之中，由是，我化為萬物，而萬物亦皆為我。在他這種觀照下，中國的孔子、莊子、老子都成了泛神論者，儒家、道家哲學都成為泛神論哲學體系中的一員，王陽明成了「儒家精神之復活者」；印度哲學的《奧義書》「我即梵」、泰戈爾、加皮爾也成了

〔註38〕 郭沫若：《太戈爾來華的我見》，《郭沫若全集》文學編第 15 卷，人民文學出版社，1990 年，第 270 頁。

〔註39〕 郭沫若：《王陽明禮贊》，《郭沫若全集》歷史編第 3 卷，人民文學出版社，1985 年，第 289 頁。

〔註40〕 郭沫若：《王陽明禮贊》，《郭沫若全集》歷史編第 3 卷，人民文學出版社，1985 年，第 290 頁。

泛神論的支持者；而西方的歌德、尼采、斯賓諾莎等都成了他泛神哲學的資源。一句話，他從這所有龐雜的哲學中抽出的即「我即是神」的個人主義、唯意志論哲學觀。對自我來說，「我即神」，而對於外界來說，「泛神即無神」。「無神」，即無權威、無壓迫、無歧視、無統治、無偶像，即萬物平等、眾生平等，這是典型的無政府主義理想。然而之所以能「無神」，根源在「我即神」，萬物皆充盈著我的主體意志，萬物皆為我之外相，異言之，即根源在「我」對「宇宙」「萬物」的決定性作用，亦即我的絕對地位，「唯一者」地位。往常對郭沫若泛神論唯心唯物的定性問題往往含混其詞，一方面說「我即神」表現了唯心傾向，而一方面又說「泛神即無神」表現了唯物傾向，這種自相矛盾是致命的。這種含混掩蓋了一個關鍵的問題，泛神論，有唯物論的泛神論，也有唯心論的泛神論，而郭沫若則屬後者，對他來說，「無神」是指除「我」之外的宇宙萬物皆無至高無上的「神」，在「我」之外，它們是眾生平等的，然而如果考慮到「我」，那「我」就是決定一切的「神」。這用施蒂納的話來說，就是「同神一樣，一切其他事物對我皆無，我的一切就是我，我就是唯一者。」「對我來說，我是高於一切的！」〔註41〕如同佛說，上帝說，眾生平等，因為眾生皆是神意志的體現。「我」說，眾生平等，因為「我」即是「神」，萬物皆「我」的體現，「泛神」實即是「泛我」。從此意義講，郭的「泛神論」，即是「泛我論」。這種「泛我論」在一定環境中也就體現為「唯我論」。

對於這種既無神，又泛神、泛我、乃至唯我的統一與矛盾，在其對偶像的態度中得到集中體現。他宣稱「我是個偶像崇拜者喲！」「我崇拜偶像破壞者，崇拜我！/我又是個偶像破壞者喲！」（《我是個偶像崇拜者》）「偶像」，權威者也。既反權威，又崇拜權威，既是偶像破壞者，又是偶像崇拜者，這看似矛盾的二者正是絕對反權威與個人主義之間的矛盾，而個人無政府主義正是這既聯繫又矛盾的二者的特殊結合體。「我」的絕對地位將二者統一起來，絕對反權威是為個人主義掃清障礙，個人主義是絕對反權威的目標，也是絕對反權威的動力和鞏固。反權威、破壞權威是為「我」的地位之確立，而崇拜權威其實就是崇拜「我」、崇拜權威化偶像化的「我」。既反權威，又崇拜權威，這正是超人哲學的辯證觀。綜之，在王陽明心學導引下，郭沫若整合中外眾多主觀唯心主義哲學後形成自己獨特的泛神論世界觀，無神即絕對反

〔註41〕【德】麥克斯‧施蒂納：《唯一者及其所有物》，金海民譯，商務印書館，1989年，第5頁。

權威,而泛神、泛我、唯我則是個人主義,這種泛神論是唯意志論的一種獨特形式、一種具強烈個人無政府主義色彩的「泛我論」,乃至「唯我論」。

郭沫若泛神論是王陽明心學導引下發展出的一種個人無政府主義化的泛我論,而細究斯賓諾莎哲學,則明顯與郭沫若的這種泛神論有本質區別。

區別其一,唯心論的泛神論與唯物論的泛神論的區別。斯賓諾莎從神的名義出發,然而很快又以理性精神掏空了神的本質,正是從這個意義上,他顛覆了「神」。斯氏從「神」的神聖性出發,乃是爲「理性」的神聖性確立基礎,甚至保駕護航,因爲「思想是表示神的永恆無限的本質的無限屬性之一。換言之,神是能思想的東西。」〔註42〕「神」的至上性經「思想」而終至「理性」的至上性,二者本質的迥異與彼此顛覆性被巧妙揉作一個體系,如同「託古改制」與「六經注我」一樣,這顯然更多體現出 17 世紀哲學過渡的策略性。斯賓諾莎的泛神論是披著神學外衣的無神論唯物論,他的「神」是客體自然,而郭沫若的泛神論則主要是吸取中外諸多唯心主義哲學而形成的唯心論的泛神論,其「神」乃是主體精神。其二,情與理的衝突。作爲對笛卡爾哲學的承續,斯賓諾莎是一個理性至上主義者,理性是其評判事物和指導行動的最高準則,以理節情是斯氏哲學基本特徵之一。然而郭沫若則是堅信主情、非理性主義的生命哲學與浪漫主義文學主張。其三,正由於以上兩方面的區別,而導致對主體定位、個性張揚與否的差異。斯賓諾莎以理性取代上帝,然而「人」則仍然要保持謙卑的服從態度,主體仍受到客體的統治,所不同的只是服從對象的區別,這正是其後資本主義制度下工具理性與人的異化的先聲。與這種服從的泛神論不同,郭沫若則以主體意志的張揚爲據,建立起新的反抗的泛神論。主體意志和個性的張揚,必然走向個人主義,而一切阻礙的因素都是反抗的對象,包括由理性建立的國家、法律、道德秩序等等,這種虛無主義式反抗的極至一種是唯意志論的超人,一種便是無政府主義,二者分別正是尼采、施蒂納對郭沫若的意義。其四,「美學」與「幾何學」的接受障礙。郭沫若對莊子、惠特曼、泰戈爾、加皮爾、歌德、甚至尼采等均主要是通過文學作品,即以「詩」的形式來接受其哲學觀的,他是一個文藝青年而非一個哲學家,有論者提出「郭沫若泛神論本質上是美學」。〔註43〕然而斯賓諾莎則顯然與上不同,其哲學著作是以「幾何學的方法」寫成的,他比

〔註42〕【荷蘭】斯賓諾莎:《倫理學》,賀麟譯,商務印書館,1983 年,第 46 頁。
〔註43〕稅海模:《郭沫若泛神論本質上是美學》,《貴州社會科學》2002 年第 1 期。

笛卡爾更徹底的理性主義甚至在形式上也變革爲由「界說」「公則」「命題」「證明」「此證」構成的枯燥推論過程。亨德理克・房龍就說過：「很少有人能將斯賓諾莎的倫理學讀上三頁的」〔註44〕。故而從形式上來說，這種令人厭煩的「幾何學」是不易爲郭沫若所共鳴的，甚至可以說簡直就是接受障礙。儘管郭沫若說「關於斯賓諾莎的書，如他的《倫理學》、《論神話與政治》、《理智之世界改造》等，我直接間接地讀了不少。」〔註45〕但可以推測，他所接觸的多是轉述型概要型的，接受的也非完整和眞正意義的斯賓諾莎哲學，而其意義主要在於「和國外的思想參證」，換言之，是又一次主觀整合型的「誤讀」。綜上所述，正是由哲學本質的異質性與接受形式的障礙，我們可以判定，斯賓諾莎並非郭沫若泛神論哲學的決定性因素。

與之相反，郭沫若與王陽明則有著更多哲學同質性。明中期，程朱理學已僵死，而生產力的發展又推動著唯物主義因素的出現和自由平等、個性解放的要求。王陽明出入佛老，引禪入儒，完成儒道佛三教的大整合，形成了傳統儒學的最高峰。同時又因爲他對個體體悟的強調，由禪宗的「見性成佛」、「呵佛罵祖」到自己的「人心中有個聖人在」、「依自不依他」，以及學生的「滿街都是聖人」，從而沖淡了程朱理學中的天理與天命意識，繼而成爲後世反專制和自由平等、個性解放的各種啓蒙哲學打開了閘門。黃仁宇論及這種危險說：「如果一個人把王陽明的學說看成一種單純的方法，施用於孔孟教條之前，就很可能發生耿定向所說的『未信先橫』，以爲自己的靈感可以爲眞理的主宰。其後果，則可以由於各人的個性和背景而趨向於泛神主義、浪漫主義、個人主義、自由主義、實用主義，甚至無政府主義。這也就是王學的危險之所在。它存在著鼓勵各人以自己的良心指導行動，而不顧習慣的道德標準這一趨向。」〔註46〕頗具叛逆性格的泰州學派、徐渭、公安三袁「性靈說」、李贄的「童心」說以及黃宗羲的哲學與政治學說，正是導源於陽明心學，〔註47〕「王守仁之後的劉宗周、黃宗羲、顏元，以及近代的康有爲、郭沫若等人都

〔註44〕 轉引自《哲學書簡：阿姆斯特丹來的磨鏡人》，浙江大學縹緲水雲間 BBS 校外版，http://freecity.tuling.com.cn/science/science-031.html
〔註45〕 郭沫若：《創造十年》，《郭沫若全集》文學編第 12 卷，人民文學出版社，1992年，第 66 頁。
〔註46〕 黃仁宇：《萬曆十五年》，三聯書店，1997 年，第 230 頁。
〔註47〕 參見劉輝平：《王陽明心學與明清之際早期啓蒙思潮》，《中州學刊》1994 年第2 期。

受王守仁的影響而產生泛神論思想」並發展了其唯物主義因素。〔註 48〕郭沫若與王陽明的同質性表現在，首先，主觀唯心論。主觀唯心論導引出的唯我論、主情論、唯意志論與西方尼采、施蒂納相結合，便形成了郭沫若的超人意識與個人無政府主義的叛逆與反抗。斯賓諾莎唯物主義的泛神論通向工具理性與異化，而王陽明唯心主義的泛神論則可能通向個人無政府主義。其次，三教合一。郭沫若對儒家「格致誠正、修齊治平」精神的繼承是明顯的，王陽明的「事上磨煉」「知行合一」更具指導意義；道家的崇自然、任個性影響也很明顯；而《鳳凰涅槃》的「涅槃」本就是佛家語，「一切的一，一的一切」的思想正是出自《六祖壇經》「一切即一，一即一切，去來自由，心體無滯，即是般若。」（《六祖壇經‧般若品第二》）郭的想自殺、要去當和尚，到天狗式的反抗，其實同是基於對世界虛無主義式的認識，所不同的是在消極遁世的虛無與積極入世的反抗式虛無間搖擺而已。前者是佛老的虛無，而後者則是經陽明心學的唯心論泛神論引導出的個人無政府主義式的虛無。其三，大同理想。王陽明雖未集中闡述其大同理想，但以至大至公相標尚，稱道堯舜之治，嚮往民胞物與、博施濟眾的治世，卻是處處可見。〔註 49〕近代許多無政府主義者也正是從王陽明哲學中找到了支持。劉師培「發蒙時受黃宗羲、王陽明諸啓蒙家影響」〔註 50〕，他在《中國民約精義》中說：「陽明著書，雖未發明民權之理，然即良知之說推之，可得平等自由之精理。今欲振中國之學風，其惟發明良知之說乎。」〔註 51〕而與之並稱「二叔」（申叔、枚叔）的「章瘋子」章太炎也是中國無政府主義的最早鼓吹者之一，他早年出於對理學的批判立場而批判王學，而晚年則重新發現和推重王陽明哲學中的「主觀奮鬥精神」。〔註 52〕郭沫若曾與章太炎同爲泰東書局《陽明全集》作序，而另

〔註 48〕 曾樂山：《試論王守仁的泛神論》，《學術月刊》1982 年第 8 期；另參見鄧艾民：《王守仁唯心主義泛神論的世界觀》，《中國哲學》第八輯，三聯書店 1982 年 10 月出版。

〔註 49〕 吳雁南：《王陽明的大同理想》，《貴州文史叢刊》1994 年第 2 期。

〔註 50〕 散木：《「卿本佳人，奈何作賊」的劉師培——關於他的「激烈」和「下水」》，《書屋》2001 年第 12 期，第 66 頁。

〔註 51〕 劉師培：《中國民約精義》，《國粹與西化——劉師培文選》，李妙根編選，上海遠東出版社，1996 年，第 48 頁。

〔註 52〕 姜義華：《章太炎評傳》，百花洲文藝出版社，1995 年，第 341～343 頁。另澳籍華裔學者謝櫻寧曾在《章太炎年譜摭拾》一書附的《章太炎與王陽明》文中，述及章氏晚年對王陽明的推重（轉引自李振聲：《作爲新文學思想資源的章太炎》，《書屋》2001 第 7～8 期，第 39 頁）。

一位作序者——太虛和尚則是無政府主義組織社會黨的組織者之一。郭沫若說：「在這兒我在王陽明學說中與近世歐西的社會主義尋出了一致點。王陽明主張『去人欲而存天理』，這從社會方面說來，便是廢去私有制度而一秉大公了。在這兒西方文化與東方文化才可以握手，在這兒西方文化才能生出眼睛，東方文化也才能魂歸正宅。所以在我自己是肯定孔子，肯定王陽明，而同時更是信仰社會主義的。我覺得便是馬克思與列寧的人格之高潔不輸於孔子與王陽明，俄羅斯革命後的施政是孔子所說的『王道』。」〔註53〕無政府主義正是五四前的「社會主義」學說之一。王陽明通過「心即理」來既高張主體精神的唯我論，又強調了致良知，這使唯我論與大同理想共存，而對於郭沫若來說，則是個人主義的「唯一者」、超人能與「社會主義」相共存，也為從個人無政府主義向無政府共產主義、乃至馬克思主義的發展提供了可能，而不是最終走向尼采式的個人主義毀滅。

故而，我們可以得出大膽的結論，郭沫若的泛神論正是在王陽明心學導引下，在綜合了中外眾多主觀唯心主義哲學後形成的唯意志論的一種獨特形式、個人無政府主義本體觀的一種獨特呈現。

除創造社團體內的個人無政府主義偏好、郭詩文中的個人無政府主義特徵外，他與朱謙之的交往亦大有深味。朱謙之，中國現代哲學史上一位百科全書式人物，五四時期個人無政府主義、虛無主義革命的代表人物。他早年是王陽明哲學的身體力行者，「我一天當中，兩點靜坐，靜坐是要體認『真我』……另外還看了王陽明的《傳習錄》。這些書前後都看了幾十遍，最得力的是王陽明的《傳習錄》。」〔註54〕尼采及超人哲學對其思想的重要影響，「自殺和革命這兩大思潮，差不多就佔了我生涯的大半」〔註55〕，在個人無政府主義思想之後，他轉向泛神論、唯情哲學、生命哲學的宣揚，以上種種，我們可看到他與郭沫若思想遭遇歷程的諸多相似之處，我認為，朱謙之可以成為破譯郭沫若泛神論哲學的一個方便的鑰匙。

郭沫若記載著二人初識的情形：「他從椅子上一跳而起，跳到我的面前，

〔註53〕郭沫若：《王陽明禮贊》，《郭沫若全集》歷史編第 3 卷，人民文學出版社，1985年，第 299 頁。

〔註54〕楊沒累、朱謙之：《虛無主義者的再生》，《無政府主義思想資料選》（下），葛懋春、蔣俊、李興芝編，北京大學出版社，1984 年，第 989 頁。

〔註55〕楊沒累、朱謙之：《虛無主義者的再生》，《無政府主義思想資料選》（下），葛懋春、蔣俊、李興芝編，北京大學出版社，1984 年，第 990 頁。

一雙手把我的手抓著。『——沫若，啊，你是沫若！』他那一雙有些可怕的眼睛就像要迸出火來的一樣」，「狂人」與「狂人」神交既久，一見面更要迸出火花。隨後，「謙之聽說我住在泰東，他也就決定把行李搬來同住。」〔註56〕朱謙之的《革命哲學》作爲「創造社叢書」第二種出版，郭沫若並爲之作序詩，題名爲《宇宙革命的狂歌》。「創造社叢書」一般都是創造社社員著作，然而社外的朱謙之《革命哲學》卻繼郭沫若《女神》列第二，還先於郁達夫的《沉淪》第三，可見他們共鳴之深。其後，二人相交甚密，在《創造十年》及《創造十年續編》中郭沫若詳細記載了應朱謙之之邀遊無錫的有趣情形。朱謙之是由個人無政府主義而轉向泛神論，這轉變中郭的作用是明顯的，「我因受了這些文學家的洗禮，漸漸覺得從前思想之非，而要向『美化』的路上去。《女神》出版，沫若先把校訂之本贈我，我現在的泛神宗教，安知不是受這位『女神』之賜呢？女神呀！我愛的女神呀！我望你惠然降臨，保祐我，親近我，使我文學因緣永遠無替！」〔註57〕朱謙之在所著的《周易哲學》中形成新的世界觀，六章內容中，第四章是「泛神論的宗教」，第五章是「美及世界」。〔註58〕所謂物以類聚，作爲愛憎分明個性張揚的人物，朱謙之可視爲郭沫若當時個性主義、虛無主義的另一個版本，二人的一見如故到共鳴和相互影響，也是郭沫若個人無政府主義質素得以證實和反映的一個證據，是個人無政府主義與泛神論哲學聯繫的一個證據。

三、走向「黨喇叭」〔註59〕

〔註56〕 郭沫若：《創造十年》，《郭沫若全集》文學編第12卷，人民文學出版社，1992年，第103頁。

〔註57〕 朱謙之交代他對郭沫若的認識：「我卻交了許多海內知名之士，最爲我愛重的是兩位文學家郭沫若和鄭振鐸二兄，一個是創造社的健將，一個是文藝研究會的編輯，一個是詩人，二個是提倡血和淚的文學者，他倆性情不相同，卻都是我的頂好朋友。猶憶我在惠山時，沫若同鄭伯奇來遊，我們邀同袁家驊等同往游泳，往年的樂趣，還躍然我的心目間呢抬」〔楊沒累、朱謙之：《虛無主義者的再生》，《無政府主義思想資料選》（下），葛懋春、蔣俊、李興芝編，北京大學出版社，1984年，第995頁。〕

〔註58〕 楊沒累、朱謙之：《虛無主義者的再生》，《無政府主義思想資料選》（下），葛懋春、蔣俊、李興芝編，北京大學出版社，1984年，第998頁。

〔註59〕 根據林林：《這是黨喇叭的精神》（《悼念郭老》，三聯書店1979年5月版，第149～169頁）中的記載並廣爲採信的是，郭沫若「甘作黨的喇叭」是在1936年初「國防文學」論爭時自己的說法。後林林又有文《黨喇叭外二題》（《郭

正是在王陽明心學導引下，郭沫若整合中外眾多主觀唯心主義哲學後形成自己獨特的泛神論世界觀，這種泛神論並非真正斯賓諾莎意義上的泛神論，而是唯意志論的一種獨特形式，是一種具強烈個人無政府主義色彩的「泛我論」，甚至「唯我論」。然而，這種統一只是表面和暫時的，其內裏仍潛伏著諸多矛盾因素，而正是這些因素的進一步發展孕育著新的質變。以往認為郭沫若在1923～1924年間開始走向馬克思主義，然而這種從世界觀到文藝觀上的劇變論的突兀向來引人疑竇，本文認為，郭沫若此時所走向的，尚非真正意義上的馬克思主義，而是無政府主義的另一個階段——無政府共產主義，這正是他最終通向馬克思主義的一個階梯。

20世紀初，在我國基本是將馬克思主義與無政府主義混為一談的，直到共產黨建黨後通過二者的大論爭其區別才明晰化。我們應該注意到，無政府共產主義，本身就是將個人主義的反抗與共產主義的集體主義理想揉和一體的矛盾體系，它具備「社會主義」色彩，在不少方面與馬克思主義亦具有親緣關係。無政府共產主義是小資產階級革命狂熱性的體現，甚至在無政府主義與馬克思主義決裂後，在馬克思主義陣營內，無政府主義的狂熱性仍時有體現，比如馬克思主義者長期與之鬥爭的黨內自由主義、個人主義、左傾幼稚病、盲動症等。郭沫若從個人無政府主義向馬克思主義的轉化間，無意識地但又幾乎必然和不可避免地中歷了無政府共產主義這一階段，如忽略這一階段，則這種轉化是生硬和難以理解的，這也正是以往對郭沫若轉化的理解的乏力處。考慮到這一因素的中介，則可將其劇變中的諸多因素統一起來，從中尋找各種細微因素的變遷以及它們對總變化的支撐。

（一）大同理想的變遷

在郭沫若保持了相當長時間的大同理想內部，卻包孕著不同階段的內涵。

郭沫若幼年時代便喜讀《史記》中《伯夷列傳》等，〔註60〕這便是《孤竹君之二子》中大同理想的萌芽。而家鄉的袍哥背景也同樣強化了這種理想。

沫若研究》郭沫若研究學術座談會專輯，文化藝術出版社1984年8月版，第40～45頁）進一步詳細回憶了這一史實。林林的詩《沫若師永在·2·讀〈歸國吟〉有感》（《郭沫若百年誕辰紀念文集》，社會科學文獻出版社，1994年12月第1版，第148頁）也提及「黨喇叭」一詞。

〔註60〕郭沫若：《我的童年》，《郭沫若全集》文學編第11卷，人民文學出版社，1992年，第92～94頁。

民間會黨往往以均貧富、平等互助的理想來召聚徒眾，這也正是早期無政府主義者致力於與會黨結盟的原因，他們認為會黨的存在是中國實行無政府共產主義的一個重要條件。劉師培就舉民間會黨的互助共財來說明「共產製易行於中國」。〔註61〕黃侃也曾記敘一件事說明了這一點：「張君（指張繼）數年前有《無政府主義》之譯，侃得之於武昌，適有事溯江西上，舟中取示會黨某君。其人見之，大為震動，謂侃曰：『此貧民之所以託命者也。』乞之而去。」〔註62〕

　　無政府主義所描繪的理想社會既為反權威反專制提供著終極誘惑，又與傳統文化中的大同理想相契合，引起了許多人對無政府主義的接納。在《女神之再生》、《鳳凰涅槃》中郭沫若都表示了對於未來理想世界的渴望，然而，那是一個怎樣的世界呢？郭沫若尚不能準確描繪，只能表達這種朦朧的意向。在《棠棣之花》中則對這大同世界加上了「均貧富、茹強權」，「自由」，在《孤竹君之二子》中加上了去國家、去禮教、去私產的限語，這仍只是朦朧的期待，但以個體為基礎的個人無政府主義式理想已開始顯露。而在面對日本無政府主義者大杉榮遺像寫下的《國家的與超國家的》（1923）一文中則鼓吹破除國界的世界主義，這種無政府主義理想更為明確。

　　在《馬克思進文廟》（1925）中郭沫若試圖將馬克思主義的「共產主義社會」與孔子的「大同世界」直接對話，讓馬克思感歎「我不想在兩千年前，在遠遠的東方，已經有了你這樣的一個老同志！你我的見解完全是一致的。」〔註63〕此時的郭沫若已自命為一個「徹底的馬克思主義的信徒」，〔註64〕他讓馬克思進文廟，大約也是想加強馬克思主義的「本土化」，然而此舉卻暴露出他所理解的馬克思主義的膚淺和含混，當時便有人質疑「孔馬二人的思想畢竟冰炭難容啦！」「馬克思哪能進文廟呢？」〔註65〕而郭沫若對此竟回答說「孔

〔註61〕劉師培：《論共產製易行於中國》，《國粹與西化——劉師培文選》，李妙根編選，上海遠東出版社，1996年，第259頁。

〔註62〕轉引自《中國近代的無政府主義思潮》，蔣俊、李興芝著，山東人民出版社，1991年，第11～12頁。

〔註63〕郭沫若：《馬克思進文廟》，《郭沫若佚文集》（上），王錦厚、伍加倫、蕭斌如編，四川大學出版社，1988年，第146頁。

〔註64〕郭沫若：《孤鴻——致成仿吾的一封信》（1924.8.9），《郭沫若全集》文學編第16卷，人民文學出版社，1989年，第8頁。

〔註65〕陶其情：《馬克思哪能進文廟呢？》，載《郭沫若佚文集》（上），王錦厚、伍加倫、蕭斌如編，四川大學出版社，1988年，第150～151頁。

子是王道的國家主義者，也就是共產主義者，大同主義者。」〔註66〕正因為這種含混膚淺又標榜是馬克思主義者，所以巴金才會在罵其為「馬克思主義的賣淫婦」後，又說他：「這確實是不懂馬克思主義的人說的話。」〔註67〕我們亦由此可以說，郭沫若此時假馬克思之名所接受的，實質是尚屬無政府共產主義的理想社會。固然，無政府共產主義與馬克思主義的終極理想十分相似，這也是二者一度能成為同路人甚至結盟的重要原因，但區別在馬克思主義對達到其最高理想有明確的路徑，因而稱為「科學社會主義」，而將無政府共產主義的理想仍稱之為「空想社會主義」。而郭沫若的將馬克思的「共產主義」與孔子的「大同」理想混為一談，則成為一個好的證據，說明他此時仍是無政府共產主義的「空想社會主義」，而非馬克思主義的「科學社會主義」。

郭沫若何時真正成為科學社會主義者尚難確定，但他的《國家的與超國家的》一文在《文藝論集》1930年改版中即已刪去，原因即在於「《國家的與超國家的》則因為無政府主義的傾向太濃厚了（年輕時，我有一個時期也曾傾向於無政府主義），故不願意再使謬種流傳。」〔註68〕從這一刪書事件中我們即可看出其變化。他對「大同理想」、空想社會主義的最終拋棄則在1936年的《君子國》〔註69〕中表現出來。「夜不閉戶」的君子國終在海賊的進入下而變質消失，這說明了郭沫若真正以唯物史觀來徹底清除掉唯心史觀下的空想社會主義。

（二）民粹與勞工觀的變遷

正是因為現實的醜惡才導致了以恨為基礎的否定一切的虛無主義式反抗，同時又因為恨的對立面——愛，而產生了個人主義——愛自己，民粹觀——愛勞動人民及勞工神聖與「到民間去」的呼喚。

正是對統治階級的鄙薄與憎恨，才讓郭沫若認識到勞動者的神聖和可敬可愛。郭沫若從小便與淳樸的勞動人民相接觸，而隨著在與種種權威鬥爭中對他們的失望與鄙棄，這讓郭沫若深感勞動人民的可敬可愛，並深感真正的

〔註66〕郭沫若：《討論〈馬克思進文廟〉》，《郭沫若佚文集》（上），王錦厚、伍加倫、蕭斌如編，四川大學出版社，1988年，第153頁。
〔註67〕巴金：《答郭沫若的〈賣淫婦的饒舌〉》，《百家論郭沫若》，成都出版社，1992年，第93頁。
〔註68〕郭沫若：《沫若文集》第10卷《前記》，人民文學出版社，1959年。
〔註69〕郭沫若：《君子國》，《郭沫若全集》文學編第16卷，人民文學出版社，1989年，第252～255頁。

力量之源是來自於勞動階級,這使他順理成章地喊出了與俄羅斯民粹派相同的口號:「我們到兵間去吧!／我們到民間去吧!／朋友喲,愴痛是無用,／多言也是無用!」(《朋友愴聚在囚牢裏》,1923.5.27)「到民間去」口號正是克魯泡特金在參加民粹派組織「柴可夫斯基團」時所發明的,他並因此而入獄。虛無主義可能讓人絕然地反抗,也可能讓人遁入消極的空門。不少無政府主義者如太虛大師、朱謙之等後來遁入佛門,便是從無政府主義的虛無抗爭轉向於佛門的虛無遁世。而郭沫若的虛無主義始終賦予他頑強的戰鬥精神,即便在革命受挫時也並未完全消沉,重要原因便在於他的民粹觀,在勞動人民中間去尋找力量之源,而這也正是導引他後來一步步轉向馬克思主義的原因之一。我們可以看到,這種民粹觀在他是一以貫之的,在 1926 年的《革命與文學》中,他仍然堅持道:「到兵間去,民間去,工廠間去,革命的漩渦中去。你們要曉得,時代所要求的文學是同情於無產階級的社會主義的寫實主義的文學。」〔註70〕這顯然可以證明走向馬克思主義中民粹觀的橋梁作用。

但在郭沫若對勞動階級的歌詠中,前後卻存在著不同的思想支撐。在最初的歌詠中,郭沫若是出於泛神論的自然觀與眾生平等觀的讚頌,因為田地裏的農人是地球母親的「孝子」,炭坑裏的工人是地球母親的「寵子」,農人、工人是同草木、蚯蚓一樣「自由地、自主地、隨分地、健康地」同地球母親親近著的,而這正是郭沫若從「泛我論」出發的自然觀理想的化身。在《三個泛神論者》中對莊子、斯賓諾莎、加皮爾的愛,也正因他們的 Pantheism,因為他們是靠自己勞動吃飯的人,這同樣印證了他勞動觀與泛神論的親密聯繫。而《雷峰塔下》中要去把鋤地老人「腳上的泥舔個乾淨」同樣是如此。

然而隨著對現實生活的進一步接近,這使他從昂首天外變成埋頭水平線下,轉向對底層人民生活困苦的關注,因而從初期對勞工神聖的初淺歌頌轉向為勞工權利而鼓吹鬥爭,如罷工、暴動。許多人包括郭沫若自己正是以此為證據認為成了馬克思主義者,然而,我們應當看到,對資本主義的批判,對勞工神聖的歌頌,對工人運動的重視正是無政府主義的一大特點,在中國它是先於馬克思主義傳播的,早期的工人運動主要是由無政府主義者在主導的,即便到 20 年代初的不少工人運動,也是共產黨與無政府主義派合作的(安共合作,又稱 AB 合作)。這也是此時工人運動中盲動主義占上風的一個重要

〔註70〕郭沫若:《革命與文學》,《郭沫若全集》文學編第 16 卷,人民文學出版社,1989 年,第 43 頁。

原因。〔註71〕郭沫若此時的勞工觀應是典型無政府主義特徵的罷工、暴動盲動症，在《一隻手》中這種簡單的革命「一夜成功」傾向是典型的，在其 1928 年最初發表的（下）部分中他更設想奪取了政權，建立了工人政府，而對工人政府的設計也正是典型的「暴動專家」巴枯寧屢次設想的。在 1957 年收入《沫若文集》時他將這盲動主義的（下）刪去了，但就是在（上）中，這種特色也仍是明顯的。

（三）革命的方法：暴力觀與無抵抗

反權威的恨與對自我、對人民的愛，成為一體雙面，這支撐著郭沫若的大同理想，而要實現這大同理想的方法，便是郭沫若採納了無政府主義式的「直接行動」暴力觀：鼓吹暗殺、流血。無政府主義者的暴力觀對 20 世紀初的中國影響甚大，因為不管主義如何，對待統治者的行動則是同一的，這也正是無政府主義先後與同盟會、國民黨、共產黨成為同路人的重要原因。同時，這種暗殺行為也與傳統文化中的俠文化、刺客傳統相溝通，令人更易於接受。郭沫若從小便喜讀《史記》中的《刺客列傳》，〔註72〕而幼年生活環境中的袍哥人物、英雄義氣的薰染又十分濃重，所以當其尚無集體、階級的反抗策略時，狂熱的反抗情緒將他導向於無政府主義個人暗殺行為，便也自然而然。《棠棣之花》中聶嫈鼓舞弟弟聶政：「不願久偷生，／但願轟烈死。／願將一己命，／救彼蒼生起！」而《哀時古調・八》中唱道：「博浪椎，／何處有？／荊軻今已死，／狗屠不可留。」同樣是在呼喚著刺客的出現。值得注意的是，這種暴力觀使他區別於無政府主義中的另一支——所謂溫和派，而讓他最終從個人的反抗走向馬克思主義的階級鬥爭說。

作為對舊社會抗議的一個重要方面，便是對不義戰爭的揭露和控訴，由此走向對和平的祈求，郭沫若在《女神之再生》、《棠棣之花》、《孤竹君之二

〔註71〕如毛澤東回憶說：「我讀了一些關於無政府主義的小冊子，很受影響。我常常和來看我的一個名叫朱謙之的學生討論無政府主義和它在中國的前景。在那個時候，我贊同許多無政府主義的主張。」「無政府主義者在工會當中也很有勢力，這些工會那時候已經組織成為湖南省勞工會。但是我們同無政府主義者達成妥協，並且通過協商，防止了他們許多輕率和無益的行動。」參見【美】埃德加・斯諾：《西行漫記》，董樂山譯，三聯書店，1979 年，第 127～128 頁，第 134 頁。

〔註72〕郭沫若：《我的童年》，《郭沫若全集》文學編第 11 卷，人民文學出版社，1992 年，第 92 頁。

子》等詩中都有著「非戰」「去兵」傾向。然而，另一方面，郭沫若又反對「無抵抗」的手段。在對托爾斯泰的態度上，這種矛盾得以集中體現。作爲無政府主義思想資源的一個重要來源，托爾斯泰對 19、20 世紀的俄羅斯、印度、中國都有很大影響。郭沫若就曾爲「反抗貴族神聖的文風，不得善終的托爾斯泰呀！」唱過「萬歲！萬歲！萬歲！」（《匪徒頌》）在《巨炮之教訓》中更直接稱頌兼愛、節用、非爭、克己無抗，稱頌托爾斯泰「哦，你的意見真是好！」即便他對托氏的教化文藝觀並不贊同，但也承認「托氏淑世的精神是可佩服的⋯⋯他那種反抗的精神，那種推翻一切、獨立自主的氣概，⋯⋯是可以使人崇拜的。」〔註 73〕然而托爾斯泰又成爲他無抵抗主義的批判靶子。他戲擬無抵抗主義者的口吻說：「我同你的主義畢竟不同，你的感情太強烈了。像我奉仰克魯伯特金與托爾斯泰的人是絕對不罵人的。」他認爲「如今的無抵抗主義者都是螃蟹先生」，「他們把一雙螯爪奉敬不是干犯你們，／是因爲螯爪味美，他們在自我犧牲。」〔註 74〕

實際上，這種和平—暴力手段的矛盾也正是無政府主義內部派別間的矛盾，即所謂溫和派和激進派的分別，這甚至也是許多無政府主義者一生不同階段中暴露出的矛盾和混亂。如克魯泡特金早年參加了民粹派組織，後來反對暴力，但第一次世界大戰時又支持祖國參戰。而他在中國的崇信者們同樣矛盾，中國無政府共產主義的倡導者劉師復自己便曾是暗殺的實踐者，「支那暗殺團」的組織者，一度還策反和領導過軍隊，但他後來又組織「心社」，倡導和實踐托爾斯泰主義式的道德修煉。又如在對待軍隊的問題上，劉師復「心社」戒約中便有「不作海陸軍人」之條，表露「去兵」「非戰」態度，然而很快，這種「無抵抗主義」面對現實的軟弱便暴露無遺，於是對軍隊的現實關注繼之而起，1919 年真理社的《兵士須知》便是專門針對士兵宣傳的，〔註 75〕而梁冰弦則說《軍人問題還要軍人自覺》，並說「我不止於希望軍人自拔，還要軍人救世。」〔註 76〕

〔註 73〕 郭沫若：《藝術的評價》，《郭沫若全集》文學編第 15 卷，人民文學出版社，1990 年，第 197 頁。

〔註 74〕 郭沫若：《無抵抗主義者》，《郭沫若全集》文學編第 16 卷，人民文學出版社，1989 年，第 166～169 頁。

〔註 75〕 《兵士須知》，《無政府主義思想資料選》（上），葛懋春、蔣俊、李興芝編，北京大學出版社，1984 年，第 389～397 頁。

〔註 76〕 雨極（梁冰弦）：《軍人問題還要軍人自覺》，《無政府主義思想資料選》（上），葛懋春、蔣俊、李興芝編，北京大學出版社，1984 年，第 425～429 頁。

　　之所以出現這種非戰—暴力的矛盾和混亂，這本源於無政府主義者狂熱的反專制、反權威的根本原則下的不同反應。當統治者以暴力和戰爭來壓迫人民時，對他們的反抗便出現了兩種形式，一方面是倡和平而非戰，另一方面則是以暴止暴，以戰止戰。正因為二者都是反抗的方法，所以才都為無政府主義者所用，儘管這導致了內部的混亂和矛盾。正因如此，才會出現在幾乎相同的時段裏，郭沫若既在倡導非戰去兵，又在鼓吹暴力義戰的奇怪現象。對無抵抗主義的批判既有馬克思主義立場的，也有無政府主義激進派立場的，郭的批判顯然向非出於馬克思主義階級論立場，而是屬於空洞和直覺的無政府主義激進立場。但這種立場畢竟為郭的最終轉向階級論提供了一個方便的橋梁。

（四）個人主義與集體主義

　　郭沫若思想從個人主義向集體主義的轉換是關鍵的。「我把我從前深帶個人主義色彩的想念全盤改變了。」〔註77〕在 1925 年《〈文藝論集〉序》中他也表達了犧牲自己的個性與自由以為大眾人請命的新觀念。但問題在於，集體主義的觀念就是馬克思主義的嗎？實際上，無政府共產主義正是以集體主義來批判個人無政府主義的。集體主義正是郭沫若從個人無政府主義轉向無政府共產主義，然後再通向馬克思主義的又一個橋梁。無政府共產主義與馬克思主義二者集體主義的區別在於是否是從唯物史觀出發，在嚴格有組織意義上去執行集團、階級意志。也正由此我們認為郭沫若 1924～1925 年間仍是無政府共產主義意義上的集體主義。而到 1928 年《桌子的跳舞》、《留聲機器的回音》中才真正進到馬克思主義意義上的集體主義，此時他對個人無政府主義的自我清洗和批判也才是真正有力的：「他們都是些很舒散的很舒散的個人無政府主義者。他們只是想絕對的自由。他們一點也吃不得苦……他們的奢侈欲望非常大，他們的自負心非常強，然而又不努力，結果在這社會上只成了一個虛飄的紙人。」〔註78〕郭沫若對無政府主義的一度鍾情和繼而拋棄，原因即在於他隨後登上馬克思主義的「寶筏」。「我以前只是茫然地對於個人資本主義懷著憎恨，對於社會革命懷著信心，如今更得到理性的背光，而不

〔註77〕郭沫若：《孤鴻──致成仿吾的一封信》（1924.8.9），《郭沫若全集》文學編第
　　　　16 卷，人民文學出版社，1989 年，第 9 頁。
〔註78〕郭沫若：《桌子的跳舞》，《郭沫若全集》文學編第 16 卷，人民文學出版社，
　　　　1989 年，第 55 頁。

是一味的感情作用了。」〔註79〕他還因此被同樣狂熱的無政府主義者巴金詬
罵為「馬克思主義的賣淫婦」。〔註80〕這倒是他進化的光榮了。

（五）唯美與功利

　　與文學研究會「為人生」主張相對，創造社「為藝術而藝術」的傾向是鮮
明的，而郭沫若鼓吹天才性靈，崇主觀崇個性成為其中的最強音。但敏銳者亦
發現矛盾：「從沫若詩與全集中之前一部分加以檢察，我們總願意把作者位置
在唯美派廢派詩人之間，在這上面我們並不缺少敬意。可是『反正前後』暗示
我們的是作者要作革命家，所以盧騷的自白那類以心相見的坦白文字便不高興
動手了。」〔註81〕無論就前期的唯美反功利色彩，還是後來的為政治服務，甘
當「留聲器」〔註82〕「黨喇叭」，都是那麼的極端，郭沫若及創造社前後其思
想的轉變之巨向來為人們所疑惑不解。早期郭對托爾斯泰的批判之一點即在於
「他把藝術活動完全認為教化的工具，甚至是傳教的工具。」〔註83〕他表示「我
只想當個饑則啼，寒則號的赤子。因為赤子的簡單的一啼一號都是他自己的心
聲，不是如像留聲機一樣在替別人傳高調。」〔註84〕然而1928年的《英雄樹》
及《留聲器的回音》則宣稱：「當一個留聲機器——這是文藝青年們的最好的
信條。」而在1947年的《盲腸炎題記》中他又回顧說；「二十多年前我也是喊
過『為寫作而寫作』過來的人，我可以斗膽的罵我自己：那只是幼稚的夢囈而
已。」〔註85〕

　　人們往往為了突出自己的一半而去反對自己的另一半。郭沫若的這種唯
美與社會功利觀的混亂與轉換看來令人茫然，但細一深究，是有著思想內在

〔註79〕郭沫若：《孤鴻——致成仿吾的一封信》，《郭沫若全集》文學編第16卷，人
　　　　民文學出版社，1989年，第10頁。
〔註80〕郭沫若：《賣淫婦的饒舌》，《沫若文集》第10卷，人民文學出版社，1959年，
　　　　第428頁。
〔註81〕沈從文：《論郭沫若》，黃人影編《郭沫若論》，光華書局，1931年，第15頁。
〔註82〕郭沫若：《留聲機器的回音》，《郭沫若全集》文學編第16卷，人民文學出版
　　　　社，1989年，第65～78頁。
〔註83〕郭沫若：《藝術的評價》，《沫若文集》第10卷，人民文學出版社，1959年，
　　　　第80頁。
〔註84〕郭沫若：《批評與夢》，《沫若文集》第10卷，人民文學出版社，1959年，第
　　　　110頁。
〔註85〕郭沫若：《盲腸炎題記》，《沫若文集》第10卷，人民文學出版社，1959年，
　　　　第399頁。

的統一性的。在早期的《論國內的評壇及我對於創作上的態度》中我們可以找到線索：「藝術本身是有功利性的，是真正的藝術必然發揮藝術的功能。」「總之，我不反對藝術的功利性，但我對於藝術上的功利主義的動機說，是有所牴觸的。或許有人會說我是什麼藝術派，但我更是不承認藝術中可以劃分出甚麼人生派與藝術派的人。藝術與人生，只是一個晶球的兩面。和人生無關係的藝術不是藝術，和藝術無關係的人生是徒然的人生。」〔註 86〕由此可見，郭沫若並非絕然的否認藝術的功利性，他那些充滿破壞—創造激情的詩文也不可能是脫離社會人生的躲入純藝術象牙塔中物，相反，他是承認藝術的功利性戰鬥性的，只是他反對傳統文藝觀中「文藝載道」式的對藝術的庸俗功利主義，倡個性、性靈正是與「文藝載道」相對抗，這本身即是有功利的。郭沫若所反對者，一是腐朽的「文藝載道」的庸俗功利觀，二是藝術的粗製濫造，他是要發揮藝術的「大用」〔註 87〕。無論其前的文學革命，還是其後的革命文學，都有無政府主義革命崇拜的狂熱性，不過前者重於思想、文藝領域，而後者的領域重於社會改造、政治革命。只有真正的藝術才能發揮「大用」，「但假使創作家純全以功利主義為前提以從事創作，所發揮的功利性恐怕反而有限。作家慣會迎合時勢，他在社會上或者容易收穫一時的成功，但他的藝術的成就恐怕就很難保險。」可見郭沫若對藝術性與功利性關係是清醒的，而這也幾乎成為他以後作「標語人」「口號人」「黨喇叭」的讖語。郭沫若本人對此後來也並非沒有認識，他聲稱「自女神以後，我就不再是一個詩人了」。

總之，正是以上這些諸多的矛盾保持了郭沫若思想不斷求索的活力，使他從個人無政府主義的泛神論泛我論，進到真正的馬克思主義去，二者中間的過渡階梯便是無政府共產主義。從「立人」意義上的哲學思考轉到社會政治的現實改造，這是從個人無政府主義向無政府共產主義轉化的根由；而無政府共產主義的唯心史觀空想性則又是導致自我混亂和推動其繼續進到馬克思主義的根由。即便在他自命為馬克思主義者後，其個人與創造社集體的革

〔註 86〕郭沫若：《論國內的評壇及我對於創作上的態度》，《沫若文集》第 10 卷，人民文學出版社，1959 年，第 106 頁，107 頁。

〔註 87〕郭沫若說藝術的「大用」是：「它是喚醒社會的警鐘，它是召喚迷羊的聖籙，它是澄清河濁的阿膠，它是鼓舞革命的醍醐。」郭沫若：《論國內的評壇及我對於創作上的態度》，《沫若文集》第 10 卷，人民文學出版社，1959 年，第 108 頁。

命文學中，仍保留了許多無政府主義性質的革命狂熱與虛無主義。

四、小結

　　郭沫若的思想進化是繁雜的，他在 20 年代前後的十年中幾乎可以說每一時段都是各種矛盾因素並存。它們既在各自獨立線條上發展，又有彼此相互干擾糾纏的影響，然而更多的是依靠郭沫若強大的主體整合力進行的「誤讀」，使它們既能以混沌無序、眾聲喧嘩的方式共存，又能最終彼此競爭克服和發展。也正因這種繁複性，郭的思想才反映出整個時代的全景，才成為進步文化的最終服膺者和實踐者。反映這種繁複性的一個例子便是在向成仿吾彙報他思想變化的重要階段——1924 年赴日本的情況：「你是曉得的，我此次到日本來的時候只帶了三部書來，一部是《歌德全集》，一部是河上肇的《社會組織與社會革命》，還有一部便是屠格涅甫的《新的一代》了。」〔註88〕這三部書都是對郭沫若發生著重大影響的書，分別代表了泛神論、民粹主義、馬克思主義三種思想資源，然而它們卻是在同時起著作用的，在翻譯《社會組織與社會革命》的同時也在翻譯著《新的一代》。正是這種繁雜錯綜，為我們梳理郭沫若的思想脈絡帶來極大困難，然而，也正是這種繁雜性，帶來了郭沫若文化巨人的無窮活力以及對於研究者的誘惑力，闡釋他就是在闡釋整個時代，在闡釋社會政治史和思想史的一個關鍵性階段。

　　我認為，郭沫若思想發展經歷了三次大的危機及嬗變。第一次是在初到日本留學期間約 1916、1917 年前後，他通過王陽明心學的導引，確立了帶個人無政府主義色彩的泛神論，這種泛神論是主觀唯心主義的唯意志論和「泛我論」。第二次是在 1923～1925 年間，通過翻譯河上肇《社會組織與社會革命》及屠格涅夫《新的一代》，二者的綜合，是形成了朦朧的馬克思主義與唯心史觀下的無政府主義的結合體——無政府共產主義，這是從泛神論向階級論，從唯心史觀向唯物史觀的過渡階段。第三次則是通過投身革命實踐，真正形成了較成熟的馬克思主義觀，這個時間大約在 1928 年前後。

　　認清無政府共產主義這個階段，是很重要的。正是因為這一步，使我們可以避免以往面對郭沫若從文學革命到革命文學「劇變論」的尷尬，亦使郭

〔註88〕郭沫若：《孤鴻——致成仿吾的一封信》，《郭沫若全集》文學編第 16 卷，人民文學出版社，1989 年，第 6 頁。

沫若及後期創造社的許多虛無主義、左的狂熱傾向得以解釋。儘管郭沫若聲
稱在 1924 年他便已是馬克思主義的信徒，然而，這應該是他開始接觸馬克思
主義的時間，而真正成為馬克思主義者則還要晚些。判斷這個時間的標準關
鍵在他階級論確立的時間和在實際行動中運用階級論的時間。郭沫若在《創
造十年》中回憶 1921 年 4 月到上海時的情形：「那時候我還沒有階級意識，
我只有民族意識。」〔註89〕此時他的思想武器是個人主義與民族主義。1921
年 9 月重回日本，在暫居李悶亭寓時，他記敘道：「那時我對於馬克思學說還
是門外漢」，李悶亭對他講馬克思主義的問題「我聽得也就千真萬確地沒有摸
著頭腦。他勸我讀河上肇的個人雜誌《社會問題研究》，我在當時並沒有感覺
著有怎麼的必要，他這個勸誘，我也沒有立地接受。」〔註90〕而寫作《女神》
時，「《女神》的序詩上，我說『我是個無產階級者』，又說『我願意成個共產
主義者』，但那只是文字上的遊戲，實際上連無產階級和共產主義的概念都還
沒有認識明白。」〔註91〕《女神》所支撐著的仍是個人無政府主義的泛神論。
這是第一階段。隨後，到 1924 年時，「從前的一些泛神論的思想，所謂個性
的發展，所謂自由，所謂表現，無形無影之間已經遭了清算。從前在意識邊
沿上的馬克思、列寧不知道幾時把斯賓諾莎、歌德擠掉了，佔據了意識的中
心。……但是馬克思列寧主義我是並沒有明確的認識的，要想把握那種思想
的內容是我當時所感受著的一種憧憬。」〔註92〕他此時仍未獲得階級論，而
是以從翻譯《社會組織與社會革命》獲得的社會主義知識促成了無政府共產
主義，從而對第一階段的個人無政府主義進行批判。也正因為此，他與郁達
夫等人的關係並未生疏，而仍一如既往地合作著，而他也表示了對蔣介石、
汪精衛的崇拜，〔註93〕又熱情地參加了北伐戰爭，因為這正是一個無政府主
義、三民主義、馬克思主義三種思想的合作運動，蔣對他的器重也可反證他

〔註89〕郭沫若：《創造十年》，《郭沫若全集》文學編第 12 卷，人民文學出版社，1992
年，第 89 頁。

〔註90〕郭沫若：《創造十年》，《郭沫若全集》文學編第 12 卷，人民文學出版社，1992
年，第 108 頁。

〔註91〕郭沫若：《創造十年》，《郭沫若全集》文學編第 12 卷，人民文學出版社，1992
年，第 147 頁。

〔註92〕郭沫若：《創造十年》，《郭沫若全集》文學編第 12 卷，人民文學出版社，1992
年，第 184 頁。

〔註93〕郭沫若：《創造十年續編》，《郭沫若全集》文學編第 12 卷，人民文學出版社，
1992 年，第 266〜267 頁。

當時仍非馬克思主義者。這是第二階段。正是北伐戰爭中的實踐令郭沫若進一步接受和確立了自己的馬克思主義信仰，從而在行動中與郁達夫的個人主義相對立，導致郁達夫的脫社。他在四‧一二政變後加入共產黨，此時，他的馬克思主義觀眞正確立起來。

馬雅可夫斯基與郭沫若的道路有許多相似之處，結合馬雅可夫斯基來看郭沫若會有許多新的發現。作爲同樣具有極端狂熱的無政府主義的革命傾向的詩人，馬雅可夫斯基從未來派詩人最終發展成爲無產階級革命的熾熱歌手。對馬雅可夫斯基的轉變論述最爲精當的仍要算托洛茨基：「知識分子通向革命的道路有許許多多……馬雅可夫斯基由最短的道路而來——騷亂的受跟蹤的名士派。革命之於馬雅可夫斯基是眞實的、不容懷疑的、深刻的體驗，因爲革命以自己的雷霆萬鈞之勢摧毀了馬雅可夫斯基所仇恨的東西，按馬雅可夫斯基自己的說法，他對這些東西恨猶未消，——這就是他的力量所在。馬雅可夫斯基的革命個人主義，狂熱地注入到無產階級革命中，但——不是與無產階級革命溶成一體。」〔註94〕這個論述可以同樣精當地解釋郭沫若。正是對舊社會的恨和個人主義、無政府主義的反抗使馬雅可夫斯基和郭沫若同未來主義等革命性的文學接近；而又同樣是因爲對於舊社會的恨使他們繼續親近和發展爲無產階級革命的歌手，拋棄個人主義和無政府主義成分，從文學革命（革命性的文學）走向革命文學；還是因爲這種激情使馬雅可夫斯基要「顯示出語言的招貼畫性質」，提出「社會訂貨」理論來作爲評判詩歌的標準，而郭沫若則更成了「標語人」「口號人」，從「匪徒頌」走向「黨喇叭」。

如同文藝界魯迅、周作人、郁達夫等人一樣，無政府主義對郭沫若來說，主要是在思想質素上的契合，而非原教旨意義上的直接接受，這是與政治派別上的無政府主義相迥異之處，也是他們往往對無政府主義這個名稱不以爲然的原因。因爲是他們自由選擇和支配了無政府主義思想成分，而非無政府主義思想支配了他們，他們保持了主體的獨立自由，也保持了批判和發展的空間。這其中，變遷最大的當算郭沫若，對自己的革命是痛苦的，這也正是郭沫若作爲文化巨子的痛苦和偉大，他正是作爲民族和時代文化的敏銳者而體驗和承擔著這樣的痛苦。

〔註94〕托洛茨基：《未來主義》，《十月革命前後蘇聯文學流派》上編，翟厚隆編選，上海譯文出版社，1998年，第108～109頁。

附：「藝壇上的無政府主義」：
未來主義與郭沫若

一

　　如同魯迅一樣，郭沫若的思想資源與自我選擇同樣精深博大，緊切時代脈搏而又富於變化。如何梳理這些資源的源流，把握他們吸收與改造這些思想資源的脈絡，這對於理解他們個人和理解時代都是至關重要和極富意義的。

　　對於郭沫若的文藝思想，爲了和文學研究會的「現實主義」對應，最初是採用浪漫主義標籤，又爲了和創造社內部郁達夫的頹廢一脈相區別，而稱之爲積極浪漫主義。但「浪漫主義」標籤畢竟太陳舊了，作爲「新的時代的肖子」，郭沫若及創造社與舊有的中外浪漫主義文學畢竟又有著鮮明的新質，於是，在浪漫主義前又有人加之一字「新」，但這「新」字卻明顯出現了分歧：一種認爲是傳統浪漫主義在新時代的延續與發展，而另一種則認爲是現代主義的代稱（茅盾即以「新浪漫主義」爲名向國內文壇介紹西方現代主義）。事實上，這兩種因素在郭沫若及創造社作家思想和創作中都是存在的。作爲郭詩的現代主義因子，已有人分別就他的象徵主義、表現主義成分作了分析。而郭詩的未來主義成分則成爲一個盲點。〔註1〕這是因爲有兩大阻礙：一、與象徵主義、表現主義相比，無論在國際國內，未來派都算是更爲短暫的曇花

〔註 1〕 朱壽桐在《情緒：創造社的詩學世界》（上海文藝出版社 1991 年版）一書第
　　　　 180 頁曾提到創造社「在未來主義方面，有郭沫若的詩歌創作嘗試」。在《郭
　　　　 沫若學刊》1997 年第 2 期上有《郭沫若對未來派的認識和評述》（袁荻湧），《樂
　　　　 山師範學院學報》2001 年第 6 期上有《郭沫若早期詩作的未來主義傾向》（田
　　　　 美麗）。

一現，如果說象徵主義、表現主義在國內還能稱爲流派的話，那未來主義無論就宣傳引進，還是接受和創作，都無法稱之爲一個流派，自然難以引起關注。二、更爲緊要的是，郭沫若曾在《未來派詩約及其批評》（1923.8）和《自然與藝術——對於表現派的共感》（1923.8）等文中，都明確表示了對未來派的批評。正是這兩重因素，阻礙了人們對郭沫若與未來主義關係的深入探究。

然而，細究郭沫若的創作文本、文藝理論主張，以及他和創造社前後期的發展歷程，都有著鮮明的未來主義色彩。「我是一個偏於主觀的人」，「我又是一個衝動性的人……我便做起詩來，也任我一己的衝動在那裏跳躍。我在一有衝動的時候，就好像一匹奔馬，我在衝動窒息了的時候，又好像一隻死了的河豚。」〔註2〕郭沫若強烈的情緒化、主觀化的個性特徵鮮明地體現在那些熾熱狂暴的詩句與小說文本中，也體現在他的文學到社會的主張上，這些都與未來主義有著相近之處。

跨越時空國界，歷史往往有著驚人的相似。在同樣的個人主義與無政府主義狂熱反抗中，馬里內蒂在宣佈未來主義創立的《未來主義宣言》中向舊的宗教、法律、道德、王權開戰；馬雅可夫斯基在「革命前綱領性的作品」《穿褲子的雲》中宣佈「打倒你們的愛情」、「打倒你們的藝術」、「打倒你們的制度」、「打倒你們的宗教」；而郭沫若則在《我們的文學新運動》中宣告：

　　　　我們反抗資本主義的毒龍。

　　　　我們反抗不以個性爲根底的既成道德。

　　　　我們反抗否定人生的一切既成宗教。

　　　　我們反抗藩籬人生的一切不合理的畛域。

　　　　我們反抗由以上種種所產生出的文學上的情趣。

　　　　我們反抗盛容那種情趣的奴隸根性的文學。〔註3〕

在對社會的全面否定反抗中，同時又混雜著唯美與功利、藝術與人生、狂熱與頹廢、崇尚權威又反抗權威、理性與非理性，以及個人與集群的混亂和矛盾。這實在是那個時代「革命」情緒的色彩駁雜的大培養基。

而作爲團體的發展，創造社與未來派同樣是一片大混亂大分裂。意大利

〔註2〕郭沫若：《論國內的評壇及我對於創作上的態度》，《沫若文集》第 10 卷，人民文學出版社，1959 年，第 105～106 頁。

〔註3〕郭沫若：《我們的文學新運動》，《郭沫若全集》第 16 卷，人民文學出版社，1989 年，第 5 頁。

未來派後來迅速分裂，在帕皮尼的《未來主義與馬里內蒂主義》中列出的二者區別多達二十條，右翼馬里內蒂從反法西斯到最終加入法西斯團夥，因爲「認爲借助墨索里尼能夠『實現未來主義最低綱領』」，而左翼帕拉迪尼、雷蒙迪諾等則走向與共產黨並肩作戰或加入了共產黨。〔註4〕俄蘇未來主義誕生之日起就有「自我未來主義」與「立體未來主義」的右與左之分，自我未來主義沉涵於消沉頹廢中，而以馬雅可夫斯基爲主導的立體未來主義則參加了十月革命後的蘇維埃新政權的政治鼓動工作，先後成立了「共產主義—未來主義」（康夫）派，「左翼藝術陣線」（列夫），新列夫，馬雅可夫斯基最後加入了「拉普」（俄國無產階級作協）。而創造社一開始也便有郭沫若的「積極浪漫主義」與郁達夫的「感傷派」之別，郭沫若1926年參加北伐戰爭，而此時的國共合作也因爲藉此可以實現「共產黨的最低綱領」。隨後，在大革命洪流中的中期創造社因爲政見的差異，〔註5〕郁達夫退出創造社。而後期創造社，在對魯迅的聯合與批鬥的問題上，成仿吾同由日本回國的新銳們與郭沫若又有了分歧，郭沫若因爲擔心「創造社的分裂」而放棄了己見，於是後期創造社、太陽社開始了對魯迅的圍攻，而張資平也分裂了出去。我們常說後期創造社的行爲是受了日本福本主義、蘇聯文壇拉普左的宗派主義影響，其實蘇聯文壇上馬雅可夫斯基爲代表的未來派一度也是大有居於主流之勢的。《在崗位上》主編之一Ｃ・羅多夫便批判道「在革命年代裏，當未來派自以爲幾乎能起到蘇俄官方藝術家的作用時」，〔註6〕而蘇聯的《簡明文學百科全書》中「未來主義」部分也講到「盧那察爾斯基曾發表文章，反對彼得格勒未來派既代表一定的學派，同時又代表政權講話的企圖。未來派自稱『國家藝術』的做法，他們在革命時期對待過去文化的變本加厲的虛無主義態度，在……中受到批判。」〔註7〕可見，未來派的虛無主義觀念曾在蘇聯文壇叱吒一時。創造社、太陽社對魯迅的圍攻重要原因之一即在於對文化的虛無主義觀念所

〔註4〕 呂同六：《意大利未來主義試論》，《未來主義 超現實主義 魔幻現實主義》，柳鳴九編，中國社會科學出版社，1987年，第15、23～24頁。

〔註5〕 郭沫若在《文學革命的回顧》（《郭沫若全集》16卷，第100頁）中說，這是「然而，在這時期中他們內部便自然之間生出了對立，便是郭沫若和郁達夫的對立，明白地說便是無產派和有產派的對立。」

〔註6〕 【俄】Ｃ・羅多夫：《列夫如何準備遠征》，《十月革命前後蘇聯文學流派》上編，翟厚隆編選，上海譯文出版社，1998年，第278頁。

〔註7〕 《十月革命前後蘇聯文學流派》上編，翟厚隆編選，上海譯文出版社，1998年，第172頁。

致，從蘇聯回國的蔣光赤身上的這種未來派色彩也同樣可謂濃厚。所以，不可否認，在左的文化判斷中，後期創造社同樣接受了蘇聯未來派的某些影響。

由此可見，無論個人的精神生活，還是文藝創作，甚至作爲團體的發展歷程，我們均可看出早期郭沫若與未來主義有著諸多的相似之處。

當然，本文並非認爲郭沫若便是一個純粹的未來主義者，實質上，便是俄蘇的未來主義也與馬里內蒂的未來主義區別迥異。馬雅可夫斯基便說：「評論家曾用這個名稱，來稱呼一切有革命精神的新東西。」「〔註8〕思想上我們和意大利未來主義沒有絲毫共同之點。共同的地方只是在材料的形式上的加工。」〔註9〕更何況郭沫若這樣一位文化巨人，他在古今中外各種思想資源中兼收並蓄，思想成分本就駁雜多變，更何況那個時代本就是個多變的時代。本文僅是認爲早期郭沫若及其主導下的創造社有著某些未來主義色彩的東西，從未來主義的角度來看待他們，將會有許多新的發現，以前疑惑不解的一些問題會迎刃而解，如郭沫若及創造社前後期的劇變問題等。事實上，隨著在1923～1924年間對馬克思主義的接受，郭沫若開始批判未來主義，這就是前面提到的《未來派詩約及其批評》等文章。

未來主義是一個短暫而又複雜的存在。人們對它多是毀大於譽。它常爲人們所提及的幾大基本特徵是：1.激烈地反傳統，激烈的破壞—創造精神。2.鼓吹機械文明，表現力的精神，動的精神，讚美速度。3.藝術形式上的「印刷革命」。4.謳歌戰爭，崇拜暴力。然而，未來主義畢竟是一個極端主義的現代思潮，它與眾多的主義有著親緣關係，作爲小資產階級幾乎所有狂熱情緒的大噴發，它成爲了多種文藝與社會思潮的大培養基。正是因爲這種狂熱與多頭緒，決定了它只可能是個中轉站，許多人都會在這裏短暫停留，然後又急著各找各的路。它激烈地反傳統，甚至近於歷史虛無主義；它激烈地反抗社會，又帶有鮮明的無政府主義色彩；而從文藝上來說，它本身脫胎於唯美主義、象徵主義，它「印刷革命」的實踐就帶有爲藝術而藝術的特徵；它激烈狂熱感情色彩的另一面又會體現在時時陷入感傷主義之中；而它最爲臭名昭著的是馬里內蒂爲代表的右翼最終走向法西斯主義。總之，未來主義是20

〔註8〕馬雅可夫斯基：《關於未來主義的一封信》,《十月革命前後蘇聯文學流派》上編，翟厚隆編選，上海譯文出版社，1998年，第134頁。

〔註9〕馬雅可夫斯基：《在「今日未來主義」討論會上的發言》,《馬雅可夫斯基全集》第四卷，人民文學出版社，1987年，第513頁。

世紀初的一個革命中轉站。它往往爲人們迅速拋棄和淡忘，但過去很多年後，它開始重爲人們所記起：「儘管未來派本身並沒有留下眾多具有古典價值的完美作品，抑或還有與未來派本旨相左的舉動，但未來派不愧爲 20 世紀先鋒藝術的故鄉，它那充滿熱情和能量的詩精神，在新興藝術的誕生過程中，作爲觸媒以及發酵的基因，起到了決定性的作用。」〔註 10〕意象派詩人龐德談道：「馬里內蒂和未來主義給與整個歐洲文學以巨大的推動。倘使沒有未來主義，那麼，喬伊斯、艾略特、我本人和其他人創立的運動便不會存在。」〔註 11〕「在象徵主義中，可以見出未來主義的萌芽。而在其後的現代派文藝中，從立體主義、結構主義到達達主義，從皮蘭德婁的怪誕劇到荒誕派戲劇，又可看出未來主義的影子。」〔註 12〕

　　未來主義在日本成爲先鋒派的總稱，同樣，在俄蘇，「實際上，俄國的未來主義將這一時期的先鋒派詩歌統統歸於一個牌號之下。」〔註 13〕眾多的歷史巧合併非偶然，而是有著內在的必然性。我國呢？郭沫若、創造社與它們既有著眾多的共振共燃點，潛隱著相近的發展軌迹，但這些潛在的未來主義因素並未釀成蓬勃的未來主義運動，這裏潛隱著許多有價值的、尚待發掘的因素。無論從思想上，還是從藝術探索上，郭沫若與未來主義的關係都是一座值得發掘的礦井。本文將分別分析郭沫若從文學的精神層面與文學的形式技巧方面受到的未來主義影響、他接受未來主義的內外原因、以及他最終對未來主義的批判。

二

　　「文學上各種新運動之發生，一方是社會背景和時代精神的反映，一方也是對於環境的反動。未來主義當本世紀初年在意大利勃興，可說完全是對

〔註 10〕【日】千葉宣一：《日本現代主義的比較文學研究》，葉渭渠編選，中國社會科學出版社，1997 年，第 58 頁。

〔註 11〕德·馬里亞編《〈馬里內蒂和未來主義〉序》，轉引自：呂同六：《意大利未來主義試論》，《未來主義 超現實主義 魔幻現實主義》，柳鳴九編，中國社會科學出版社，1987 年，第 43 頁。

〔註 12〕呂同六：《意大利未來主義試論》，《未來主義 超現實主義 魔幻現實主義》，柳鳴九編，中國社會科學出版社，1987 年，第 42～43 頁。

〔註 13〕【美】馬爾科夫：《俄國未來派宣言和綱領》序，《十月革命前後蘇聯文學流派》上編，瞿厚隆編選，上海譯文出版社，1998 年，第 158 頁。

於環境的反動。」〔註 14〕同其他現代派的產生一樣，馬里內蒂所開創的未來主義也以反抗和叛逆為特色。不少人認為同其他現代派一樣，未來主義也是現代機械文明的產物，是機械文明的受害者，反抗者，故而也同樣概之為「頹廢派」。這一判斷的前半部分「是機械文明的產物」不錯，而後半部分則明顯陷入了誤解迷沼之中。首先，它的產生背景與英法美不同。「未來主義之起於彌勒那。乃受壓迫於今日科學的器械的文明之力之所致也。此文明之力。既支配今日歐美文明諸國。而意大利獨背負羅馬以來之舊文明。營半經殘廢之生活。近世物質文明之力。竟不入北意大利之彌勒那以南。彌勒那之南。首都羅馬在焉。其端居法王之宮殿者。有憧憬臘丁文明之榮光。迷夢中世教權政治之夢想家。為臘丁文明榮光之奴隸。」〔註 15〕同是面對機械文明，歐美諸強在享其繁盛的同時也深受其害，故而在哲學領域興起對工具理性的批判，在文學領域興起現代派的頹廢與反抗。這均是從農業文明向工業文明轉型完成後的反思與反叛。然而意大利則不然，它可說是正處於文明轉型期之中，「因為意大利除了希臘之外，是歐洲最古的國。國人的腦筋，同我們中國人差不多，只曉得崇拜古人，新思想都被那歷史觀念吸盡了……所以引起了這種反抗力。」〔註 16〕正因此，當時的意大利主要任務並不在反思工業的機械文明，反倒是要迎接和鼓吹機械文明，反思傳統的農業文明，由此誕生了未來派的根本特徵：破壞舊文明，鼓吹機械新文明。馬里內蒂宣稱：「我們的目的是要切除這個國家肌體上生長著的由教授、考古學家、導遊者和古董商們組成的臭氣薰天的癰疽。」〔註 17〕破壞的目的是為了創造，創造是根本精神。因此《未來主義宣言》的頭兩條便是：

　　1.我們要歌頌追求冒險的熱情、勁頭十足地橫衝直撞的行動。

　　2.英勇、無畏、叛逆，將是我們詩歌的本質因素。

　　我認為，正是這種本質的破壞—創造精神使它異於「頹廢派」，而帶有從深層意義上的啟蒙主義色彩，這正是未來派是所有現代派中唯一歌頌「貪婪

〔註14〕　茅盾：《未來派文學之現勢》，《茅盾全集》第 32 卷，人民文學出版社，2001年，第 577 頁。

〔註15〕　章錫琛譯自日本《新日本》雜誌：《風靡世界之未來主義》，商務印書館《東方雜誌》11 卷第 2 號，1914 年 8 月。

〔註16〕　宋春舫譯介：《未來派戲劇四種》，商務印書館《東方雜誌》18 卷第 13 號，1921年 7 月 10 日，第 105 頁。

〔註17〕　【意】馬里內蒂：《未來主義的創立和宣言》，《未來主義　超現實主義》，張秉真、黃晉凱主編，中國人民大學出版社，1994 年，第 6 頁。

的吞進冒煙的長蛇的火車站」，歌頌「用縷縷青煙作繩索攀上白雲的工廠」，歌頌勞動的人群、建築工地、橋梁、輪船、機車、飛機等等機械文明的原因。

我們可以清晰地看到，未來主義的產生背景——古文化傳統下的轉型期，未來主義本質的破壞—創造精神，與中國的近現代背景和五四時代精神是多麼的類似。正是由於文明轉型期的類似背景，產生了未來主義精神接受屏幕的相似，破壞—創造精神的鼓吹使五四時代及郭沫若與未來主義產生了精神的跨時空耦合。聞一多最早精闢而全面地論及郭沫若的時代精神：「若講新詩，郭沫若君底詩才配稱新呢，不獨藝術上他的作品與舊詩詞相去最遠，最要緊的是他的精神完全是時代的精神——二十世紀底時代的精神。有人講文藝作品是時代底產兒。女神真不愧為時代底一個肖子。」〔註 18〕郭沫若自己企盼著「《女神》喲！／你去，去尋那與我的振動數相同的人；／你去，去尋那與我的燃燒點相等的人。」（《女神·序詩》）破壞—創造精神正是未來主義與郭沫若相等的燃燒點，而對現代文明下動的精神、力、科技的禮贊則是他們相同的共振數。

破壞猶如赴死，創造猶如新生，郭沫若的時代絕唱《鳳凰涅槃》正是這種赴死—新生、破壞—創造的雄偉交響曲。在對舊世界「茫茫的宇宙，冷酷如鐵！／茫茫的宇宙，黑暗如漆！／茫茫的宇宙，腥穢如血！」的詛咒中，鳳凰的破壞與慷慨赴死是徹底的：「身外的一切！／身內的一切！／一切的一切！／請了！請了！」而對創造、新生的歡欣鼓舞則在一片「翱翔！翱翔！／歡唱！歡唱！」數重的複沓中進入歇斯底里式的激越。《天狗》同樣是既要把月來吞了，把日來吞了，又要「我剝我的皮，我食我的肉，我吸我的血，我齧我的心肝」地破壞—新生。《浴海》乾脆叫道：「快把那陳腐了的舊皮囊／全盤洗掉！／新社會的改造／全賴吾曹！」

與實現破壞—創造相伴的在現實中自然需要有反叛、革命、鬥爭的匪徒。「二十世紀是個反抗的世紀。『自由』底伸張給了我們一個對待權威的利器，因此革命流血成了現代文明底一個特色了。女神中這種精神更是瞭如指掌。」〔註 19〕郭沫若說：「創造的前驅是破壞，否，破壞是創造工程的一部

〔註 18〕 聞一多：《女神之時代精神》，《郭沫若論》，黃人影編，光華書局，1931 年，第 95 頁。

〔註 19〕 聞一多：《女神之時代精神》，《郭沫若論》，黃人影編，光華書局，1931 年，第 98 頁。

分。」〔註20〕《匪徒頌》中高叫著:「一切政治(社會、宗教、學說、文藝、教育)革命的匪徒呀!/萬歲!萬歲!萬歲!」而《巨炮之教訓》也複沓高叫「為……而戰喲!」

破壞─創造是力的舞蹈,也是動的精神,這同樣是工業文明的鮮明特色。「他的詩裏有兩樣新東西,都是我們傳統裏沒有的:──不但詩裏沒有──泛神論,與20世紀的動的和反抗的精神。」〔註21〕「啊啊!不斷的毀壞,不斷的創造,不斷的努力喲!/啊啊!力喲!力喲!/力的繪畫,力的舞蹈,力的音樂,力的詩歌,力的律呂喲!」(《立在地球邊上放號》)《天狗》不斷地在「我飛跑,/我飛跑,/我飛跑」,《新生》也在「飛跑,/飛跑,/飛跑。/好!好!好!……」。「這種動的本能是近代文明一切的事業之母,他是近代文明之細胞核。郭沫若底這種特質使他根本上異於我國往古之詩人。」〔註22〕郭沫若不但在詩中直接高唱動的精神,而且還上陞到世界觀上的理性認識而在論文中反映出來。正是在這種動的精神的指引下,郭沫若對我國傳統文化精神進行了創造性的誤讀與吸納,使之迥異於大多數人對傳統文化「靜」的本質的歸納。在《中德文化書》中他認為:「假使靜指出世而言,動指入世而言,則中國的固有精神當為動態而非靜觀。」「我國的儒家思想是以個性為中心,而發展自我之全圓於國於世界,所謂『修身、齊家、治國、平天下』,這不待言是動的,是進取的。」道家「實則『無為』二字並不是寂滅無所事事,是『生而不有,為而不恃』的積極精神。」「老子的恬靜說是由這種思想所產生出來的活靜。活靜與死靜不同。活靜是群力合作的平衡狀態,而死靜則是佛家的枯槁寂滅。」在《中國文化之傳統精神》及《王陽明禮讚》中郭沫若又進一步發揮了這種積極進取精神的世界觀與人生觀。

除了對破壞─創造精神的謳歌外,郭沫若還直接表現了對現代科技文明的歌頌。「女神底詩人本是一位醫學專家。女神裏富於科學底分也是無足怪的。況且真藝術與真科學本是攜手進行的呢。然而這裏又可見出女神裏的近代精神了。」〔註23〕《日出》中將日出比作「哦哦,摩托車前的明燈!/你

〔註20〕 郭沫若:《我們的文化》,《郭沫若全集》第16卷,人民文學出版社,1989年,第79頁。

〔註21〕 朱自清:《論郭沫若的詩》,《中國新文學大系・詩集・導言》。

〔註22〕 聞一多:《女神之時代精神》,《郭沫若論》,黃人影編,光華書局,1931年,第97頁。

〔註23〕 聞一多:《女神之時代精神》,《郭沫若論》,黃人影編,光華書局,1931年,

二十世紀底亞坡羅！」《筆立山頭展望》更直接唱道：「大都會的脈搏呀！／生的鼓動呀！」「一枝枝的煙筒都開著了朵黑色的牡丹呀！／哦哦，二十世紀的名花！／近代文明的嚴母呀！」其他各詩中如「Ｘ 光線」「energy」等等現代科技詞彙同樣屢見不鮮。

　　然而，正如前面提及的狂熱革命激情的複雜性，除了破壞─創造精神是未來主義與郭沫若相等的燃燒點，對現代文明下動的精神、力、科技的禮贊是他們相同的共振數外，一些極端化思想的消極因素也成爲了郭沫若與未來主義一度的共振數，而這些又成爲郭拋棄它的理由。

（一）無政府主義：

　　「未來主義既不承認法律也不承認法典，既不需要法官也不需要警察，既不主張淫亂也不主張立貞節牌坊。未來主義是我們鞭策意大利懦夫們的皮鞭，是炸毀古老廢墟的炸彈。」〔註 24〕爲了極度的破壞─創造，未來主義者主張「離開鬥爭，就不存在美。任何作品，如果不具備進攻性，就不是好作品。」（《未來主義宣言》第 7 條）極度狂熱的破壞─創造總伴隨著無政府主義的傾向，未來主義以「藝壇上的無政府主義」而聞名，而郭詩此傾向同樣明顯。這是在尚未爲明確的科學理論指導和規範的社會革命的共性，也正是馬克思主義傳播過程中一直與之相生相剋的。「經驗表明，一切小資產階級的個人反抗，包括他們的個性解放要求，如果長期脫離正確的思想指導，是很容易走到無政府主義的歧路上去的。郭沫若的一些表現個性解放的詩篇，它的那種要求擺脫一切束縛、打碎一切枷鎖，推倒一切權威和偶像的狂熱呼喊，是帶有一定的無政府意味的。」〔註25〕郭沫若自己便說：「在《棠棣之花》裏面我表示過一些歌頌流血的意思，那也不外是誅除惡人的思想，很濃重地帶著一種無政府主義的色彩。」〔註 26〕他的《國家的與超國家的》一文在《文藝論集》1930 年改版中即已刪去，原因即在於「《國家的與超國家的》則因爲無政府主義的傾向太濃厚了（年輕時，我有一個時期也曾傾向於無政府主

　　　　第 99 頁。
〔註 24〕【意】馬里内蒂：《〈神曲〉是注釋家們玩弄的蛐蛐》，《未來主義　超現實主義》，張秉眞、黃晉凱主編，中國人民大學出版社，1994 年，第 25 頁。
〔註 25〕閻煥東：《鳳凰、女神及其他──郭沫若論》，中國人民大學出版社，1990 年，第 190 頁。
〔註 26〕郭沫若：《創造十年》，《郭沫若全集》第 12 卷，人民文學出版社，1992 年，第 147 頁。

義），故不願意再使謬種流傳。」〔註27〕從這一刪書事件中我們即可看出，郭沫若對無政府主義的一度鍾情和繼而拋棄，原因即在於他隨後登上馬克思主義的「寶筏」。「我以前只是茫然地對於個人資本主義懷著憎恨，對於社會革命懷著信心，如今更得到理性的背光，而不是一味的感情作用了。」〔註28〕隨之他開始對無政府主義思想的自我清洗和批判：「他們都是些很舒散很舒散的個人無政府主義者。他們只是想絕對的自由。」〔註29〕他還因此被同樣狂熱的無政府主義者巴金詬罵為「馬克思主義的賣淫婦」。〔註30〕這倒是他進化的光榮了。

（二）虛無主義：

未來主義徹底的破壞精神使他們拒絕一切文化傳統，要「摧毀一切博物館、圖書館和科學院」，〔註31〕而俄國未來派主張「把普希金、陀思妥耶夫斯基、托爾斯泰等等，從現代生活的輪船上扔出去」。〔註32〕中國新文化運動的歷史虛無色彩同樣是濃厚的，「打倒孔家店」，「選學妖孽」，到「不讀古書」論，全盤西化論，都是喧赫一時的理論。聞一多也指出《女神》的歐化傾向：「女神不獨形式十分歐化，而且精神也十分歐化了。」「我不知道他的到底是個什麼主張。但我只覺得他喊著創造，破壞，反抗，奮鬥底聲音，比——『倡道慈，儉，不敢先底三寶』底聲音大多了，所以我就決定他的精神還是西方的精神。再者他所歌謳的東方人物如屈原，聶政聶嫈，都帶幾分西方人底色彩。他愛莊子是為他的泛神論，而非為他的全套的出世哲學。他所愛的老子恐怕只是托爾斯泰所愛的老子。墨子的學說本來很富於西方的成分，難怪他也不反對。」〔註33〕

〔註27〕 郭沫若：《沫若文集》第 10 卷《前記》，人民文學出版社，1959 年。

〔註28〕 郭沫若：《孤鴻——致成仿吾的一封信》，《郭沫若全集》第 16 卷，人民文學出版社，1989 年，第 10 頁。

〔註29〕 郭沫若：《桌子的跳舞》，《郭沫若全集》第 16 卷，人民文學出版社，1989 年，第 55 頁。

〔註30〕 郭沫若：《賣淫婦的饒舌》，《沫若文集》第 10 卷，人民文學出版社，1959 年，第 428 頁。

〔註31〕 【意】馬里內蒂：《未來主義的創立和宣言》，《未來主義 超現實主義》，張秉眞、黃晉凱主編，中國人民大學出版社，1994 年，第 6 頁。

〔註32〕 【俄】布爾柳克等：《給社會趣味一記耳光》，《未來主義 超現實主義》，張秉眞、黃晉凱主編，中國人民大學出版社，1994 年，第 57 頁。

〔註33〕 聞一多：《女神之地方色彩》，《郭沫若論》，黃人影編，光華書局，1931 年，

　　儘管創造社的歐化及歷史虛無主義色彩十分濃厚，但相較於整個五四時代，郭沫若郁達夫對於傳統文化其實仍還算是較多尊重吸納的了。郭沫若便明確表示要崇拜孔子，從王陽明哲學中來修煉身心。當然，他這麼做並非國粹派的復古，而是西方動的精神指導下的「借古人的骸骨來，另行吹噓些生命進去」，是「文藝復興」式的對待傳統文化了。而郁達夫也表示「未來派的主張，有一部分是可以贊成的，不過完全將過去抹煞，似乎有點辦不到。譬如我們已經長成了一個人的中年者，來主張完全幼年時代割捨丟棄，那麼這主張貫徹了的時候，非要要求各個母親，生下來的孩子，都是三十歲以上的人不可，這事情那裏能夠辦到呢？」〔註34〕

　　如果說郭沫若等創造社作家對古代文明尚能以揚棄態度來批判地吸收，那麼對當時新文學陣營則表現出一種鮮明的虛無主義式的一概打倒。從《創造》季刊發刊詞上對於「壟斷文壇」首啓戰端始，「他們第一步和胡適對立，和文學研究會對立，和周作人等語絲派對立，在旁系上復和梁任公、張東蓀、章行嚴也發生糾葛。他們弄到在社會上成了一支孤軍。」從文壇「異軍」到「孤軍」，是因爲他們朝著「創造」、「建設」的目的，認爲「已經攻倒了的舊文學無須乎他們再來抨擊，他們所攻擊的對象卻是所謂新的陣營內的投機分子和投機的粗製濫造」，故而採取了「對於本陣營的清算的態度」。〔註35〕

　　而後期創造社則更虛無得厲害。《文化批判》創刊即聲言要對「中國混沌的藝術界」「作全面的批判」。成仿吾以「雄糾糾的最道地的湖南人惡罵」（沈從文《論郭沫若》）和「極左傾的兇惡的面貌」（魯迅《上海文藝之一瞥》）而被尊爲「黑旋風」；馮乃超在《藝術與社會生活》中一下子就點了「可以代表五種類的有教養的知識階級的人士」的名。他們「率先對新文壇既有的文藝觀，特別是其中的資產階級文藝觀，如初、中期創造社的某些文藝觀點，語絲社的趣味主義，新月派的人性論觀點，茅盾的某些小資產階級文藝觀點等等，進行清理和批判。」〔註36〕他們更發起了對魯迅的圍攻，高潮到了郭沫

　　　　第 115 頁。
〔註34〕郁達夫：《詩論》，《郁達夫文集》第 5 卷，花城出版社、三聯書店 1982 年聯
　　　　合出版，第 222 頁。
〔註35〕郭沫若：《文學革命的回顧》，《郭沫若全集》第 16 卷，人民文學出版社，1989
　　　　年，第 98 頁。
〔註36〕黃淳浩：《創造社：別求新聲於異邦》，社會科學文獻出版社，1995 年，第 198
　　　　～199 頁。

若化名杜荃的罵魯爲「封建餘孽」、「二重的反革命」。他們之所以如此，乃是因爲認爲時代變了，一切舊的文學都是「死去了的阿 Q 時代」（錢杏邨語）的文學，是封建階級、資產階級、小資產階級的文學，是落伍的陳舊的，故而要全部徹底打倒，來建設新的無產階級的文學，即要從文學革命發展到革命文學來。

　　郭沫若及創造社的這些批判固然有無產階級運動中左派幼稚病的因素、宗派主義因素，但與未來主義的虛無主義色彩是同樣契合的。

（三）感傷主義：

　　未來主義之所以被人誤稱作「頹廢派」，其實亦非空穴來風。狂熱的激情一方面表現在面對社會的破壞—創造精神，另一方面也就會表現爲陷入自我的迷惘與痛苦漩渦中，這二者實質是二位一體的。意大利未來主義詩人帕拉柔斯基的表白爲理解他們提供了一把鑰匙：「我的心靈之筆／僅僅描寫一個奇怪的字眼——／『瘋狂』。」「我的心靈的畫布／僅僅反映一種色彩——／『憂愁』。」「我的心靈的鍵盤／僅僅彈奏一個音符——／『悲哀』。」（《我是誰》）

　　同爲創造社作家的激情，郁達夫便是以感傷主義爲特色的。但郁達夫並非沒有面對社會人生的破壞—創造激情，同樣，郭沫若也並非沒有陷入自我的感傷情緒的表露。如《女神》對「死」的沉迷，單以「死」爲題的便有《勝利之死》、《死》、《死的誘惑》、《火葬場》等。「噯！／要得眞正的解脫嚇，／還是除非死！」（《死》）「我把你這對乳頭，／比成著兩座墳墓。／我們倆睡在墓中，／血液兒化成甘露！」（《Venus》）聞一多責怪道：「奇怪得很，北社編的新詩年選偏取了『死的誘惑』作女神底代表作之一。」「假若女神裏盡是『死底誘惑』一類東西，恐怕兄弟姊妹底心弦都被他割斷，智光都被他撲滅了呢！」﹝註37﹞而錢杏邨則判曰：「再有，那就是《女神》的詩歌有一部分是失敗了，《死》就是一個好例。」﹝註38﹞其實，簡單判之曰「失敗」是無效的，因爲這本就是他思想中潛隱著的一個質素，若表現了現代的感傷主義情緒，便是失敗，那郁達夫的全部創作都可概之曰失敗了。我們要深究其「爲什麼」，那便是這同樣表現了現代人靈魂世界之一部分。這一切只因爲我是「我的心

﹝註37﹞　聞一多：《女神之時代精神》，《郭沫若論》，黃人影編，光華書局，1931 年，第 105 頁，第 106 頁。

﹝註38﹞　錢杏邨：《詩人郭沫若》，《中國當代文學研究資料　郭沫若專集（1）》，四川人民出版社，1984 年，第 214 頁。

靈驅使的小丑」（帕拉采斯基著《我是誰》）。

（四）唯美與功利：

　　未來主義的產生是反唯美主義的。從一開始的矛頭直指教權、王權，到最後的左中右翼各奔前程，未來派始終主張積極參與社會鬥爭。「正像唯美主義是自然主義盛極後的反動一樣，未來主義是唯美主義盛極後的反動！唯美主義全不觸著實在的人生，未來主義與之極端相反；唯美主義讚美過去的古迹，未來主義要毀棄一切過去的和古的。」〔註39〕然而，這種「父」與「子」的奇特血緣關係，又使未來主義本身也具有濃厚的唯美主義色彩。在技巧上要求毀棄句法，用動詞的不定式，消滅形容詞、副詞、標點，名詞成雙重疊，廣泛類比……〔註40〕他們對詩歌的印刷革命，藝術形式的怪異都分明透露出鮮明的唯美主義、形式主義色彩。

　　與之類似，郭沫若同樣陷入了這種混亂中。與文學研究會「為人生」主張相對，創造社「為藝術而藝術」的傾向是鮮明的，而郭沫若鼓吹天才性靈，崇主觀崇個性成為其中的最強音。但敏銳者亦發現矛盾：「從沫若詩與全集中之前一部分加以檢察，我們總願意把作者位置在唯美派廢派詩人之間，在這上面我們並不缺少敬意。可是『反正前後』暗示我們的是作者要作革命家，所以盧騷的自白那類以心相見的坦白文字便不高興動手了。」〔註41〕

　　無論就前期的唯美反功利色彩，還是後來的為政治服務，甘當「黨喇叭」、「留聲器」，都是那麼的極端，郭沫若及創造社前後期思想的轉變之巨向來為人們所疑惑不解。早期郭對托爾斯泰的批判之一點即在於「他把藝術活動完全認為教化的工具，甚至是傳教的工具。」〔註42〕他表示「我只想當個饑則啼，寒則號的赤子。因為赤子的簡單的一啼一號都是他自己的心聲，不是如像留聲機一樣在替別人傳高調。」〔註43〕然而1928年的《英雄樹》及《留聲

〔註39〕茅盾：《未來派文學之現勢》，《茅盾全集》第32卷，人民文學出版社，2001年，第578頁。

〔註40〕【意】馬里內蒂：《未來主義技巧宣言》，《未來主義　超現實主義》，張秉真、黃晉凱主編，中國人民大學出版社，1994年，第14～18頁。

〔註41〕沈從文：《論郭沫若》，《郭沫若論》，黃人影編，光革書局，1931年，第15頁。

〔註42〕郭沫若：《藝術的評價》，《沫若文集》第10卷，人民文學出版社，1959年，第80頁。

〔註43〕郭沫若：《批評與夢》，《沫若文集》第10卷，人民文學出版社，1959年，第

器的回音》則宣稱:「當一個留聲機器——這是文藝青年們的最好的信條。」
而在 1947 年的《盲腸炎題記》中他又回顧說;「二十多年前我也是喊過『爲
寫作而寫作』過來的人,我可以斗膽的罵我自己:那只是幼稚的夢囈而已。」
〔註44〕

　　人們往往爲了突出自己的一半而去反對自己的另一半。未來主義與郭沫
若的這種唯美與社會功利觀的混亂與轉換看來令人茫然,但細一深究,是有
著思想內在的統一性的。在早期的《論國內的評壇及我對於創作上的態度》
中我們可以找到線索:「藝術本身是有功利性的,是眞正的藝術必然發揮藝術
的功能。」「總之,我不反對藝術的功利性,但我對於藝術上的功利主義的動
機說,是有所牴觸的。或許有人會說我是什麼藝術派,但我更是不承認藝術
中可以劃分出甚麼人生派與藝術派的人。藝術與人生,只是一個晶球的兩面。
和人生無關係的藝術不是藝術,和藝術無關係的人生是徒然的人生。問題要
看你的作品到底是不是藝術,到底是不是有益於人生。」〔註 45〕由此可見,
郭沫若從一開始並非絕然的否認藝術的功利性,他的那些充滿破壞—創造激
情的詩文也不可能是脫離社會人生的躲入純藝術象牙塔中之物,相反,他是
承認藝術的功利性戰鬥性的,只是他反對傳統文藝觀中「文藝載道」式的對
藝術的庸俗功利主義,倡個性、性靈正是與「文藝載道」相對抗,堅持這種
觀念本身即是有功利的。他是要發揮藝術的「大用」——「它是喚醒社會的
警鐘,它是召喚迷羊的聖籙,它是澄清河濁的阿膠,它是鼓舞革命的醍醐。」
〔註 46〕郭沫若反對的一是「文藝載道」的腐朽的庸俗功利觀,二來也是反對
藝術的粗製濫造,只有眞正的藝術才能發揮「大用」,「但假使創作家純全以
功利主義爲前提以從事創作,所發揮的功利性恐怕反而有限。作家慣會迎合
時勢,他在社會上或者容易收穫一時的成功,但他的藝術的成就恐怕就很難
保險。」可見郭沫若是清醒的,而這也幾乎成爲他以後作「黨喇叭」「標語人」
「口號人」的自評。郭沫若藝術的唯美傾向與功利觀間的矛盾看似混亂,實

　　　　110 頁。
〔註44〕郭沫若:《盲腸炎題記》,《沫若文集》第 10 卷,人民文學出版社,1959 年,
　　　　第 399 頁。
〔註45〕郭沫若:《論國內的評壇及我對於創作上的態度》,《沫若文集》第 10 卷,人
　　　　民文學出版社,1959 年,第 106 頁、107 頁。
〔註46〕郭沫若:《論國內的評壇及我對於創作上的態度》,《沫若文集》第 10 卷,人
　　　　民文學出版社,1959 年,第 108 頁。

質並非糊塗，而是有迹可循，在前期思想中並非捨功利而就藝術，而是藝術功利兼及，而後期則是功利佔了藝術的上風，由此，「既然詩人已經自願地降低了對自己詩歌的美學要求，既然不再考究把自己光芒四射的熱力聚在藝術形象的結晶體中，那麼這個時期的新詩就自然不能像我們談到的前期詩歌那樣在人們心胸里保持永久的激動的力量。」〔註47〕而郭沫若本人對此也並非沒有認識，他聲稱「自女神以後，我就不再是一個詩人了」，「我自己的本心在期待著：總有一天詩的發作又會來襲擊我，我又要如冷靜了的火山從新爆發起來」，〔註48〕然而畢竟是「詩多好的少」了。

　　總之，郭沫若在五四時代唯美與功利的混亂是時代使然，而「革命文學」後的功利壓倒藝術的變遷同樣是時代變遷使然，但功利與藝術的矛盾始終是存在的。

三

　　具體的詩歌創作中，郭沫若雖然並未像未來派那樣極端化地實行「印刷革命」，但一些未來主義詩藝的借鑒也是可以看到的，如「類比的大網」、超理性語言、簡略法等。最明顯的一條便是詩形上對「樓梯體」的借鑒。

　　「樓梯體」最先試用的是法國未來主義詩人阿波里奈，〔註49〕但真正使其大放光彩的是俄國「未來派之王」〔註50〕馬雅可夫斯基，我國詩人郭小川、賀敬之以之為師而創作了大量的優秀政治抒情詩。「俄國古典詩本來是格律詩，以『音步』（或稱『頓』）為節奏單位，每行音節數和輕重音的排列都有規定，有點類似中國的古典詩詞。而馬雅可夫斯基的詩卻很難填入古典詩的框框：他的詩包含著激烈的運動和跳蕩、突然的休止、鏡頭剪接和省略，還有純屬口語的對話和長短不一的新名詞……這樣的詩句怎麼能按固定音步走路呢？『樓梯詩』就是為適應其獨特風格而逐漸探索出來的。」看來，幾乎

〔註47〕 張光年：《論郭沫若早期的詩》，《中國當代文學研究資料　郭沫若專集（1）》，四川人民出版社，1984年，第396頁。

〔註48〕 郭沫若：《我的作詩經過》，《郭沫若全集》第16卷，人民文學出版社，1989年，第221頁。

〔註49〕 但也有人認為「樓梯體」是馬雅可夫斯基的獨創，如飛白就認為阿波里奈的不過是「圖案詩」。

〔註50〕 飛白：《鐳的提煉及其他》，《馬雅可夫斯基研究》，戈寶權主編，武漢大學出版社，1980年，第48頁。

完全同樣的特點與困境也面臨著郭沫若。「『樓梯詩』從詩的外形上鮮明地顯示出內在節奏來，其梯級向讀者提示了每一處停頓。有時是意味深長的停頓，有時甚至爲了突出某個字眼而一字一頓。」「古典格律詩給人以均勻感，而節奏變化不定的『樓梯詩』則給人以激盪感，它反映了馬雅可夫斯基所處的革命時期那種粗獷強烈的脈搏，充滿了波濤滾滾的『能量』。所以馬雅可夫斯基說：『節奏是詩的主要力量，主要能量。』這種『樓梯詩』使人不能輕吟慢詠，而只能擊節高歌，『樓梯』的級，就是擊節的『節』。」〔註51〕郭沫若的詩同樣是粗獷激越，適於朗誦，尤其以《女神》第二輯爲代表的詩，甚至是需要整個地喊叫著的，《鳳凰涅槃》、《天狗》、《日出》、《晨安》、《筆立山頭展望》、《立在地球邊上放號》、《我是個偶像崇拜者》、《匪徒頌》這些詩，若不是以喊叫來讀，那便根本不能體味其妙，不能入其「場」，因爲若沉思默想或輕歌慢吟那就只會覺得單調重複，一口氣憋不上來，鬱躁之氣而生。至今許多人憤然地說「郭沫若的詩，那也算是詩？」便是因爲他們不是以喊叫的方式來進入其中。這就像柳永的詞「只合十八七女郎，執紅牙板，歌『楊柳岸曉風殘月』」，而東坡詞則需要「關西大漢，銅琵琶，執鐵綽板，唱『大江東去』」一樣的道理。不斷地多重反覆，需要用最高音來喊叫，節奏性音樂性強，以這一點來說，郭沫若詩與現代的搖滾歌曲是有異曲同工之妙的。沈從文便說：「到現在，我們說創造社所有的功績，是幫我們提出喊叫方法的一個前輩，因喊叫而成就到今日樣子，話好像稍稍失了敬意，卻並不爲誇張過分的。」〔註52〕

　　但郭沫若並非是照搬嚴格的樓梯體，而是部分採用，如《匪徒頌》：
　　　　西北南東去來今，
　　　　　　一切××革命的匪徒們呀！
　　　　　　　　萬歲！萬歲！萬歲！
六節反覆，便是較爲嚴格的樓梯體，而《死》、《新生》、《海舟中望日出》、《上海印象》則並非用「三級樓梯」，而是「兩級樓梯」式。而《鳳凰涅槃》結尾的

〔註51〕飛白：《鐳的提煉及其他》，《馬雅可夫斯基研究》，戈寶權主編，武漢大學出版社，1980年，第40頁。

〔註52〕沈從文：《論郭沫若》，《郭沫若論》，黃人影編，光華書局，1931年，第11頁。

　　歡唱！

　　　歡唱！

　　　　歡唱！

是三級樓梯，而在其初版本中更有大量的二級式樓梯：

　　…………

　　光明便是你，光明便是我！

　　光明便是「他」，光明便是火！

　　　火便是你！

　　　火便是我！

　　…………

末段「鳳凰更生歌」的「鳳凰和鳴」1928 年版改削至五節，而初版本有十五節，郭沫若極其重視詩的節奏，曾在《論詩三劄》、《文學的本質》、《論節奏》等多篇文章中論述詩的內在韻律、詩的節奏，初版本中三級、二級樓梯兼用，那大約便是因爲在多達十五節的反覆中，需要不同的內在韻律、節奏來表達喊叫中的情緒之豐富變化吧。這樣的激情，這樣的喊叫，無怪乎郭沫若要用「破！破！破！／我要把我的聲帶唱破！」（《梅花樹下醉歌》）這樣的激越高亢才能表達其情了。

　　樓梯體只有火山爆發式的激越高亢的感情才相宜，而在《女神》之後，郭沫若「就不再是詩人了」，即便革命文學時的「標語人」「口號人」，也只是空洞的假激情，而詩情最是容不得虛假，所以樓梯體也便未再被郭沫若所用了。即便是在 1928 年再看《鳳凰涅槃》時，也再難復當初創作時的高亢激昂，所以對之進行了改削，末尾十五節變成五節，二級樓梯被取消，這樣固然更爲精鍊些，整飭些，但那激情的高度便已是降了個八度下來了。這個改詩是大有深意在其中的。

　　此後，郭沫若再涉及「樓梯體」至少有三次。一次是 1929 年翻譯馬雅可夫斯基的詩作；第二次是 1945 年訪蘇時，在《蘇聯紀行》中曾抄錄馬雅可夫斯基詩作，並親作一首嚴格意義上的「樓梯體」詩；第三次則是 1962 年《談詩》中說：「我認爲，『樓梯式』也可以試一下。」在當時中蘇交惡背景下，他「兩點論」式地說：「說不定扶住這『樓梯』上了天；也說不定扶住這『樓梯』下了地。」〔註53〕

〔註53〕 此段論述參見邱宗功《郭沫若前後評介馬雅可夫斯基史實述評》，《郭沫若學

四

如果說以上分析了未來主義與郭沫若間思想的合轍之處，那麼，這頂多只能算作是面對不同國度間的一些「巧合」，只能算作是一種平行研究式的分析，或者說，是一種以未來主義觀來分析郭沫若的「闡發」式研究。——因為到此為止，並無證據證明郭沫若是真正接受了未來主義的影響而如此的，所有這些相同或相似也有可能是僅僅因為文化語境的相似而出現的巧合。然而事實並非如此，事實上，郭沫若確曾接觸和接受了未來主義的影響。

中國現代文學受外國影響儘管也有歐美諸國的影響，但最直接和最重要的來源是日本與蘇聯。先看日本。郭沫若在《桌子的跳舞》中即指出：

中國文壇大半是由日本留學生建築成的。

創造社的主要作家是日本留學生，語絲派的也是一樣。

此外有些從歐美回來的彗星和國內奮起的新人，他們的努力和他們的建樹，總還沒有前兩派的勢力浩大，而且多是受了前兩派的影響。

就因為這樣，中國的新文藝是深受了日本的洗禮的。而日本文壇的毒素也就儘量的流到中國來了。〔註54〕

那麼，作為郭沫若的「第二故鄉」，當時的日本文壇到底是怎樣一番景象呢？在我國最早介紹未來主義的是章錫琛，他1914年8月的《風靡世界之未來主義》即譯自日本《新日本》雜誌的，文中對日本之未來主義介紹道：「日本近來一部青年文士畫家之間。亦主張未來主義。盛唱自我之絕對權威說。揚創造活動生命等之新名詞。亦一大可注目之現象也。」可見，未來主義在日本已頗具影響。然而，因我國學界對未來主義流派長期的忽視，而影響及對日本文學思潮的判斷，形成了盲點，忽略了未來派在日本巨大影響的事實。如葉渭渠的《日本文學思潮史》便說日本文壇最早出現的現代主義文學是30年代的新感覺派。〔註55〕然而日本著名詩人、比較文學研究家千葉宣一卻認

刊》，1997年第4期，第55～58頁。至於郭沫若在1962年《談詩》中說：「翻譯過來的一些（馬雅可夫斯基的）詩，我不喜歡，我沒有寫過『樓梯式』。」則顯見他要與未來派色彩徹底劃開界線的企圖。

〔註54〕郭沫若：《桌子的跳舞》，《郭沫若全集》第16卷，人民文學出版社，1989年，第54頁。

〔註55〕葉渭渠：《日本文學思潮史》，經濟日報出版社，1997年，第470頁。

為：「作為這種 20 世紀的美學和思想的先鋒主義的濫觴，高舉新興藝術運動火炬的是未來派。其詩歌精神對後來的新藝術派形式的形成起到催化和發酵的創始性作用，並對日本的先鋒詩運動的發展產生過決定性的衝擊和震動。」〔註 56〕《先鋒詩運動與大正詩的崩潰》一文的副標題即是「以未來派的歷史動態為中心」，可見日本人對未來派在日本的影響與地位的認識與我國學術界是如何的差異。〔註57〕早在 1909 年，2 月 20 日馬里內蒂發表了《未來派宣言》，而 5 月在日本即有森歐外譯出，繼後又分別出現多種日譯。〔註 58〕「這一事實證明對未來派問題的關心已超出今天的想像，說明它是如何強烈而又多麼積極地被引入日本。」〔註 59〕「特別是被謳歌為俄國未來派之父、在德國等表現派和未來派的發展中也起到主導作用的布爾柳克，於 1920 年秋流亡日本，與同伴伯克道爾‧帕里莫夫、巴拉布‧費阿拉一起，舉辦了『俄國未來派展覽會』。……對以未來派為主的歐洲先鋒運動懷著嚮往的年輕一代中產生轟動效應。把立體派、表現派、達達派等新傾向，一概被統稱為未來派。未來派作為先鋒的象徵名詞而被普遍使用，在日常生活中，甚至作為反常和粗暴行為的代名詞而流行。」〔註 60〕在對未來主義進行大量翻譯介紹的同時，日本本土化的未來主義創作及流派也破土而出。1920 年 10 月，日本最初的先鋒派宣言書——神原泰的《第一次神原泰宣言書》受「俄國未來派展」觀後的激情與焦躁的驅使而執筆，它幾乎可算是馬里內蒂宣言的翻版。〔註61〕1921年 12 月，被布爾柳克稱為日本的馬里內蒂的平戶廉吉在日比谷街頭散發《日本未來派宣言運動》傳單，「這作為現代詩史的起點，具有紀念意義」。〔註62〕平戶廉吉不斷發表未來主義詩歌、戲劇、論文，但卻於 1922 年 7 月早死。「平戶廉吉作為先鋒詩運動的旗手，親自宣告了未來派運動的開始，在沒有看到其最後結局就撒手人寰了，其光榮和悲哀，實在是典型的先鋒派殉教者的詩

〔註56〕 【日】千葉宣一：《日本現代主義的比較文學研究》，葉渭渠編選，中國社會科學出版社，1997 年，第 91 頁。

〔註57〕 千葉宣一《日本現代主義的比較文學研究》中文本是葉渭渠編選，但顯然他在自己著作中仍堅持了自己對日本現代主義文學判斷的舊說。

〔註58〕 千葉宣一書中第 58 頁說共有四種日譯，但在第 300 頁又說有六種日譯。這裏有出入。

〔註59〕 【日】千葉宣一：《日本現代主義的比較文學研究》，第 58～59 頁。

〔註60〕 【日】千葉宣一：《日本現代主義的比較文學研究》，第 61 頁。

〔註61〕 【日】千葉宣一：《日本現代主義的比較文學研究》，第 107 頁。

〔註62〕 【日】千葉宣一：《日本現代主義的比較文學研究》，第 109 頁。

的生涯。」〔註63〕

正是因爲鄰國日本的未來派活動，觸發了我國文壇對未來主義的注意和宣傳。前已提到，最早的章錫琛《風靡世界之未來主義》正是譯自日本雜誌，但對未來主義的大量關注還是隨著日本20年代初未來派活動的洶湧而起的。1921年5月10日《東方雜誌》18卷第9號發表馬鹿的《未來派舞蹈》，1921年7月10日《東方雜誌》18卷第13號發表宋春舫譯介的《未來派戲劇四種》，1921年9月30日《戲劇》發表《未來派戲劇二種》，1922年《小說月報》13卷9號發表馥泉翻譯的日本川路柳虹著的《不規則的詩派》。而最爲關注此的是茅盾，他在1922年七月末在寧波作《文學上各種新派興起的原因》演講，並於1922年8月12日至8月16日在《時事公報》上發表，1922年10月10日《小說月報》13卷10號發表《未來派文學之現勢》，平戶廉吉的死也引起了他的關注，在同期《小說月報》「海外文壇消息」上專門發表「日本未來派詩人逝世」。儘管後來魯迅概括說：「新潮之進中國，往往只有幾個名詞，……如什麼羅曼主義、自然主義、表現主義、未來主義……彷彿都已過去了，其實又何嘗出現。」〔註64〕但其將未來主義與羅曼主義、自然主義、表現主義並列，而這三者其實可都是在國內大有影響的，由此亦可見，未來主義確是引起了注意的。

而郭沫若，1914年到日本開始他的求學及文學生涯，從外界環境來說，日本未來派的潮流不可能不對他發生直接間接的影響。他自己也招認曾參觀過布爾柳克在日本的「俄國未來派展覽」；〔註65〕從內在需要來說，一則「求新聲於異邦」的焦灼使他主動探尋各種西方文藝新潮，如象徵主義、表現主義都可在其作品中看到痕跡，未來派不可能獨排之於外，二則未來派那種熾熱的破壞—創造精神、動的精神、入世精神正是和他一拍即合的。創造社之命名「創造」，很難說這些日本留學生就未受到日本未來主義鼓吹「創造」的語境影響。早在1920年，郭沫若曾敘及一段有趣經歷，他坐火車時念著立體派詩人 Max Weber 的詩，完全沉溺於詩的節奏中，以致車票飛出了窗外，下車追票而車又跑了。〔註66〕這也是他接受立體派、未來派作品影響的一個鐵

〔註63〕 【日】千葉宣一：《日本現代主義的比較文學研究》，第115頁。

〔註64〕 魯迅：《〈現代新興文學的諸問題〉小引》，1929年作，《魯迅全集》第10卷，人民文學出版社，1981年，第291～292頁。

〔註65〕 郭沫若：《未來派的詩約及其批評》，《沫若文集》第10卷，人民文學出版社，1959年，第124頁。

〔註66〕 郭沫若：《三葉集・郭沫若致宗白華》，《郭沫若全集》第15卷，人民文學出

證。郭沫若對未來派的熟知我們從其系列文章中亦可明顯看出。在《生活的藝術化——在上海美術專門學校講》中：「譬如現代繪畫中的後期印象派、未來派、表現派，我們都可以看出他們在努力表現動的精神。未來派畫馬不畫四隻腳要畫二十隻腳，畫運動不畫成直線要畫成三角形，這都是動的精神的表現。」〔註 67〕可見此時郭沫若對未來派是理解精當而又有讚賞之意的。而在《自然與藝術——對於表現派的共感》中亦多次論及未來派，更於 1923 年 8 月 27 日夜半來作了《未來派的詩約及其批評》一文。就像弗洛伊德對口誤的分析一樣，再三的提及未來派，暴露了郭對它的關注，我們可以看到，儘管郭沫若已對未來派頗多批判，但那更多是批判地接受的表現，從文章中我們仍可以看出，同時代人中，郭沫若是對未來主義理解最爲詳細和精確的，逐條開列，言簡意賅，把握精髓，這在他對外國思潮、詩人的介紹中是少見的，就對未來派宣言的翻譯來說，他在國內也是唯一的。縱觀郭沫若所有論著，只有對泰戈爾、歌德、波斯詩人莪默伽亞謨等極少數詩人的論述才有此詳盡的級別，而這些，都是對其思想及創作產生了決定性影響的人物。以郭氏著譯的一貫風格來看，他不感興趣的東西要讓他來花如此大功夫那是不可想像的。他翻譯惠特曼、泰戈爾、歌德的作品，分別使他進入了詩歌的三個時期，而後來的翻譯河上肇的《社會組織與社會革命》，更觸發了他對馬克思主義的接收和轉向。由是，亦可見未來派在郭沫若心目中的位置。

因此，我們可以肯定地說，郭沫若不但接觸到了未來主義，而且十分重視，並是有著某些「共感」的。

這裏有一個細節，即郭沫若對未來派宣言的翻譯，是轉譯自英文節譯本（亨利‧紐波得《英詩新研究》）。那麼他爲什麼不用日譯本呢？這值得考究。有幾種可能，一種是他至此並未看過日譯本，另一種是他看過日譯本但不甚滿意，當然還有一種可能是寫作時在國內身邊的材料只有紐波得的本子。據此，我們亦可推測，郭沫若儘管也直接接觸到了「俄國未來派畫展」，但他受未來主義影響，更多的是通過日本語境氛圍的間接影響，而最重要的是他與未來主義精神間諸多共同特徵的神合而一拍即合的，即他們是有著「相同的振動數」與「相等的燃燒點」。

版社，1990 年，122～124 頁。
〔註 67〕郭沫若：《生活的藝術化——在上海美術專門學校講》，《沫若文集》第 10 卷，人民文學出版社，1959 年，第 90 頁。

　　郭沫若能接受未來主義的影響，除了外在環境因素，內在也是有著哲學思想上的近親關係及社會革命的時代誤解因素在裏的。

　　在現代派文學共同的反理性主義哲學源流下，郭沫若與未來主義間本就有著親和性。尼采繼承叔本華的唯意志論，發展爲鼓吹個性、鼓吹權威的超人哲學，權力意志說，酒神精神說，成爲現代反理性哲學和現代派文學的共同起點。而尼采哲學對郭沫若及中國文壇的影響是巨大的，「我是個偶像崇拜者喲！」「我崇拜偶像破壞者，崇拜我！／我又是個偶像破壞者喲！」（《我是個偶像崇拜者》）「偶像」，權威者也。既反權威，又崇拜權威，這正是超人哲學的辯證觀。郭沫若那種昂首天外的個性主義、戰鬥姿態、無政府主義色彩，當時便被人目爲「狂人」，中國的狂人與未來主義的狂人自然是有惺惺見惺惺之意。同時，弗洛伊德開創的精神分析理論，柏格森的直覺主義都打開了人類的潛意識、無意識、直覺領域，成爲反理性運動的另一原動力。未來主義極端推崇超理性語言、直覺。「我高喊：野獸只憑嗅覺就行了，嗅覺，嗅覺！」〔註68〕「應當以攫取捕獲物質的本質」，「原動力是一種憑本能行事的新動物」。「生命深層的直覺反應一個接一個，蹦出一個一個的單字，隨著它們非邏輯的產生，在我們面前呈現出物質的直覺心理的概貌」，「我們將一起發明我稱之爲『自由不羈的想像』」。〔註69〕可見反理性主義、直覺主義哲學對其的支配性影響。而郭沫若小說中的弗洛伊德主義色彩的濃厚（如《骷髏》、《喀爾美蘿姑娘》、《殘春》等）早已有諸多自述和研究者論及，其詩中的直覺色彩、超理性色彩同樣鮮明。他的詩的公式是：詩＝（直覺＋情調＋想像）＋（適當的文字），「詩不是『做』出來的，只是『寫』出來的」成爲著名的觀點，在他看來，吹動詩人心湖的「這風便是所謂直覺，靈感，這起了的波浪便是高漲著的情調。這活動著的影響便是徂徠著的想像。」〔註70〕觀點如此，而實際創作也同樣如此。《地球，我的母親》寫作時他「赤著腳踱來踱去，時而又率性倒在路上睡著，想眞切地和『地球母親』親昵，去感觸她的皮膚，受她的擁抱。」《鳳凰涅槃》寫時「伏在枕上用著鉛筆只是火速的寫，全身都

〔註68〕【意】馬里內蒂：《未來主義的創立和宣言》，《未來主義　超現實主義》，張秉眞、黃晉凱主編，中國人民大學出版社，1994年，第4頁。

〔註69〕【意】馬里內蒂：《未來主義技巧宣言》，《未來主義　超現實主義》，張秉眞、黃晉凱主編，中國人民大學出版社，1994年，第18、19頁。

〔註70〕郭沫若：《論詩三箚·一》，《沫若文集》第10卷，人民文學出版社，1959年，第205頁。

有點作寒作冷，連牙關都在打戰。」〔註71〕《立在地球邊上放號》是立在海邊感受著巨浪的撲面衝擊而作，《雪朝》也是「應著實感寫的」，「在落著雪又刮著風的一個早晨」，「那正是一起一伏的律呂，我是感應到那種律呂而做成了那三節的《雪朝》。」〔註72〕郭沫若詩中那種隨處可見的數重的排比、反覆，那種狂暴激情下的詞句是不可能不受直覺支配的，而當這種直覺過後，如1928年的理性便要把1920年直覺下的《鳳凰涅槃》末段十五節改削至五節了。朱湘曾奇怪「郭君在一班的時候，對於藝術是很忽略的，誠然免不了『粗』字之譏。但有時候他的詩在形式上、音節上，都極其完美。就是用全副精神在藝術上的人，也不過能做到這種程度。」〔註73〕其實，無論郭沫若的「粗」還是「完美」，都是直覺下的結果。

除了尼采、弗洛伊德、柏格森這些共同思想資源外，郭沫若與未來主義的共振還有其「革命」精神、入世精神。

「有過那樣的年代，我們曾把西方現代主義文學一概斥之為頹廢、沒落甚至反動。本書所展示的『未來主義』和『超現實主義』這兩種流派的『革命色彩』，不啻是對我們當年『誤判』的一個諷刺。」〔註74〕「英勇，無畏，叛逆，將是我們詩歌的本質因素」。（《未來主義的創立和宣言》）未來主義的革命正是對20世紀時代「革命」情緒的感應，所以它一誕生，便迅速蔓延至繪畫、戲劇、音樂、舞蹈、雕塑、電影等諸多領域，橫掃歐美各國，而且它的革命不僅是在藝術領域，更是對整個社會生活領域的狂熱反叛。「未來主義的政治色彩是與生俱來的。在誕生之日，它就把抨擊的矛頭指向王權、教權以及由軍隊、警察、法庭等組成的國家機器，強烈地要求變革社會制度，寄希望於一個高度發達、充滿自由的『未來王國』。這種叛逆精神及熱情的幻想，理所當然地引起了廣大群眾的強烈共鳴。」〔註75〕未來主義者不僅有「革命」

〔註71〕郭沫若：《我的做詩經過》，《郭沫若全集》第16卷，人民文學出版社，1989年，第216、217頁。

〔註72〕郭沫若：《創造十年》，《郭沫若全集》第12卷，人民文學出版社，1992年，第83頁。

〔註73〕朱湘：《郭君沫若的詩》，《中國當代文學研究資料　郭沫若專集（1）》，四川人民出版社，1984年，第390頁。

〔註74〕《未來主義　超現實主義》序，張秉真、黃晉凱主編，中國人民大學出版社，1994年，第1～2頁。

〔註75〕《未來主義　超現實主義》序，張秉真、黃晉凱主編，中國人民大學出版社，1994年，第4頁。

的言論與主張，更有「革命」的行動。「革命」的活動，總不只是單方面的演出，而是「革命者」與「革命對象」合演的。馬里內蒂一生因各種激進行為而多次被捕，他和未來主義的傳播也一直是以激烈的辯論、鬥毆、拘捕、法庭審判等相伴而走向世界的。這種「革命」的主張、行動，烏托邦幻想的號召樹立起的便是一個堅定無畏的「革命者」形象，盧那察爾斯基便在 1920 年共產國際第二次代表大會上說：意大利有位革命的知識分子，即菲利浦·馬里內蒂。〔註 76〕正是在革命的旗號感召下，曾經與馬里內蒂大打出手的帕皮尼、索菲奇加入了未來派，因為他們「以為找到了真心願意更新意大利藝術與意大利精神的自由、新型的同伴」。〔註 77〕意大利共產黨創始人、馬克思主義理論家葛蘭西指出：「許多工人小組歡迎未來主義。有些工人小組（戰前）常常維護未來主義，使其免受職業作家與職業藝術家的攻擊。」〔註 78〕「戰爭前，未來主義在工人間是很普及的。《萊采巴》雜誌發行量達 20000 份，有五分之四是在工人中間發行的。」〔註 79〕「社會黨員、共產黨人和進步人士成為未來主義營壘裏的積極分子，這是許多人始料未及的。這一重要史實，也是我國評論界迄今完全忽略的。」〔註 80〕可見，未來主義當時是以激進的社會革命左派而為人們所接受的。正因為此，俄蘇成為意大利之外未來主義的第二個基地。「勞農俄國的藝術界幾乎為未來派一手包辦。未來派的理想和波爾箚維克主義的思想，在根本上有沒有什麼關連，未易一言斷定，亦有人說他們倆的根本精神是相反對的；但是就表面看來，破壞舊有制度的精神，卻是兩者相同的。這也許就是未來派能在勞農政府治下得勢的緣故。」〔註 81〕如果說郭沫若受未來主義影響主要是在日本，那麼茅盾對未來主義的關注則更多緣於俄蘇。

〔註 76〕《馬里內蒂年表》，《未來主義 超現實主義 魔幻現實主義》，柳鳴九編，中國社會科學出版社，1987 年，第 79 頁。

〔註 77〕【意】帕皮尼：《總結》，《未來主義 超現實主義》，張秉眞、黃晉凱主編，中國人民大學出版社，1994 年，第 43 頁。

〔註 78〕【意】葛蘭西：《馬里內蒂是革命家嗎？》，《未來主義 超現實主義》，張秉眞、黃晉凱主編，中國人民大學出版社，1994 年，第 54 頁。

〔註 79〕【俄】托洛茨基：《致函格拉姆談意大利未來主義》，《未來主義 超現實主義》，張秉眞、黃晉凱主編，中國人民大學出版社，1994 年，第 119 頁。

〔註 80〕呂同六：《意大利未來主義試論》，《未來主義 超現實主義 魔幻現實主義》，中國社會科學出版社，柳鳴九編，1987 年，第 19 頁。

〔註 81〕茅盾：《未來派文學之現勢》，《茅盾全集》第 32 卷，人民文學出版社，2001 年，第 581 頁。

正因為此「革命」的誤解，馬雅可夫斯基加入了未來派。我認為，馬雅可夫斯基與郭沫若的道路是有許多相似之處的，結合馬雅可夫斯基來看郭沫若會有許多新的發現。馬雅可夫斯基的成為未來派詩人與郭沫若的未來主義傾向便都是有著共同選擇的緣故。馬雅可夫斯基少年即入黨參加革命，是富有充沛的革命激情的。他後來之所以加入未來派，我想也正是因為未來主義這種極端狂熱的無政府主義的革命傾向的吸引。他唯一的一篇未來主義宣言《一滴柏油》中說：「今天大家都是未來派！人民是未來派！未來主義已經死死地抓住了俄羅斯。」「未來主義的聲音雖然在昨天由於有感傷主義的幻想還顯得軟弱，今天他一定會成為一種威力強大的鼓動。」〔註82〕也正因為這種革命的激情使馬雅可夫斯基最終發展成為無產階級革命的熾熱歌手。盧那察爾斯基說：「未來派首先幫助了革命，是所有知識分子中最接近革命的人，最同情革命的人。」〔註83〕而對馬雅可夫斯基這一轉變論述最為精當的仍要算未來派的批評者托洛茨基：「馬雅可夫斯基的接受革命，在俄國詩人中比誰都更為自然，因為這種信念是隨著詩人的全部發展過程而成長的。知識分子通向革命的道路有許許多多……馬雅可夫斯基由最短的道路而來——騷亂的受跟蹤的名士派。革命之於馬雅可夫斯基是真實的、不容懷疑的、深刻的體驗，因為革命以自己的雷霆萬鈞之勢摧毀了馬雅可夫斯基所仇恨的東西，按馬雅可夫斯基自己的說法，他對這些東西恨猶未消，——這就是他的力量所在。馬雅可夫斯基的革命個人主義，狂熱地注入到無產階級革命中，但——不是與無產階級革命溶成一體。」〔註84〕我以為，這個論述可以同樣精當地解釋郭沫若。正是對舊社會的恨和個人主義、無政府主義的反抗使馬雅可夫斯基和郭沫若同未來主義接近；而又同樣是因為對於舊社會的恨使他們繼續親近和發展為無產階級革命的歌手，拋棄個人主義和無政府主義成分，從文學革命走向革命文學；還是因為這種激情使馬雅可夫斯基要「顯示出語言的招貼畫性質」，提出「社會訂貨」理論來作為評判詩歌的標準，而郭沫若則更成了「標語人」、「口號人」。

〔註82〕 馬雅可夫斯基：《一滴柏油》，《十月革命前後蘇聯文學流派》上編，翟厚隆編選，上海譯文出版社，1998年，第127頁。

〔註83〕 【俄】盧那察爾斯基：《一勺解毒劑》，《十月革命前後蘇聯文學流派》上編，翟厚隆編選，上海譯文出版社，1998年，第160頁。

〔註84〕 【俄】托洛茨基：《未來主義》，《十月革命前後蘇聯文學流派》上編，翟厚隆編選，上海譯文出版社，1998年，第108～109頁。

五

然而畢竟郭沫若文章中對未來派作出了批判，對於確定二者關係來說，這是個難點，因爲這不但是翻案，還是翻郭沫若自己的案。在這些批判中，我們既要看到他早期接受未來主義影響的證據，又要看到他在接受馬克思主義後的轉變。

郭沫若對未來主義的批評，實質就一點：未來派是一種自然主義傾向的藝術。「自然派，象徵派，印象派，乃至新近產生的一種未來派，都是摹仿的文藝。」「未來派只是徹底的自然派」。〔註85〕

這是一個頗可奇怪的事，未來主義最鮮明的特徵，如破壞—創造精神，動的精神，無政府主義，虛無主義等等，這都是明擺著的，也是爲一般人所注目的，爲何郭沫若卻並不批評，而僅僅抓住自然主義一點來批評呢？其實，這也並不奇怪，前述諸點正是他們共同的振動數，相等的燃燒點，他自然不會批判的。從他的攻其細末而放過大頭來看，這似乎倒更可以作爲一個反證，即欲蓋彌彰地揭示出他對未來主義根本精神的共振之意了。

而且，便是這批評的一點，裏面也大有驚詫之處。作爲未來主義的一大根本特徵，便是反自然主義，這幾乎成爲公論。然而郭沫若獨獨要說未來派是一種徹底的自然主義，這裏，可以說郭沫若是有理解的偏差和表述的含混性的，或者說是有其特定含義，或特定環境下的所指的。

作爲現代派的共同特徵，便是反對自然主義式的摹仿論，而進到表現論。唯美主義的口號便是反對自然主義，而未來主義對唯美主義的反動，不在於要復歸自然主義，而是認爲唯美主義反自然主義反得還不夠徹底，甚至反著反著又走上了自然主義的老套。《未來主義畫家宣言》頭條便宣佈「一切模仿的形式必須受到藐視，一切創造的形式應該得到歌頌。」〔註86〕那麼郭沫若又是怎麼得出完全相反的結論來的呢？這需要全面地看未來主義和中國文壇及郭沫若思想中的混亂與矛盾成分。

首先，未來主義既是資產階級社會的叛逆者，同時又是從對工業文明的歌頌、對戰爭的謳歌而成爲資產階級社會的辯護士。因此，「馬里內蒂沒有也

〔註85〕郭沫若：《自然與藝術——對於表現派的共感》，《郭沫若全集》第 15 卷，人民文學出版社，1990 年，第 214 頁。

〔註86〕【意】博喬尼：《未來主義畫家宣言》，《未來主義　超現實主義》，張秉眞、黃晉凱主編，中國人民大學出版社，1994 年，第 31 頁。

不可能摧毀資產階級國家機器，倒是資產階級辯護士馬里內蒂在這裏打倒了資產階級叛逆者馬里內蒂！」〔註87〕同樣的混亂與矛盾也一樣爲郭沫若所有。他一方面是謳歌機械文明是「哦哦，二十世紀的名花！／近代文明的嚴母呀！」而另一方面卻又因爲回到上海的現實打破了他的現代文明迷幻之夢，因而開始詛咒這個現代大都市：「我從夢中驚醒了！／Disillusion 的悲哀喲！／／遊閒的屍，／淫囂的肉，／長的男袍，／短的女袖，／滿目都是骷髏，／滿街都是靈柩，／亂撞，／亂走。」（《上海印象》）而在《吳淞堤上》我們竟直接發現了「未來派」被貶的原因：「一道長堤／隔就了兩個世界。／堤內是中世紀的風光，／堤外是未來派的血海。／可怕的血海，／混沌的血海，／白骨翻瀾的血海，／鬼哭神嚎的血海……」對現代文明夢的代表——上海的幻滅和詛咒恨屋及烏，當郭沫若企盼著「Prometheus 的神手」時，未來派卻在肯定這「Pandora 的百寶箱」，自然便難逃其罵了。讚美機械文明—反抗資本主義醜惡面的矛盾既是郭沫若的矛盾，也同是未來主義的矛盾，而郭沫若的批判未來主義幾乎可以視爲是自己思想的一半對另一半的批判，是矛盾和進化的表現。

在進化的過程中，郭沫若是批評了未來派，那麼他是否由此就清除了未來主義色彩呢？否。從流派觀點來看，未來派反對象徵派唯美主義，但它本身也有明顯的象徵派唯美色彩，這是因爲它本身就是在象徵派養分裏發生出來的。而表現派同樣是吸取了未來主義的養分而生長的，當郭沫若表示「對於表現派的共感」時，批判未來主義並不足奇，而體現出未來派色彩也自然而然，因爲它們間的親緣關係本就交織不清。同時，更有一個特殊之處是象徵主義、未來主義、表現主義這些在西方歷時地更迭發生的思潮，對於中國來說，卻是一古腦同時湧入進來，共時地存在和共時地發揮影響，各派思想間是既批判又共享的，並沒有絕然的贊同或反對。如郭沫若同樣是對象徵派、印象派批評，但他的象徵派、印象派痕跡同樣是明顯的。即便是他所說的自然派、摹仿的文藝在他寫自傳、寫小說《橄欖》等中同樣也是不能排除的，而創造社的郁達夫一脈的自然主義傾向更是濃厚。

實際上，以郭沫若所說的那種「非『徹底的自然主義』」只可能是絕然地脫離開任何實際生活的文藝，而這是絕不可能存在的。因爲任何文藝都是在

〔註87〕 呂同六：《意大利未來主義試論》，《未來主義　超現實主義　魔幻現實主義》，柳鳴九編，中國社會科學出版社，1987年，第10頁。

人對現實生活觀感基礎上生發的。以郭沫若偏激的文風，出現這樣的錯誤，並不奇怪。在他批判的話語本身中就可找到反駁他觀點的有力證據。如他說：「宣言的外貌雖是離奇，而它的精神只消用一句話便可以表達，便是新的印象應該用新的表現。」要注意的是，這裏用的是「表現」而不是「再現」。「未來派的基礎只建築在人的感覺（Sensibility）上。」﹝註 88﹞這些都說明，他所說的「未來主義只是徹底的自然派」能成立嗎？郭沫若對未來派的總批判正是「今日之我反對昨日之我」，而具體這一文章中則又是「後半篇反對前半篇」。試問，不建築在人的感覺、表現的基礎上的文藝可能存在嗎？而至於說「未來派只是徹底的自然派，他們是只有魂、沒有魄的癡兒。他們把他們父親的財產東零西碎地鋪滿了一堂，沒有絲毫處理的手段」的批語，這在聲稱要摧毀一切博物院、圖書館，被譏為歷史虛無主義的未來主義者聽來，恐怕是絕想不到這是在批評他們的。

那麼，是不是說郭沫若就做了些到處漏洞的無用文章呢？亦非如此，這些文章的意義在於，一來表明了從反證角度可以肯定郭沫若對未來主義基本精神的共感，二來也表明了郭沫若思想的發展，即從對機械文明的讚美到現實的幻滅，從而逐步向馬克思主義的發展。以前對從文學革命到革命文學郭沫若及創造社的變臉大惑不解，一直認為郭沫若的思想轉變是翻譯河上肇的《社會組織與社會革命》促成的，然而從郭沫若對未來派的批評亦可看出一個無政府主義者向馬克思主義者發展的階梯，一個從昂首天外到埋頭水平線下的過渡證據。「未來派的接受一切物質文明的態度，雖是免去了冷病而為狂熱，但在這全地球絕了火種的時候，我們所需要是 Promethus 的神手，不是 Pandora 的百寶箱。在最近的將來或許有真的未來派發生，但不是瑪利奈蒂的過去派。」﹝註 89﹞這可以看作是以郭沫若、創造社為代表的一代知識分子從文學革命到革命文學、普羅文學巨變的恰切理由。

﹝註 88﹞ 郭沫若：《未來派的詩約及其批評》，《郭沫若全集》第 15 卷，人民文學出版社，1990 年，248 頁，249 頁。

﹝註 89﹞ 郭沫若：《未來派的詩約及其批評》，《沫若文集》第 10 卷，人民文學出版社，1959 年，第 127 頁。

第四章　安那其革命者到民主主義作家——「巴金道路」

「我不怕……我有信仰。」

這是巴金屢次強調的一個核心命題。問題在於，這信仰、這主義究竟是什麼？在現代作家中，巴金是唯一明確宣稱「我是一個安那其主義者」，並長期參與無政府主義實際政治生活的。相對於無信仰者的空虛來說，巴金的痛苦則在於這個信仰本身於歷史進程中的遭際。歷史是任人打扮的小姑娘，隨著成王敗寇式邏輯的推演，巴金的無政府主義信仰真面目也被從不同意願角度扭曲。有姚文元及文革欲置之死地的無限上綱式陷罪，也有好心的「革命民主主義」論者「為賢者諱」。在一元獨尊，革命／反革命二元對立邏輯下，這二者的出現均合乎此邏輯。然而，在歷史的多元並存真相與現實的多元籲求下，本著「對歷史謙卑的瞭解之同情」（陳寅恪語），我們可以認為，姚文元的立論基礎或許比「革命民主主義」論者更為堅實——即是，巴金是（或至少曾經是）一位無政府主義的堅定信仰者。從這一點來說，歷史又並不是一位任人打扮的小姑娘。在無政府主義者與反動的無政府主義者邏輯鏈條下，姚文元接受了前者也發展了後者，而「革命民主主義」論者則否定後者時也往往否定了前者。

在特定歷史文化背景下，儘管巴金的文學成就得以肯定，但其思想身份卻長期處於曖昧的尷尬中，以民主主義框架來硬套安那其主義成分，並由此掩蓋或者扭曲了對巴金個人思想以及作品理解中不少獨特問題的探究。一是身份之謎，他究竟是不是安那其主義者？他究竟為什麼而痛苦和怎樣走上從

文之路的？他爲什麼長期否認自己的文學家身份？二是風格之謎，爲什麼對他，浪漫主義激情與現實主義寫實風格同樣突出？三是《隨想錄》之謎，支持《隨想錄》思想的超越性和批判鋒芒的思想成分來自何處？

無政府主義的歷史變遷既爲巴金個人的政治、文化信仰以及文學創作歷程注入了獨特的成分，也爲其身份定位帶來了爭議，並由此形成研究中的不少遮蔽和模糊空間。在新時期巴金研究中，陳思和、李輝〔註1〕率先確定了巴金的無政府主義信仰成分，在文革結束後的背景下有破冰意義，其後艾曉明的《青年巴金及其文學視界》〔註2〕更深入一步地還原和剖析了早期巴金的安那其信仰。在無政府主義與積極的無政府主義信仰思路下，我們可以來還原眞實的巴金。

在現代作家中，巴金是唯一明確宣稱「我是一個安那其主義者」，同時也唯一長期參與無政府主義實際政治生活的。他的無政府主義生涯大約可分爲四期：第一期，1920 年到三十年代初，作爲革命家的李芾甘，是中國第三代無政府主義者的代表，〔註3〕其無政府主義信仰表現爲政治信仰，其身份則表現爲無政府主義戰士。第二期，三十年代中到四十年代，作爲文學家的巴金，此期，他離開無政府主義實際政治生活，但仍保留有作爲文化信仰的無政府主義元素，可稱爲無政府主義的同路人及同情者。第三期，1951～1977，無政府主義元素的清洗者與改造對象，他基本放棄了安那其信仰並融入時代文化主潮中，但文革「奴在心者」與「奴在身者」的經歷震撼他重新產生對「獨立思考」的恢復。第四期，1978 年後，即《隨想錄》時期，無政府主義積極文化元素與歷史記憶的復蘇期。亦即政治信仰期、文化信仰期、清除改造期、復蘇期。他從狂熱接受「原理的無政府主義」發展到重視實際問題的理性的「我的無政府主義」，在革命與文學的矛盾中從政治領域轉向文學領域，歷經建國後幾十年改造，他在《隨想錄》《再思錄》中重新復蘇了安那其元素下批判的鋒芒。

時至今日，對於巴金，尤其是早期巴金的安那其主義身份已經可以還原和確認，但是，巴金他在政治上有「我的無政府主義」，他的早期文學也可謂

〔註 1〕陳思和、李輝：《巴金論稿》，人民文學出版社，1986 年第 1 版。

〔註 2〕艾曉明：《青年巴金及其文學視界》，四川文藝出版社，1989 年第 1 版。

〔註 3〕蔣俊、李興芝：《中國近代的無政府主義思潮》，山東人民出版社，1991 年，第 285 頁。

是「無政府主義文學」，他從一位堅定的安那其革命者轉變爲一位文學家有著獨特的痛苦與轉換歷程，對於巴金政治信仰的獨特性、從文之路的獨特性的探討仍然是一片學術富礦。究其本而探其源，我們將首先發掘巴金的起點——其早期作爲安那其信仰的堅定性與「實際派」的獨特性：「我有我的無政府主義」。

一、作爲政治信仰的安那其革命者

（一）作爲政治信仰的安那其革命者

「從八年前我做了一個無政府主義者的時候一直到我將來死的時候，沒有一時一刻我不是一個無政府主義者……我是一個無政府主義者，一個巴枯寧主義者，一個克魯泡特金主義者。不但過去如此，現在如此，將來也永遠是如此。」〔註4〕「我在安那其主義的陣營中經歷了十年以上的生活。」〔註5〕1920 年，十七歲的巴金讀到克魯泡特金的《告少年》及廖・抗夫的《夜未央》，在無比的震撼與感動中，從此開始了無政府主義信義之路。1921 年，他成爲無政府主義團體「半月社」、「均社」成員，並開始發表第一篇文章——《怎樣建設眞正自由平等的社會》，隨後又籌備並編輯《警群》月刊，1922 年，參與創辦《平民之聲》周刊並主持編務。這段回憶，成爲後來《家》《春》《秋》中覺慧、覺民的生活經歷。1923 年，赴上海，1924 年發表《芾甘啓事》向全國搜求歷年安那其主義書報，這等於向全國公開宣示自己的安那其主義身份。1927 年，赴法——無政府主義國際活動中心，系統研究無政府主義理論，並積極參與和評論國內外無政府主義活動，營救薩珂、凡宰特等，1928 年底，回上海。1930 年，發表《從資本主義到安那其主義》，成爲中國唯一一部無政府主義理論系統論著。同期，自 1927 年始，寫作革命三部曲（《滅亡》《新生》《死去的太陽》），愛情三部曲（《霧》《雨》《電》），至 1933 年 12 月《電》寫完，1934 年 4 月發表，巴金的無政府主義戰士期結束，1934 年赴日則成爲結束的正式標誌。

〔註4〕巴金：《答誣我者》，《巴金全集》第 18 卷，人民文學出版社，1993 年，第 180 頁。
〔註5〕巴金：《〈從資本主義到安那其主義〉序》，《巴金全集》第 17 卷，人民文學出版社，1991 年，第 5 頁。

　　巴金對無政府主義的接受可分爲接受狂熱期到理智研究期的轉化。這個分水嶺大約在 1926、1927 年，前期可稱爲克魯泡特金、高德曼等人「他們的無政府主義」「原理的無政府主義」，而後期則面向現實實際而發展出「我有我的無政府主義」：「我在寫《滅亡》以前和以後常常稱自己爲『無政府主義者』。……但是我更喜歡說我有我的『無政府主義』。……我坦白承認我的作品裏總有一點外國『無政府主義』的影響，但是我寫作時常常違反這個『無政府主義』。我自己說過『我是一個中國人。有時候我不免要站在中國人的立場上看事情，發議論』。」〔註 6〕這個「我的無政府主義」使巴金認識到「我慢慢發現無政府主義不能解決矛盾，不能解決我的問題，我不滿足了，感到那是一條不切實際的路，但一時又找不到新的路。」〔註 7〕「我後來也發現，無政府主義是空的，怎樣推翻人吃人的社會，怎樣實現人民的理想，它也沒有辦法。」〔註 8〕「我的無政府主義」理智認知下的痛苦成爲巴金後來逐步遠離無政府主義政治鬥爭營壘的關鍵，也成爲促使巴金以文學來傾吐情感，並終成爲文學家的原動力。但考究 1920 年始的十年間，巴金作爲政治信仰的無政府主義特徵則是典型的：

1、追求絕對的自由、平等，反對一切束縛

　　巴金的第一篇文章《怎樣建設眞正自由平等的社會》即展示了這個來自「他們的無政府主義」特徵，「安那其才是眞自由，共產才是眞平等」，「沒有政府、法律，這才是眞正的自由；沒有資產階級，這才是眞正的平等。」〔註 9〕這便是克魯泡特金、「精神的母親」高德曼、以及「吾師」凡宰特所給予巴金的精神資源。其後，他又分別詳細闡明了反對一切政府、私產、宗教、法律等絕對自由的束縛物，這其中，亦包括國家。這些都正是無政府主義思想最基本與本質的特徵，也正是巴金跨入國內無政府主義陣營的典型體現。

　　這其中，鑒於時處民族與國家救亡的危機，而這也正是橫掃國內思想界

〔註 6〕巴金：《談〈滅亡〉》，《巴金專集（1）》，江蘇人民出版社，1981 年，第 418～419 頁。

〔註 7〕巴金：《巴金訪問薈萃》，《巴金全集》第 19 卷，人民文學出版社，1993 年，第 673 頁。

〔註 8〕巴金：《巴金訪問薈萃》，《巴金全集》第 19 卷，人民文學出版社，1993 年，第 674 頁。

〔註 9〕巴金：《怎樣建設眞正自由平等的社會》，《巴金全集》第 18 卷，人民文學出版社，1993 年，第 2 頁。

的核心命題，成爲促使許多人發展嬗變的基本推動力，故對國家與愛國主義
的態度尤其值得關注。對愛國主義態度巴金前後有明確轉變。「原理的無政府
主義」反對一切國家，也自然反對愛國主義，即便馬克思主義的「工人無祖
國」也正是社會主義陣營共同要求以階級聯合衝破地域的國界與階級的國家
限制的體現。初接受無政府主義的巴金也正是由此而反對愛國主義的，1921
年《愛國主義與中國人到幸福的路》本於「戰爭之起源，卻是由於『愛國』」、
「自從『獸欲時代』產生了國家後，就有所謂『愛國主義』出現，其原因，
無一處不是作僞、自私、自利」〔註10〕的原因，他以「『愛國主義』是人類進
化的障礙」而要反對，「我的意思以爲愛國主義的發達，決不能使中國人享幸
福，只有使中國人越受痛苦。」〔註11〕而 1928 年《祖國——「窮人的話」之
一》中同樣論述了「工人是無祖國的」，「只有資產階級才有祖國，凡是拿愛
國的話來騙我們的都是我們的敵人，我們就要先打倒這些騙子。」〔註12〕對
這筆帳巴金在老年時一方面歸納自己的思想說「我思想中愛國主義、無政府
主義、人道主義都有」，另一方面又承認「我年輕時本來不主張愛國主義、人
道主義的，那時想，愛誰的『國家』呢？人道主義也不能解決問題。」〔註13〕
巴金晚年曾回憶說：在十二三歲時「我那個時候是一個狂熱的愛國主義者。
後來我相信了無政府主義，但愛國主義始終丟不掉……」〔註14〕「十二三歲
時」的前半句可能屬實，但後半句「始終丟不掉」則與其他回憶相矛盾，且
不合受無政府主義主宰時的實情，或者說情感上屬實，而思想認識上則有一
度的對愛國主義的否定。對愛國主義認識的改變，正是「實際問題」——日
軍入侵的現實令他檢討無政府主義絕對目標的虛妄，而重新培育起巴金愛國
的激情，重拾愛國主義的武器。「比如愛國主義，過去無政府主義者反對愛國
主義，但是我後來又是一個愛國主義者。並不是我要有愛國主義就有愛國主
義，而是通過實際，在生活的經歷上，看到帝國主義對我們的侵略，人民受

〔註10〕巴金：《愛國主義與中國人到幸福的路》，《巴金全集》第 18 卷，人民文學出
　　　　版社，1993 年，第 15 頁。

〔註11〕巴金：《愛國主義與中國人到幸福的路》，《巴金全集》第 18 卷，人民文學出
　　　　版社，1993 年，第 16 頁。

〔註12〕巴金：《祖國——「窮人的話」之一》，《巴金全集》第 18 卷，人民文學出版
　　　　社，1993 年，第 158 頁。

〔註13〕巴金：《巴金訪問薈萃》，《巴金全集》第 19 卷，人民文學出版社，1993 年，
　　　　第 674 頁。

〔註14〕巴金：《絕不能忘記》，《隨想錄》，三聯書店，1987 年，第 150 頁。

到欺侮，自己也深受其害，才意識到原來中國人連最起碼的權利都沒有，這樣就覺得要愛護自己的祖國，要反抗外敵的入侵。」〔註15〕在 1937 年《只有抗戰這一條路》中巴金「我的無政府主義」觀是「有人說安那其主義者反對戰爭，反對武力。這不一定對。倘使這戰爭是爲反抗強權、反抗侵略而起，倘使這武力得著民眾的擁護而且保衛著民眾的利益，則安那其主義者也參加這戰爭，而擁護這武力。」〔註16〕而《給山川均先生》一方面說明「我不是一個偏狹的愛國主義者，我並不想煽起民族間的仇恨」，一方面則宣言「而我們這裏的四萬萬五千萬人卻只有同樣一個謙遜的目標：我們要爭取我們的自由，維持我們的生存。這個最低限度的要求，是每一個中國人所應有。」〔註17〕我們由此亦可看出，巴金愛國主義與無政府主義的矛盾並非由鐘擺一端擺向另一端，並非走向狹隘的民族主義，仍是一種改良的無政府主義觀，是與無政府主義爭自由爭生存目標相一致的實際選擇。正是鑒於對「1914 年歐洲大戰爆發，愛國主義的鐵蹄踏碎了工人階級解放的信念」〔註18〕以及日本人的愛國心使日本的社會主義、無政府主義同志成爲支持侵華的力量的警惕，在《國家主義者》中他同樣批判了與此目標相背的國家主義。〔註19〕

2、從實際出發，建立「我的無政府主義」

在「幼稚、大膽的叛徒」覺慧出走後，巴金便面對現實的「實際問題」，從而衝破「原理的無政府主義」教條，而發展出中國實際的「我的無政府主義」。《無政府主義與實際問題》一文著重討論無政府主義者是否參加國民黨及北伐戰爭，但其中卻涉及到多個方面的實際問題，可謂巴金「我的無政府主義」的一個論綱，而巴金等也由此得到「實際派」的稱號。〔註20〕

〔註15〕 巴金：《作家靠讀者養活》，《巴金全集》第 14 卷，人民文學出版社，1990 年，第 486 頁。

〔註16〕 巴金：《只有抗戰這一條路》，《巴金全集》第 12 卷，人民文學出版社，1989 年，第 544 頁。

〔註17〕 巴金：《給山川均先生》，《巴金全集》第 12 卷，人民文學出版社，1989 年，第 563 頁。

〔註18〕 巴金：《五一運動史》，《巴金全集》第 18 卷，人民文學出版社，1993 年，第 83 頁。

〔註19〕 巴金：《國家主義者》，《巴金全集》第 13 卷，人民文學出版社，1990 年，第 240～243 頁。

〔註20〕 蔣俊、李興芝：《中國近代的無政府主義思潮》，山東人民出版社，1991 年，第 353 頁。

（1）階級性問題：

針對之前無政府主義超於階級鬥爭之上的全人類博愛觀，巴金則明確主張「階級鬥爭實在是無政府主義的特性，只有由階級鬥爭才能實現無政府主義。」〔註 21〕「無政府主義是革命的無產階級的理想和觀念學，它絕對不是資產階級的理想。因此無政府主義者的革命並非和平的，而是武力的。只有不屈不撓的階級鬥爭才能實現無政府主義。」〔註 22〕他甚至明確提出「無政府主義是有階級性的，它不是 Bourgeoise 的空想，它是無產階級的 Ideology。」〔註 23〕由此我們可以看出他在實際政治生活中面向無產階級，尋求力量之源的努力，這種「無政府派」的改良已透出與「馬克思派」趨同的傾向。

同樣，巴金對人道主義的反對也是從階級分析角度出發的。「我們不要忘記許多以人道主義自命的人，常常假借著人道主義的名義來維持著現社會」，〔註 24〕「主人階級的正義人道，便是壓制奴隸階級」，〔註 25〕「人道主義這個名詞是資產階級用來殺工人的最好的託辭」。〔註 26〕由此，他對羅曼・羅蘭、蒲魯東的人道主義色彩都予反對。而有論者認為巴金思想是小資產階級人道主義特色，〔註 27〕如果說在四十年代作品中尚有跡可循，那麼這在其早期是並不符實際的。

（2）組織問題：

「運動的經驗常常使我感覺得理論之不統一，行動之無組織，乃是中國安那其主義運動之致命傷。」〔註 28〕這正是無政府主義運動最重要的特徵，

〔註 21〕 巴金：《無政府主義的階級性》，《巴金全集》第 18 卷，人民文學出版社，1993年，第 104 頁。

〔註 22〕 巴金：《無政府主義的階級性》，《巴金全集》第 18 卷，人民文學出版社，1993年，第 108 頁。

〔註 23〕 巴金：《中國無政府主義與組織問題》，《巴金全集》第 18 卷，人民文學出版社，1993 年，第 130～131 頁。

〔註 24〕 巴金：《一封公開的信——給鍾時同志》，《巴金全集》第 18 卷，人民文學出版社，1993 年，第 165 頁。

〔註 25〕 巴金：《一封公開的信——給鍾時同志》，《巴金全集》第 18 卷，人民文學出版社，1993 年，第 164 頁。

〔註 26〕 巴金：《一封公開的信——給鍾時同志》，《巴金全集》第 18 卷，人民文學出版社，1993 年，第 166 頁。

〔註 27〕 武漢大學中文系三年級巴金創作研究小組：《論巴金的世界觀與創作》，《巴金專集》（2），江蘇人民出版社，1982 年，第 270 頁。

〔註 28〕 巴金：《〈從資本主義到安那其主義〉序》，《巴金全集》第 17 卷，人民文學出版社，1991 年，第 5 頁。

同時也是其理論上先天、必然的缺陷，而對此的修正也將意味著與其至高的絕對自由原則的背離。針對散漫、無組織所導致的實際政治生活中必然的疲弱無力，無實效，巴金突破「原理的無政府主義」，堅持「無政府黨是需要組織的，而且需要嚴密的組織」，〔註29〕並規劃出具體的「組織法」來救先前的無政府主義運動致命之弊。而這樣一來，就顯示巴金的特性了。但這組織並未成立，又見出巴金的力量不逮，事實上這樣的組織也不可能成立，因為這樣的主張本身就與無政府主義基本教義相衝突，而這樣，巴金就更加陷入失敗的焦慮和痛苦之中。

（3）恐怖主義問題：

針對「無政府黨人以殺害有特權者為義務」的恐怖主義主張，巴金是明確反對的。從理論上說，「無政府主義者所反對的是制度而不在個人，制度不消滅，殺了個人，也無用的。」〔註30〕而他所更重視的是，恐怖主義的實效將對無政府主義運動帶來損害，如對暗殺後計劃的束手無策、因「引起一般人對於主義之厭惡」而「反妨礙宣傳」〔註31〕等。巴金理智上反對恐怖主義，但矛盾的是在情感上他卻對恐怖主義者「極佩服」，因為無論於自衛、報復、破壞為出發點，恐怖主義者畢竟是殉道的行為，而殉道，正是巴金對於無政府主義這「新宗教」信仰的極致。這種理智與情感的矛盾，在他的小說創作中更為鮮明地攪和在一起。

3、與馬克思主義的關係

與馬克思主義、俄國革命、中國共產黨的關係，這是一個敏感的話題，也是長期以來主宰了巴金身份定位的問題。然而細加考究，我們不得不仍以「對歷史的瞭解之同情」而承認巴金與之不和諧甚至對立的事實，儘管這並非巴金無政府主義活動的主流。

首先，巴金的接受無政府主義是否是因為「特定歷史條件下」，不能分清馬克思主義與無政府主義的區別而致？〔註32〕並非如此。如果說1920年初接

〔註29〕巴金：《中國無政府主義與組織問題》，《巴金全集》第 18 卷，人民文學出版社，1993 年，第 129 頁。

〔註30〕芾甘：《無政府主義與恐怖主義——覆同志的一封信》，《無政府主義思想資料選》（下），葛懋春等編，北京大學出版社，第 742 頁。

〔註31〕芾甘：《無政府主義與恐怖主義——覆同志的一封信》，《無政府主義思想資料選》（下），葛懋春等編，北京大學出版社，第 743 頁。

〔註32〕周揚《文藝戰線上的一場大辯論》中說：「那時我們急迫地吸取一切從外國來

觸無政府主義，乃是 「因爲無政府主義在中國宣傳早一點」，〔註33〕「我先
碰到它」，〔註34〕那麼，隨著五四後三大論爭之一——無政府主義與馬克思主
義的論爭，二者的區別與鬥爭已經鮮明展現，巴金不但已分清二者的區別，
而且堅定的選擇了無政府主義信仰並實際參與了對馬克思主義的批判。無政
府主義的基本原理即在於反對一切政府、專制權威的建立，他們與馬克思主
義的根本分歧也就在對建立無產階級專政政權的批判上，因爲這樣的國家、
政權也正是他們認爲新的對絕對自由、平等的壓迫。由此，在對共產主義理
想追求的社會主義思潮中，也就產生出二者同根相煎的分歧與鬥爭。何況於
實踐中，蘇俄革命後的政權鎮壓了無政府主義者發動的克龍士達暴動，這更
成爲令全世界無政府主義者攻擊的口實，對此巴金先後發表《「欠卡」——布
爾雪維克的利刃》、《列寧——革命的叛徒》、《克龍士達暴動紀實》、《列寧論》、
《近代史上的兩次工人運動——巴黎公社與克龍士達脫暴動》等，翻譯《赤
俄監獄中之革命者——英勞工代表約翰·杜爾納之報告》、《布爾什維克政權
下的俄羅斯文化》、《巴黎公社與克龍士達脫暴動紀念》等。針對國內，作《評
陳啓修教授〈勞農俄之實地考察〉》，針對郭沫若不成熟的論馬克思主義的文
章《新國家的創造》作書評《馬克思主義的賣淫婦》及雜文《答郭沫若的〈賣
淫婦的饒舌〉》。以上均可證實巴金的無政府主義與馬克思主義的對立立場。
其後，又在 1929 年與左翼「革命文豪」錢杏邨發生論爭，作《隨便寫幾句話
答覆錢杏邨先生》、《現代文壇上最有力的批評家之眞面目》、《Marxism 與綠
林英雄》。但鑒於國內共產黨仍處於受迫害的狀況，故而巴金也對其抗爭表示
了部分的同情。如他雖承認李大釗「在主義上雖是我的敵人」，但卻表示「在
行爲上，我對於他卻是極其欽佩。我確實恭敬他像一個近代的偉大殉道者。」
〔註35〕而在蔣介石發動四·一二政變清洗共產黨後，在《答誣我者》中也表
示了「我一生只幫助弱者」的同情。

的新知識，一時分不清無政府主義和社會主義，個人主義和集體主義的界限。
尼采、克魯泡特金和馬克思在當時幾乎是同樣吸引我們的。」〔轉引自《巴金
專集（2）》，第 231 頁〕

〔註33〕 巴金：《與意大利留學生瑪爾格麗達談自己的創作》，《巴金全集》第 19 卷，
人民文學出版社，1993 年，第 538 頁。

〔註34〕 巴金：《巴金訪問薈萃》，《巴金全集》第 19 卷，人民文學出版社，1993 年，
第 672 頁。

〔註35〕 巴金：《李大釗確是一個殉道者》，《巴金全集》第 18 卷，人民文學出版社，
1993 年，第 134 頁。

（二）早期文學中的革命與痛苦

1.「無政府主義文學」的存在

巴金作爲政治信仰的無政府主義信仰是典型和堅定的，但因爲他置身於無政府主義運動的衰落期，以致他一再重視實際問題以圖挽救無政府主義運動的危機，被稱爲無政府主義的「實際派」，〔註36〕這種改良客觀上也存在與共產黨領導的革命趨勢相合的成分，但畢竟於大勢無濟，這造成了他的痛苦，並轉而傾瀉於文學創作中，終而逐步脫離無政府主義的實際政治生活。「對無政府主義我信仰過，但在認識過程中，一接觸實際，就逐漸發覺它不能解決問題，所以常常有苦悶，有矛盾，有煩惱。這樣，我才從事文學創作。要是我的信仰能解決我的思想問題，那我的心頭就沒有苦悶，沒有矛盾，沒有煩惱，我早就去參加實際工作，去參加革命了。但是實際不是如此。這樣我才把文學創作作爲我自己主要的工作，由此來抒發自己的感情。」〔註37〕可以說政治生活是他文學生涯的培養基、催化劑，同時文學也是其無政府主義思考的顯影劑，是對理智世界的情感反映，革命的芾甘與文學的巴金構成一體雙面的「這一個」。巴金文學生涯許多曖昧不清的矛盾都可以通過其政治際遇這把鑰匙來解答，如他屢屢否認自己是個文學家，大有「生活在彼處」之慨，便是因爲文學於他不過是政治生活的代替品、政治激情的代償物，「我寫文章如同在生活」，〔註38〕「我在作品中生活」。〔註39〕自 1927 年始，寫作革命三部曲（《滅亡》《新生》《死去的太陽》），愛情三部曲（《霧》《雨》《電》），至 1933 年 12 月《電》寫完，1934 年 4 月發表，巴金的無政府主義戰士期結束，其「無政府主義文學」也告結束。無政府主義信仰成爲早期巴金思想的主導，而其早期文學也主要體現無政府主義信念，反映無政府主義生活，可謂是獨特的「無政府主義文學」。但對於這些「無政府主義文學」，研究界往往有意地遮蔽或無意地忽略掉其中「革命」的無政府主義身份，而將此理解爲泛化意義上的「革命」，故而巴金作品中的「無政府主義性」獨特性也就相應被模

〔註36〕蔣俊、李興芝：《中國近代的無政府主義思潮》，山東人民出版社，1991 年，第 353 頁。

〔註37〕巴金：《作家靠讀者養活》，《巴金全集》第 14 卷，人民文學出版社，1990 年，第 485～486 頁。

〔註38〕巴金：《〈雨〉序》，《巴金全集》第 6 卷，人民文學出版社，1988 年，第 100 頁。

〔註39〕巴金：《〈巴金短篇小說集〉小序》，《再思錄》，上海遠東出版社，1995 年，第 145～146 頁。

糊掉，以致現在亟需予此發掘和「正名」。

2.愛與憎的痛苦

在早期巴金的這種「無政府主義文學」中，展示了無政府主義信念下的愛與憎、信仰中的革命激情與現實末路中絕望的痛苦等，信仰的激情與現實的理智也使其作品呈現出浪漫主義與現實主義並存的特徵。

在影響巴金思想的幾位先生中，「母親教給我『愛』，轎夫老周教給我『忠實』（公道），朋友吳教給我『自己犧牲』，他還給我『勇氣』。」〔註40〕而克魯泡特金則告訴了他互助、正義、犧牲的無政府主義原理，高德曼這「精神的母親」使他感動於「安那其的美麗」，凡宰特鼓舞他「為『無政府』而奮鬥，到底是度過生活的最美麗的方法」，〔註41〕他們確立了他的信仰。在信仰這個總題統率下，矛盾的網卻將他緊緊縛住：「感情與理智的衝突，思想與行為的衝突，理想與現實的衝突，愛與憎的衝突，這些織成了一個網，把我蓋在裏面。」〔註42〕

愛是巴金生活哲學的起點，安那其理想本也是愛人類，然而生活現實中的「惡」卻教給了他「憎」。當愛受到摧殘，憎到極點時，情感的孤獨、絕望推動著的行動則是復仇與犧牲，然而這犧牲究竟是信仰下的殉道，還是消弭痛苦的自殺？這信仰與這信仰下的革命究竟是帶來滅亡，還是新生？這又構成巴金新的痛苦。這多重的主題構成了巴金革命復合敘事中的「紊亂」，〔註43〕而當愛情又捲入革命中，痛苦與激情的坩堝就遠遠打破了「革命＋戀愛」作品的「乾叫」文學，〔註44〕何況他還說要借革命與愛情來表現性格。〔註45〕

巴金登上文壇的處女作《滅亡》大約是他最愛談及的作品之一，初期作品革命三部曲、愛情三部曲中幾乎所有母題都在這裏萌芽，而其主要的幾類

〔註40〕 巴金：《我的幾個先生》，《巴金專集（1）》，江蘇人民出版社，1981年，第138頁。
〔註41〕 巴金：《凡宰特致蒂甘信》，《巴金全集》第21卷，人民文學出版社，1993年，第238頁。
〔註42〕 巴金：《〈愛情的三部曲〉總序》，《巴金選集》第4卷，四川人民出版社，1982年，第467頁。
〔註43〕 劉西渭：《〈霧〉、〈雨〉與〈電〉》，《巴金選集》第4卷，四川人民出版社，1982年，第482頁。
〔註44〕 參見剛果倫：《一九二九年中國文壇的回顧》，《巴金研究資料》（下卷），李存光編，海峽文藝出版社，1985年，第467頁。
〔註45〕 巴金：《〈愛情的三部曲〉作者的自白》，《巴金選集》第4卷，四川人民出版社，1982年，第492～493頁。

人物也都可視爲巴金多重側面的互文性文本。杜大心如同綏惠略夫式的愛憎，李靜淑、李佩珠的妃格念爾式愛，李冷、吳仁民的薩寧式個人主義痛苦，都是巴金的情感側面，而張爲群「先生，我實在忍耐不下去了」「革命什麼時候才會來」的焦灼則同樣是巴金的焦灼。

當杜大心遭遇愛的受挫、憎的生長時，巴金仍創造出李靜淑來作爲「人類愛」的化身企圖來拯救這個「撒旦」，愛的熱並差一點融化了憎的冰，然而，一個意外──必然的意外──最終突然逆轉了整個進程，張爲群之死最終推動杜大心走上了滅亡之途。

3. 末路革命「滅亡」的痛苦與激情

「滅亡」，這是一個極其曖昧的題目。「對於最先起來反抗壓迫的人，／滅亡一定會降臨到他底一身」，「爲了我至愛的被壓迫的同胞，我甘願滅亡」〔註46〕，這滅亡似乎是革命先驅者犧牲的命運與大無畏精神的展現，張爲群之死可屬此類；「我所負的責任乃是擔起人間的恨和自己底恨來毀滅這個世界，以便新世界早日產生」，〔註47〕杜大心之死在《滅亡》光明的尾巴中似乎也意味著對殉道的敬崇。以巴金對革命者的崇敬，「滅亡」本更應該是「犧牲」，然而，事實上這裏選用的並不如此，關鍵就在於對這革命事業的未來的信心的自我質疑甚至絕望，面對革命行爲的無效性的絕望使得包括杜大心這樣的革命者們選擇了「末路鬼」式的焦慮的自我「滅亡」，而非充滿信心的想活下去的「犧牲」。革命者終於在革命和自我毀滅的曖昧激情中死去了，但是，與戒嚴司令倍加壓榨相伴，杜大心之死的無效性也暗蘊於結尾裏。無效的革命、無效的死亡，然而這又是無可逆轉的必然，那麼，命名爲「滅亡」顯然就更爲貼切和眞實了。

結合巴金的理論思考《無政府主義與恐怖主義──覆同志的一封信》中的辨析，杜大心將巴金所認爲的恐怖主義三因素：自衛、報復、破壞得以完整體現，而作者極佩服與反對的矛盾也同樣並存。〔註48〕繼之在《新生》中，李冷則揭了杜大心滅亡的老底──因爲生的矛盾，「要拿滅亡來消滅自己底矛盾」。〔註49〕《電》中也是「敏炸死一個人，主要地在炸死自己。」〔註50〕在

〔註46〕 巴金：《滅亡》，《巴金全集》第 4 卷，人民文學出版社，1987 年，第 60～61 頁。

〔註47〕 巴金：《滅亡》，《巴金全集》第 4 卷，人民文學出版社，1987 年，第 96 頁。

〔註48〕 苻甘：《無政府主義與恐怖主義──覆同志的一封信》，《無政府主義思想資料選》（下），葛懋春等編，北京大學出版社，1984 年，749 頁。

〔註49〕 巴金：《滅亡》，《巴金全集》第 4 卷，人民文學出版社，1987 年，第 223 頁。

〔註50〕 巴金：《〈愛情的三部曲〉作者的自白》，《巴金選集》第 4 卷，四川人民出版

看似自衛、報復、破壞的殉道之理智選擇面具下，其實是感情的痛苦與絕望真相：「在這裏，沒有義務的觀念，理智沒有活動的餘地，感情完全占著上風，報復的行動都是如此的。」〔註51〕「《滅亡》這個書名有雙重的意義。除了控訴，攻擊和詛咒外，還有歌頌。《滅亡》歌頌了革命者爲理想英勇犧牲的獻身精神。」〔註52〕就主觀來說，可以將其作品視爲革命的戰歌與讚歌，然而正如同巴爾扎克以「全部同情」譜寫出的是對其鍾愛的貴族階級「無盡的輓歌」一樣，無論「滅亡」意指什麼，巴金的革命者們個個都等著自己的「輪值」，「實際問題」關注帶給他的同時其實也正是安那其革命的哀歌與輓歌。「杜大心底面前就只有死這一條路。一個憎惡人類，憎惡自己的人，結果不是殺人被殺，就是自殺，並沒有第三條路走。」〔註53〕「其實敏犧牲自己，只是因爲他想一步就跨過生和死中間的距離。杜大心犧牲自己只是因爲他想永久地休息，而且他相信只有死才能夠帶來他的心境的和平。這都是帶了病態的想法。知道這個的似乎就只有我。我知道死：死毀壞一切，死也『拯救』一切。」〔註54〕滅亡，換言之，也就是死。巴金爲他心愛的革命者打上「肺病」的隱喻標記，「他之所以成爲羅曼諦克的革命家，他之所以憎惡人類，一是由於他底環境，二是因爲他底肺病。最重要的就是他那不停地在發展的肺病。」〔註55〕肺病燥熱、多感的病徵正是當時無政府主義革命的病徵，而這營養不良所致的絕症所帶來的焦灼、絕望情緒與滅亡命運也同樣隱喻著無政府主義運動的「肺癆病」現狀。病態的安那其革命，產生病態的革命家，也產生病態的心，病態的死。——這就是杜大心的悲劇了，這也就是巴金的悲劇了。然而，「我們要寶愛痛苦，痛苦就是我們的力量，痛苦就是我們的驕傲。」〔註56〕

　　革命確是一件困難的事，它既需要信仰的激情，又需要注重「實際問題」

社，1982 年，第 495 頁。

〔註51〕芾甘：《無政府主義與恐怖主義——覆同志的一封信》，《無政府主義思想資料選》（下），葛懋春等編，北京大學出版社，1984 年，第 745 頁。

〔註52〕巴金：《談〈滅亡〉》，《巴金專集（1）》，江蘇人民出版社，1981 年，第 421 頁。

〔註53〕巴金：《滅亡・七版題記》，《巴金全集》第 4 卷，人民文學出版社，1987 年，第 6 頁。

〔註54〕巴金：《〈愛情的三部曲〉作者的自白》，《巴金選集》第 4 卷，四川人民出版社，1982 年，第 496 頁。

〔註55〕巴金：《滅亡・七版題記》，《巴金全集》第 4 卷，人民文學出版社，1987 年，第 6 頁。

〔註56〕巴金：《〈愛情的三部曲〉作者的自白》，《巴金選集》第 4 卷，四川人民出版社，1982 年，第 495 頁。

的理智。「遲到」的巴金趕上的是無政府主義運動的日益破落,「實際問題」加於他不能承受之重,他只有從「實際問題」的革命家變成紙上的革命家,用「羅曼諦克的革命家」來抵擋現實的痛苦,用「寶愛的痛苦」來取代無法承受之重的痛苦,杜大心、陳真、敏作爲情緒的投射者代替滅亡了,而走向文學的巴金則活了下來。

4.紙上革命家的身份焦慮與風格

面對末路革命「滅亡」的痛苦,巴金說他用信仰來征服死,〔註 57〕然而事實並非如此,事實證明他所信奉的作爲政治的安那其信仰是虛妄的,而他也逐步離棄了它,真正拯救他的是文學。文學成爲衝突的緩衝劑,成爲情感的瀉藥,使信仰的偶像作爲幻影而迷惑和慰藉著分裂的心靈,所輕視的文學客觀上卻療治和拯救了他,令他可以從革命家的生活災難轉到文學中來生活——雖然總是「生活在彼處」(革命),但實際上,生活正是在此處(文學之中)。這種奇怪的轉化既爲巴金帶來了負罪感,也爲文學批評家和研究者帶來長期的難解之謎——從身份上說,一位長期否認自己文學家身份的文學家;從創作方法上說,浪漫主義與現實主義歸類的兩難。我認爲,造成這種闡釋困境的根本原因在於長期漠視乃至掩蓋其安那其信仰特徵和經歷所致。要破解這兩大難題,都應當回到安那其之根上來。

巴金初登文壇,那種革命與愛情的激越、濫情特徵,令他成爲顯著的浪漫主義作家。「巴金是在中國的革命文學捨棄浪漫主義而開始走新現實主義的路之後,還守著浪漫主義的牙城的無政府主義作家。」〔註 58〕從題材上,如蔣光慈所說:「有什麼東西能比革命還有趣些,還羅曼諦克些?」〔註 59〕「革命是最偉大的羅曼諦克」,〔註 60〕從創作過程的「任由筆下湧出文字來」,從思想的堅硬執著與厚實,從審美風格的雄奇瑰偉,以及情感特徵的維特式激烈泛濫,他均堪爲郭沫若之後最富浪漫特徵的新文壇巨子。但其關注實際問

〔註 57〕 巴金:《〈愛情的三部曲〉作者的自白》,《巴金選集》第 4 卷,四川人民出版社,1982 年,第 496 頁。

〔註 58〕 (日本)岡崎:《在日本的中國文人‧巴金》,《巴金研究資料》(下卷),李存光編,海峽文藝出版社,1985 年,第 10 頁。

〔註 59〕 蔣光慈:《十月革命與俄羅斯文學‧一、死去了的情緒》,《蔣光慈文集》第 4 卷,上海文藝出版社,1988 年,第 62 頁。

〔註 60〕 蔣光慈:《十月革命與俄羅斯文學‧二、革命與羅曼諦克——布洛克(BLOK)》,《蔣光慈文集》第 4 卷,上海文藝出版社,1988 年,第 70 頁。

題的特徵也同樣爲他帶來「新寫實主義」的稱呼。〔註 61〕這兩種特徵都伴其一生。其後的發展魯迅與茅盾也認爲「《將軍》作者巴金是一個安那其主義者，可是近來他的作品漸少安那其主義的色彩，而走向 realism 了。」〔註62〕而巴金自己則對所有的歸類一概否認，「過去有一些外國朋友問我，你到底是現實主義作家呢，還是浪漫主義作家呢？我不知道應該怎樣回答，於是就老實地對他們說：在創作的時候，我從來不曾想過要當現實主義作家，還是浪漫主義作家，我不知道。」〔註 63〕「我未考慮這個問題。我寫作品的時候，不知道是浪漫主義還是什麼。重要的是一個作家在社會裏受到感動，受到影響，拿筆把它寫出來。」〔註64〕「什麼『主義』，我不管，也沒有想過。」〔註65〕其實，究其實，巴金正是個典型的本色派，無技巧派，因爲他寫作的生活根底——革命本身正是浪漫主義與現實主義的衝突而又復合統一，巴金在作品中生活，自然也將這二重性展露於文學之中了。

　　總之，第一期的作爲安那其政治信仰與戰士的巴金，在複雜的信仰理想與嚴酷實際、理智與情感、狂熱與憂鬱、困惑、懷疑中，逐步從政治生活轉化到文學生涯，而無政府主義信仰也隨之從挫敗的政治觀轉化爲文化價值觀，這便是以後他的選擇。

二、走向文學的痛苦與身份焦慮

　　1930 年，《從資本主義到安那其主義》的出版標誌著巴金獻身無政府主義政治運動的最重要理論貢獻，但同時，這也成爲他對無政府主義政治信仰懷疑與逐步衰落的分水嶺，到 1934 年赴日，則標誌著其正式離開無政府主義政治運動陣營。面對無政府主義革命的焦灼卻又絕望的痛苦火山，他自然地尋

〔註61〕譚正壁：《中國文學進化史（節錄）》，《巴金研究資料》（下卷），李存光編，海峽文藝出版社，1985 年，第 4 頁。

〔註62〕魯迅、茅盾：《〈將軍〉作者簡介》，《巴金研究資料》（下卷），李存光編，海峽文藝出版社，1985 年，第 9 頁。

〔註63〕巴金：《和木下順二的談話》，《巴金全集》第 19 卷，人民文學出版社，1993 年，第 552 頁。

〔註64〕巴金：《與意大利留學生瑪爾格麗達談自己的創作》，《巴金全集》第 19 卷，人民文學出版社，1993 年，第 541～542 頁。

〔註65〕巴金：《作家的任務——答南斯拉夫作家問》，《巴金全集》第 19 卷，人民文學出版社，1993 年，第 604 頁。

到了文學這個情緒噴發口，成爲革命的代償物（按弗洛伊德力比多的轉移與昇華模式來看，巴金的從文之路倒是一個典型的好例，也無意中契合了「不憤不作」的文藝創作規律）。這一度拯救了他，然而卻又帶來新的痛苦——那便是革命與文學的矛盾。與魯迅的有意識棄醫從文不同，巴金卻時時爲誤入歧途而苦惱，時時想著棄文而回歸革命。他不是有意識以文藝來啓蒙的，相反，主觀上倒是個以文藝來麻痺革命神經的人，文藝使他逃避了絕望的革命，脫離了安那其運動的陣營。現代作家中，魯迅、郭沫若等的選擇文藝都有著鮮明的使命感，乃以文爲參與戰鬥的武器，然而巴金卻與之迥異，在他看來，從文卻是一種可恥的逃兵行爲，這爲他帶來深深的道德自責與身份焦慮，也正是他一直否認自己是個文學家的根由所在。

　　三十年代，安那其運動已從工團主義的失敗轉向泉州等地的鄉村教育實踐，1930～1934 年巴金曾三度赴泉州，但這「南國的夢」他並未參與其中，而僅只是個過客而已，《星》也反映了這一點。這爲他帶來了深深的自責，同時也帶來安那其同志對其脫離實際戰鬥的誤解，而這更強化了他面對信仰的罪疚感。「『這有什麼用處？誰要讀你的文章？』他繼續說下去。『幾千字，幾萬字，幾十萬宇，幾百萬字，你不過浪費了你自己的生命。你本來可以用你這年輕的生命做別的有用的事情，你卻白白地把它糟蹋了！』」〔註66〕「當一些人正爲著光明、愛、自由、幸福，爲著那個目標奮鬥、受苦以至於死亡的時候，你卻躲在你自己寫成的書堆裏，讓原稿紙消耗你的生命，吸吮你的青年的血。」〔註67〕巴金在內心對自己的從文道路發出「欺騙的，懦弱的，殘酷的，僞善的，說教的，值得憐憫的，至死不悟的」重重嚴苛的詛咒。〔註68〕由此他準備著放棄文學生活，然而他又像個嗜毒的人一樣「我隨時都準備著結束寫作生活，同時我又拼命寫作，唯恐這樣的生活早一天完結。」這新的痛苦同樣將他折磨到死亡的邊緣：「像這樣生活下去，我擔心我的生命不會長久。」〔註69〕於是他採用了「強制戒毒」——沉默：「E・G・，我沒有死，但

〔註66〕巴金：《我的夢》，《巴金全集》第 12 卷，人民文學出版社，1989 年，第 253頁。

〔註67〕巴金：《我的夢》，《巴金全集》第 12 卷，人民文學出版社，1989 年，第 255頁。

〔註68〕巴金：《我的夢》，《巴金全集》第 12 卷，人民文學出版社，1989 年，第 256頁。

〔註69〕巴金：《〈電椅〉代序》，《巴金全集》第 9 卷，人民文學出版社，1989 年，第296頁。

是我違背了當初的約言，我不曾做了一件當初應允你們的事情。我一回國就
給種種奇異的環境拘囚著，我沒有反抗，卻讓一些無益的事情來銷磨我的精
力和生命。於是我拿沉默來懲罰了自己。在你們的 milieu 裏我是死了，我把
自己殺死了。」〔註70〕「我憎恨我自己，憎恨我寫的這些文章，我決定懲罰
自己，我使用了沉默這刑罰⋯⋯這懲罰也使我受夠苦了。我就是這樣地在痛
苦中活埋了自己。」〔註71〕信仰支撐著他對「墮落」的「懲罰」：「但是我那
生活態度，那信仰，那性格使我不甘心，我要掙扎。我常常絕望地自問：難
道我是注定了跟在文豪學士後面吶喊的麼？⋯⋯雖然沉默也使人痛苦，但是
我希望我能夠堅持著不再把我的筆提起來。」〔註72〕然而戒毒終究不成，「我
說過要沉默，我說過要拋棄寫作生活，我沒有做到。這是我的弱點。這是我
的不幸。朋友們因爲這個責備我，我只有低頭承受。」〔註73〕「沉默」的刑
罰未成，絕望與彷徨中，巴金又採用了另一招——放逐，這便是 1934 年的赴
日本。在 1933 年 8 月簽名《中國著作家歡迎巴比塞代表團啓事》控訴日本侵
佔東北四省後，1934 年 8 月他決定赴日，這是一個頗蹊蹺的事。表面上是爲
了學日語，但實際上正是他在革命與文學困境中的一種逃避：「爲什麼要這樣
棲棲惶惶地東奔西跑呢？爲什麼不同朋友們一起在一個固定的地方做一些事
情呢？大家勸我不要走，我卻毅然地走了。」〔註74〕「我爲什麼要來到這個
地方？我所要求的自由這裏不是也沒有嗎？離開了崎嶇的道路到一個陌生的
地方來求暫時的安靜，在一些無用的書本裏消磨光陰：我這樣的生活不就是
放逐的生活嗎？」〔註75〕

　　時間、空間均未解決革命與文學矛盾帶來的痛苦，最終是有安那其信仰
的吳朗西等人創辦的文化生活出版社帶來了折衷的解決方法——出任文生社
總編輯。在文生社內的安那其氛圍十分濃鬱，創辦人、主要股東均是無報酬

〔註70〕巴金：《〈將軍〉序一（給E・G・）》，《巴金全集》第 10 卷，人民文學出版社，
　　　　1989 年，第 3 頁。

〔註71〕巴金：《〈將軍〉序一（給E・G・）》，《巴金全集》第 10 卷，人民文學出版社，
　　　　1989 年，第 5 頁。

〔註72〕巴金：《〈將軍〉序二》，《巴金全集》第 10 卷，人民文學出版社，1989 年，第
　　　　8 頁。

〔註73〕巴金：《斷片的記錄》，《巴金全集》第 12 卷，人民文學出版社，1989 年，第
　　　　441 頁。

〔註74〕巴金：《海的夢》，《巴金全集》第 12 卷，人民文學出版社，1989 年，第 455 頁。

〔註75〕巴金：《繁星》，《巴金全集》第 12 卷，人民文學出版社，1989 年，第 478 頁。

的義務奉獻，這既是在不再可能踏入安那其政治活動後而支持安那其文化價值信仰的具體行動，又算找到了自己一個合適的位置，這一直持續到解放後的 1950 年。緩解焦慮的另一因素是抗日戰爭的爆發，這暫時擱置了革命與文學的矛盾，而令其投身於抗戰洪流中。在脫離安那其運動營壘，乃至安那其運動後來煙消雲散後，巴金一直堅持宣稱自己的安那其信仰，就因為他找到了支撐其文化價值觀的行動，儘管這令外界對他的評價迥異，他也處於文壇不左不右的新的孤獨中。

左翼文壇與巴金向來不協調。他曾斥郭沫若為「賣淫婦」，在二十年代末錢杏邨與他發生論爭，1933 年胡風又把他列為「第三種人」，〔註 76〕1936 年徐懋庸又致信魯迅指責巴金，倒是魯迅義正辭嚴地贊巴金「是一個有熱情的有進步思想的作家，在屈指可數的好作家之列的作家，他固然有『安那其主義者』之稱，但他並沒有反對我們的運動，還曾經列名於文藝工作者聯名的戰鬥的宣言。」〔註 77〕而對右翼「教授圈子」，1934 年他寫了《知識階級》來對「京派教授」「刺了一下」，後又為被朱光潛指為「眼淚文學」發生論爭，也因《沉落》影射周作人而使沈從文作《致某作家》來勸解他。巴金的《答徐懋庸並談西班牙的聯合戰線》中最明確地表白了自己與安那其主義的關係：「雖然我自己很喜歡被稱為安那其主義者，我到現在還相信著那主義，而且我對前面提過的那般人也很敬仰，但實際我已經失掉了這個資格，我這幾年來離開了實際運動的陣營，把自己關在墳墓一般的房間裏，在稿紙和書本上消磨生命。」〔註 78〕這裏明確表明了巴金脫離安那其政治陣營而又堅持安那其文化信仰並為之辯護，成為安那其運動的同路人及同情者的選擇。安那其追求與立場使他始終獨立於文壇左、右各主義、派別之外，但身處是非場而欲置身是非外是不可能的，各路指責也同時彙聚成四十年代所謂「研究巴金」「批判巴金」的風潮，以致他憤憤地作《死去》回擊。而在外人看來，他正是典型的「自由主義派頭」，〔註 79〕也正是後來對巴金「革命民主主義」定

〔註 76〕 參見巴金：《我的自辯》，《巴金全集》第 12 卷，人民文學出版社，1989 年，第 258 頁。

〔註 77〕 魯迅：《答徐懋庸並關於抗日統一戰線問題》，《巴金研究資料》（下卷），李存光編，海峽文藝出版社，1985 年，第 13 頁。

〔註 78〕 巴金：《答徐懋庸並談西班牙的聯合戰線》，《巴金全集》第 18 卷，人民文學出版社，1993 年，第 377 頁。

〔註 79〕 （日本）阿部知二：《同時代人》，《巴金研究資料》（下卷），李存光編，海峽文藝出版社，1985 年，第 335 頁。

位的典型期。而此期創作上也明顯由早期浪漫特色轉向人間三部曲的現實主義、關注「小人小事」的人道主義、以及愛國主義。實際問題悄悄地修正著早期安那其信仰中極端的成分（如對愛國主義與人道主義的拒絕），並逐步實現了價值話語的表述轉換：「我過去一生的作品是無政府主義、人道主義和愛國主義的結合……所以我一生要求自由主義，就是自由主義，但是有一點，總希望只要國家強。」〔註80〕

　　支撐巴金信仰的另一項活動是翻譯。巴金的翻譯一直是與其創作同樣突出的活動。「我翻譯外國前輩的作品，也不過是借別人的口講自己的心裏話。所以我只介紹我喜歡的文章。」〔註81〕「我用自己的武器，也用揀來的別人的武器戰鬥了一生。」〔註82〕同時，「我譯出的作品都是我的老師，我翻譯首先是爲了學習。」〔註83〕翻譯既提供了巴金戰鬥武器，也是他精神資源的源頭。在第一期生活中，巴金翻譯幾乎全是無政府主義運動相關作品，而在第二期生活中，這種活動仍一直持續下來，維繫了安那其信仰之脈。1948～1950年間，巴金的創作基本停滯，幾乎全部精力用於翻譯，這反映出在歷史轉折關頭何所抉擇的觀望與思考。翻譯作品中仍包括《獄中二十年》這樣的無政府主義作品，可見安那其信仰並未斷然放棄。而且，在 1948～1950 期間，巴金開始了與國外無政府主義者通信的第二次高潮（第一次高潮是在二十年代中期），考慮到第一次通信高潮中如高德曼、凡宰特等人的信件對巴金一生信仰的決定性影響，那麼這第二次通信高潮所包含的深意值得琢磨——這是他又一次在困惑中向外界尋求精神出路和人生規劃的努力。這次通信已再未大談信仰，而是集中於與國外安那其同志交換資料，主要目的是爲後面的翻譯。我們可以看到巴金的翻譯計劃仍主要集中於無政府主義作品，儘管再無第一次通信時的狂熱，但較爲低調和中性的信件內容中仍可透露出他對安那其信仰的鍥而不捨以及國外安那其同志對他的信任。〔註84〕安那其信仰爲巴金帶

〔註80〕　巴金：《和周策縱的對談》，《巴金全集》第 19 卷，人民文學出版社，1993 年，
　　　　　第 590～591 頁。

〔註81〕　巴金：《〈巴金譯文選集〉序》，《再思錄》，上海遠東出版社，1995 年，第 131
　　　　　頁。

〔註82〕　巴金：《〈巴金譯文選集〉序》，《再思錄》，上海遠東出版社，1995 年，第 132
　　　　　頁。

〔註83〕　巴金：《〈巴金譯文選集〉序》，《再思錄》，上海遠東出版社，1995 年，第 133
　　　　　頁。

〔註84〕　感謝日本學者山口守發現和披露這些信件的努力。相關書信分別見《世紀的

來了精神世界的平衡與安全感：「可是後來我卻漸漸地安於這種自由而充滿矛盾的個人奮鬥的生活了。……我好像一個久病的人，知道自己病重，卻習慣了病中的生活，倒頗有以病爲安慰、以痛苦爲驕傲的意思，懶得去找醫生，或者甚至有過欣賞這種病的心情。……我明知道有馬克思主義，而且不少知識分子在那裏找到了治病的良藥，我卻依然沒有勇氣和決心衝出自己並不滿意的小圈子，總之，我不曾到那裏去求救。」〔註85〕1945 年見到毛澤東時毛說：「奇怪，別人說你是個無政府主義者」，而巴金以「是啊，聽說你以前也是」作答〔註86〕則透露出爲信仰的自辯立場，躲進小樓成一統，信仰的慣性一直支配著精神家園的平衡，只是，很快，他這「病態生活」與翻譯計劃都被新政權下的新生活所徹底改變。

三、清除改造期

　　新中國建立了，巴金的心裏除了歡樂外，恐怕同樣也揣著無所適從的忐忑。「自由主義派頭」令他不可能將這勝利理所當然地歸爲自己的勝利，他甚至也面臨有人動員去臺灣的問題，可見外界對他的中性定位，選擇留下的他將面臨如何與新政權打交道的課題。1949 年參加「文代會」發言的題目「我是來學習的」即可見一斑，他同時也「謙虛」地回顧了自己的創作並又一度表達要「沉默」：「我常常歎息我的作品軟弱無力，我不斷地訴苦說，我要放下我的筆。」〔註87〕擱筆與觀望正是新政權下不少非左翼作家的共同選擇，典型例子如他的朋友沈從文。三十年代初期革命與文學的矛盾造成巴金的「沉默」，而 1948～1950 年的「沉默」也同樣暗示著其精神世界的困惑。

　　在表達友善與歡迎後，新政權強大的改造運動也已開始，對於巴金，最重要的舉動是派赴朝鮮的生活。黨的文藝主管者（如丁玲）對巴金當是列作

良心》（巴金與二十世紀學術研討會編，上海文藝出版社，1996 年）、《巴金：新世紀的闡釋》（陳思和、辜也平主編，福建教育出版社，2002 年），以及《巴金的世界》（山口守、阪井洋史著，東方出版社，1996 年）。

〔註85〕巴金：《〈巴金選集〉（上下卷）後記》，《巴金全集》第 17 卷，人民文學出版社，1991 年，第 36～37 頁。

〔註86〕巴金：《巴金訪問薈萃》，《巴金全集》第 19 卷，人民文學出版社，1993 年，第 675 頁。

〔註87〕巴金：《我是來學習的》，《巴金全集》第 14 卷，人民文學出版社，1990 年，第 3 頁。

可改造之列的：「巴金的作品，叫我們革命，起過好的影響，但他的革命既不
要領導，又不要群眾，是空想的，跟他走不會使人更向前走。今天的巴金，
他自己也正在要糾正他的不實際的思想作風。」〔註 88〕「如巴金的小說，雖
然也在所謂『暴風雨前夕的時代』起了作用，現在對某一部分的讀者也還有
作用，但對於較前進的讀者就不能給人指出更前進的道路了。所有這些作品
給予我們的影響，我們應該好好地整理它，把應該去的去掉它！」〔註 89〕這
裏透露出的是其過去可以接受，但要「向前看」「向前走」，改造途徑便是「投
入到火熱的新生活中去」，具體來說，即動員安排巴金、曹禺等「民主主義作
家」們「下生活鍛鍊」。對於有打有拉的改造措施，儘管巴金面臨離妻別子赴
朝生活的諸多不適應，但他仍接受這個改造機會。「丁玲說這就是鍛鍊。我看
初一個時期不容易過。」〔註 90〕事實證明，這個看似不著痕跡的改造設計是
高明的，赴朝的軍隊生活對巴金的改造是徹底的，「兩次入朝對我的後半生有
大的影響。」〔註91〕迥異於過去躲進小樓成一統的書齋，「這也是我的新生活
的開始。我不再是一個旁觀者了。我自己也參加了我所描寫、所反映的生活；
我自己也分享了我所歌唱的人們的幸福。……我們有機會和我們下一部作品
的主人公一同生活，一起工作，一道歡笑。我們在各處都接觸沸騰的生活，
經歷激動人心的場面，看見驚天動地的英雄事迹。」〔註 92〕在主管者希望的
模式下，如同老舍一樣，巴金從一個「自由主義、個人主義」的創作家改造
成為一個理想的宣傳工作者。從此巴金就「上了道」了。這從其作品的題目變
遷即可看出：開始的作品尚基本客觀中立，《生活在英雄們的中間》《保衛和
平的人們》，但塑造典型的文藝生產模式亦得以奠定下來；而其後則進入《大
歡樂的日子》，《新聲集》《讚歌集》，《創造奇迹的時代》；繼之出現大量的「最」：

〔註 88〕　丁玲：《在前進的道路上──關於讀文學書的問題》，《丁玲文集》第 6 卷，湖
　　　　　南人民出版社，1984 年，第 27 頁。

〔註 89〕　丁玲：《在前進的道路上──關於讀文學書的問題》，《丁玲文集》第 6 卷，湖
　　　　　南人民出版社，1984 年，第 29 頁。相關論述亦參見周立民：《巴金在朝鮮戰
　　　　　場》，《巴金：從煉獄走來》，劉慧英編，中國工人出版社，2002 年。

〔註 90〕　巴金：《致蕭珊，1952.2.28》，《家書──巴金、蕭珊書信集》，李小林編，浙
　　　　　江文藝出版社，1994 年，第 40 頁。

〔註 91〕　巴金：《〈巴金全集〉第二十卷代跋》，《再思錄》，上海遠東出版社，1995 年，
　　　　　第 99 頁。

〔註 92〕　巴金：《最大的幸福》，《巴金全集》第 15 卷，人民文學出版社，1990 年，第
　　　　　184 頁。

《最大的幸福》、《無上的光榮》、《無比光輝的榜樣》、《人間最美好的感情》、《歡迎最可愛的人》。這個「上陞」的過程是循序漸進而又意蘊深長的。這確實是一個典型的「換筆」過程：「從此我便用我這管寫慣苦難的筆來寫人們的歡樂。」〔註93〕對於這個轉折歷程，還是巴金自己的感述最爲眞切：「爲什麼來一個大轉折，換一支筆寫新社會，新人，新事嘛。固然是『歌功頌德』，但大半出自眞實的感情。我接觸了新的生活，見到了新的人，儘管我不熟悉他們，我控制不住自己，我要在他們身上汲取力量，不少熱情的場面點燃我心裏的火種，就這樣，一本一本的『豪言壯語』產生了。我使用豪言壯語不僅鼓舞別人，也在激勵自己。起初我還注意『節制』，珍惜這種感情，也愛惜自己的文章。後來經驗多了，才懂得寫文章也是爲了保護自己。」〔註94〕而在1958年《法斯特的悲劇》風波後，則變成「我是在戰戰兢兢地過著日子。一篇文章發表後，只要有三兩個讀者出來說話，表示不滿，或者刊物編者要我表態，我就給嚇得馬上低頭哈腰承認錯誤，心想我認錯，你就可以不講了。」〔註95〕一個安那其自由理想的追求者就這樣一步步變成歌功頌德者、豪言壯語者，繼而成爲奴性的幫兇來對路翎、胡風「抛石頭、吐唾沫」了。在繩索一步步捆緊別人套在別人頭上時，其實這繩索也一步步捆在了自己身上套到了自己頭上，這便是從十七年即開始直到文革十年的際遇。回溯和反思這個驚人範例的改造模式、文化生產模式，既是巴金《隨想錄》已有的眞誠懺悔，也值得我們所有人繼續追問。

當然，這個改造與生產線中也遇到了一些「殘餘思想」的抵抗，這便是巴金1956年的雜文與1962年《作家的勇氣和責任心》的發言。在1956年「百家爭鳴」中，巴金那殘餘的主體性忍不住又露了出來。《鳴起來吧！》、《獨立思考》、《說忙》、《重視全國人民的精神食糧》、《觀眾的聲音》、《筆下留情》、《恰到好處》、《論「有啥吃啥」》等一系列短論，其實遠不是魯迅式的匕首與投槍，而處處透出的倒活像了胡適式的「諍友」之苦心與「諫臣」之忠心，但這在當時也已算作了逆流，並遭到回擊，以致他要趕緊出來「辭『帽子』」，

〔註93〕 巴金：《最大的幸福》，《巴金全集》第15卷，人民文學出版社，1990年，第184頁。

〔註94〕 巴金：《〈巴金全集〉第十五卷代跋》，《巴金全集》第15卷，人民文學出版社，1990年，第581頁。

〔註95〕 巴金：《〈巴金全集〉第十五卷代跋》，《巴金全集》第15卷，人民文學出版社，1990年，第582頁。

「『鳴得好』的『要求』使我膽怯」。〔註96〕而1962年的《作家的勇氣和責任心》則可算是在傾訴害怕「言多必失」、害怕框框棍子的苦惱下，對「勇氣和責任心」呼籲的最後掙扎，在即將溺斃時的最後一撲騰。然而對「棍棒齊下」的憂慮與反抗最終成為真的棍棒齊下了。有論者說這是「《隨想錄》的先聲」，〔註97〕其實這哪是什麼先聲，不過是經過改造了的早年真誠的「餘緒」罷了，早年安那其信仰培育的個人主體性從此遭遇滅頂之災，在文革中成為「奴在心者」與「奴在身者」。

四、復蘇期：《隨想錄》

對巴金第一期的安那其信仰基本無人否認，第三期的受清洗與改造也是顯然的，第二期文化無政府主義，評論界、學界以民主主義、自由主義也基本能概括其顯在表現。唯獨第四期巴金的信仰仍無人與安那其掛鈎。這樣，對巴金的信仰之路並未完整歸納，而安那其之路也未結穴。一生聲稱「我不怕……我有信仰」的巴金，是以信仰為支柱的激情與執著之人，安那其信仰支撐他走過了前半生，建國後及文革的改造令他無法再聲稱安那其信仰，但無其名而其實也已完全改變了嗎？那麼巴金又以什麼為信仰支撐呢？用通行的民主主義、自由主義解釋嗎？這個大帽子並不能完全和準確地概括獨特的巴金，尤其是他抗議的大膽與直指老底的尖銳徹底。這樣存在的困境就是，一方面晚期巴金其人的信仰及《隨想錄》《再思錄》的創作精神支柱究竟是什麼並不能得到真正探其根底的追究，另一方面，早年狂熱與執著的安那其信仰決定性地鑄造了早年及中年巴金，這樣深刻的信仰之根已經在外界壓力之下而徹底斷絕了？還是其合理與積極的文化元素仍潛隱於內，在重壓下或者觸底反彈或者一旦重壓解除又會緩慢復蘇？一個人決定性的文化構成元素要徹底根除是困難的，甚至可以說是不可能的，安那其之根在巴金身上的最終歸宿仍需交代。正是本於此，探討晚期巴金信仰中安那其積極元素的復蘇自有其重要意義。

經歷建國後改造及文革浩劫後，巴金已不再可能如其早年那樣聲稱安那

〔註96〕巴金：《秋夜雜感》，《巴金全集》第18卷，人民文學出版社，1993年，第648頁。

〔註97〕徐開壘：《〈隨想錄〉的先聲——評巴金1956年寫的雜感和1962年在上海文代會上的發言》，《世紀的良心》，巴金與二十世紀學術研討會編，上海文藝出版社，1996年，第231～237頁。

其信仰，在創作上，他已完成了「換筆」，變成一個「歌功頌德」者，「豪言壯語」者，乃至文革的失語者、「奴在心者」與「奴在身者」。然而翻譯，卻成爲他精神生活的第二領域。在其一生中，翻譯既是他從事安那其戰鬥的武器，又往往成爲面對外界壓力時的緩衝域，也往往成爲新的精神突破的孕育地。翻譯，於巴金確有其特殊的意義。四十年代底其安那其信仰即以翻譯終，而文革後，其主體性的復蘇又以翻譯始。

1973～1977 年，巴金在控制下又開始了工作，翻譯這看似中性的工作一方面麻痺了迫害者的警惕，一方面卻成爲巴金重新用他的老方式來治療心靈創傷、尋求精神資源的良藥。自然，如同魯迅所言的果蠃負子，祝曰「像我像我」，青蟲被「極高明」地變成了細腰蜂〔註98〕一樣，歷經長期改造，巴金也已變成了馴順和驚懼的忠僕，安那其信仰更是被毫無保留地清洗，避之唯恐不及。但畢竟「獸」的行爲打破了「神」的迷信，使他由「奴在心者」變成了「奴在身者」，從煉獄中醒來。他選擇了重譯屠格涅夫《處女地》、翻譯赫爾岑《往事與隨想》，這二位既是當局可以接受的「民主主義與自由主義者」，〔註99〕也是與民粹派、安那其派有密切思想關聯與行動交往的作家，〔註100〕於是在當局眼皮底下巴金又開始了「盜火」的勾當。這些作家早年就深深感動著巴金，是信仰的資源，而現在，「我每天翻譯幾百字，我彷彿同赫爾岑一起在十九世紀俄羅斯的暗夜裏行路，我像赫爾岑詛咒尼古拉一世的統治那樣咒罵『四人幫』的法西斯專政，我相信他們橫行霸道的日子不會太久。」〔註101〕「舊的要衰老，要死亡，新的要發展，要壯大；舊的要讓位給新的，

〔註98〕 魯迅：《春末閒談》，《魯迅全集》第 1 卷，人民文學出版社，1981 年，第 203 ～209 頁。

〔註99〕 巴金：《〈往事與深思〉（選譯）譯者說明》，《巴金全集》第 17 卷，人民文學出版社，1991 年，第 280 頁。

〔註100〕 俄國民粹派與無政府主義派有許多親緣關係，巴枯寧便被視爲俄國民粹派內暴動派的代表人物，而許多人也把俄國民粹派與無政府主義派混作一談。同作爲民粹派的代表人物，屠格涅夫、赫爾岑均與巴枯寧有長期往來，赫爾岑更與之從俄國國內到巴黎、倫敦交往長達幾十年，據說屠格涅夫小說《羅亭》的男主人公羅亭便脫胎於巴枯寧〔愛德華·哈利特·卡爾：《巴枯寧傳》，宋獻春等譯，中國人民大學出版社，1985 年，第 138 頁〕。儘管他們的改良主義思想並不認同於巴枯寧的激進暴動主義，並最終關係疏遠，屠格涅夫、赫爾岑也被視爲「老式的自由主義者」，但畢竟他們對俄國統治者的批判與自由主義立場是相似的。

〔註101〕 巴金：《〈往事與隨想〉後記（一）》，《巴金全集》第 17 卷，人民文學出版社，

進步的要趕走落後的──這就是無可改變的眞理。⋯⋯重讀屠格涅夫的這部
小說，我感到精神振奮，我對這個眞理的信仰加強了。」〔註102〕正是翻譯讓
他重歸與復蘇了昔日熟悉的信仰慣性世界，尋找著重新戰鬥的武器，並直接
催生了《隨想錄》。〔註103〕

　　對《隨想錄》的評論可謂眾矣，但至今無人注意，爲什麼在眾多老人中，
正是巴金率先發出了「我控訴」的聲音？爲什麼即便在以後幾十年整個文壇，
也正是這個垂垂老者觸及到最深層的反思與批判？爲何正是他？他有什麼獨
特之處？這也正是於我們最有價值的地方。一直以來他並非學識淵博、思想
深刻的學者、思想家，他並非受迫害最深，亦非作惡最重的，但爲什麼正是
他在眾人都局限於個人傷痕的舐舐時，他卻鋒芒對內直抵自身的膿血，對外
直逼秦檜之禍背後的「宋高宗」，直逼整個的制度與文化？這樣的超越性是怎
樣獨特的思想資源賦予的？這便是我們要尋求的答案。而這個答案只有聯繫
到整個一生的巴金，聯繫到他從五四即持有的反封建武器──安那其信仰才
可以解釋。誠然，作爲政治思想他在三十年代即已放棄，然而作爲文化價值
觀卻一直延續到整個四十年代，而今，這種文化價值觀儘管已不可能再明確
地復歸原來，但畢竟一些思想的老根是野火燒不盡，春風吹又暗暗蘇醒了。
當然，與二三十年代的政治地表生態已完全不同，他再不可能明確宣稱信仰，
但當發現其地表下的封建土壤依然如故時，反封建的文化根芽怎不冒出。當
如此批判的鋒芒和超越性與早年安那其批判乃至《家》、《寒夜》等相連時，
我們會感到這不過是順理成章的延續，甚至有歲月消磨而鋒芒衰退之憾。如
果摳去「改造」的經歷，那麼這樣的批判鋒芒與超越性便毫不足怪，而他的
價值也正在於整個思想界的死亡與復活意義。

　　「講眞話」是《隨想錄》的總題，「眞話」，這看似最直白、最一目了然的
表述選擇卻蘊含著巴金諸多苦衷。於己，「所謂說眞話，就是講自己心裏的話，
自己相信的話，自己思考過的話。」〔註104〕易言之，於己，眞話即自己信仰

　　　1991 年版，第 294 頁。
〔註102〕巴金：《〈父與子〉（新版）後記》，《巴金全集》第 17 卷，人民文學出版社，
　　　　　1991 年，第 288 頁。
〔註103〕《隨想錄》的起名直接啓迪於「往事與隨想」，但「往事與隨想」起初譯作「往
　　　　　事與深思」，可見貌似的「隨想」，其實正寄寓著歷史的「深思」。
〔註104〕巴金：《答香港中文大學校刊編輯問》，《巴金全集》第 19 卷，人民文學出版
　　　　　社，1993 年，第 628 頁。

的話，於外界，真話則要求是真相。「真話」，看似最簡單最基本的要求，爲什麼卻要鄭重其事提出來呢？就因爲歷史、現實到處都充斥假話。於己，所說的不是自己心裏的話，是自己不相信的話，是喪失自己獨立思考的話；於外界，則是瞞和騙，是假象。早年安那其信仰追求的根本即人的權利，追求的是人的世界，然而數十年後，舉目一看，卻仍然滿是神鬼獸的世界，主與奴的世界，而非人的世界！這就是巴金焦灼的原因，急迫要求「說真話」的原因。

首先是對現實與歷史的界定。現在的真相究竟是怎樣的，「五四」過時了嗎？反封建過時了嗎？非也。「『文革』初期我還以爲整個社會在邁大步向前進，到了『文革』後期我才突然發覺我四周到處都有『高老太爺』，儘管他們穿著各式各樣的新舊服裝，有的甚至戴上『革命左派』的帽子。」〔註105〕「我在後記中說《家》所提出反封建的歷史任務已經完成，後來我就覺得話說錯了。在我們國家，封建的餘毒還深得很……」〔註106〕回顧「五四」方能界定現實，「『五四』使我睜開了眼睛，使我有條件接受新思想、新文化，使我有勇氣一步一步離開我的老家，離開那個我稱爲『專制的黑暗王國』的大家庭。到今天我仍然相信要是不離開那個老家，我早已憔悴地死去。我能夠活下去，能夠走出一條路，正因爲我『拋棄』了中國文化，『拋棄』了歷史傳統。」〔註107〕拯救與激勵他的正是激進的安那其信仰。然而，現在卻發現，又回到了這個「家」！面對對「五四」激進反傳統的批評，「我的看法正相反，『五四』的缺點恰恰是既未『全面打倒』，又不『徹底否定』……所以封建文化的殘餘現在到處皆是。這些殘餘正是今天阻礙我們前進的絆腳石。」〔註108〕

談古是爲了論今，正因爲現實處境是回了「家」，所以才要求思想也回家——「五四」之家。而「五四」的思想之家於巴金的記憶而言，安那其信仰正是極重要的思想武器之一。巴金以雷霆之力發問：「我們究竟怎樣總結『五四』的教訓呢？爲什麼做不到『完全』？爲什麼做不到『徹底』？爲什麼丟不開過去的傳統奮勇前進？爲什麼不大量種樹摘取『科學』和『民主』的果實？」〔註109〕這酣暢淋漓的「天問」正活現出昔日安那其鼓舞下的激烈風範，

〔註105〕巴金：《買賣婚姻》，《隨想錄》，三聯書店，1987年，第658頁。
〔註106〕巴金：《答香港董玉問》，《巴金全集》第19卷，人民文學出版社，1993年，第507頁。
〔註107〕巴金：《老化》，《隨想錄》，三聯書店，1987年，第865頁。
〔註108〕巴金：《老化》，《隨想錄》，三聯書店，1987年，第863～864頁。
〔註109〕巴金：《老化》，《隨想錄》，三聯書店，1987年，第868頁。

而他無可奈何得出的「老化」其實正是對退化的悲哀，丟掉了昔日的批判武器，也重新變成了昔日自己所批判的神、鬼、獸腳下的奴。面對現實，所謂「毒草病」、「遵命文學」、「長官意志」、「小人、大人、長官」、「豪言壯語」、「緊箍咒」，都正是這個神鬼獸世界、主奴世界的表象。我們的敵人是什麼？封建制度封建文化。在超越個人恩怨層面，超越歷史的局部紛紜，巴金直指整體的制度與文化根源。「我們所要反對的是制度，而非個人」，這個幾十年前安那其信仰提供的思想制高點再次為今天提供了思想的超越性。「四個人」怎麼會有那麼大的「能量」？秦檜怎麼有那樣大的權力？風波獄的罪人在秦檜的前面加了宋高宗的名字，「笑區區一檜亦何能，逢其欲」。〔註110〕「『四人幫』絕不止是『四個人』」，〔註111〕於歷史，「我們不能單怪林彪，單怪『四人幫』，我們也得責備自己！我們自己『吃』那一套封建貨色，林彪和『四人幫』販賣它們才會生意興隆。」〔註112〕「青天一個人就能解決問題？」〔註113〕正因為直指整個制度與文化，巴金才會奇怪地為「四人幫」「開脫」：「不能把一切都推在『四人幫』身上，我自己承認過『四人幫』的權威，低頭屈膝，甘心任他們宰割，難道我就沒有責任！難道別的許多人就沒有責任！」〔註114〕

面對歷史，我們不能歸之於偶然，而是要看到其必然──封建的制度與文化，這才能正確面對傷痕：「有人認為家醜不可外揚，傷疤不必揭露；有人說是過去已經過去，何必揪住不放。」〔註115〕「揭露傷痕，應當是為了治好它。諱言傷痛，讓傷疤在暗中潰爛，只是害了自己。但也有人看見傷疤出血就驚惶失措，或則誇大宣傳，或則不准聲張。這些人都忘記了一件更重要的事情：人們應當怎樣對待那些傷痕。」〔註116〕正因此，巴金要在傷口上撒鹽：如若不探索清楚十年浩劫究竟是怎樣開始的？人又是怎樣變成「獸」的？能不能挖深？敢不敢挖深？會不會有成績？文革仍在揪人，傷口今天仍在流血，倘使我們不下定決心，十年的悲劇又會重演。〔註117〕「否則萬一將來有人發出號召，進行鼓動，於是一夜之間又會出現滿街『虎狼』，一紙『勒令』

〔註110〕巴金：《思路》，《隨想錄》，三聯書店，1987年，第478頁。
〔註111〕巴金：《〈探索集〉後記》，《隨想錄》，三聯書店，1987年，第322頁。
〔註112〕巴金：《一顆桃核的喜劇》，《隨想錄》，三聯書店，1987年，第61頁。
〔註113〕巴金：《小人、大人、長官》，《隨想錄》，三聯書店，1987年，第83頁。
〔註114〕巴金：《〈探索集〉後記》，《隨想錄》，三聯書店，1987年，第323頁。
〔註115〕巴金：《我的日記》，《隨想錄》，三聯書店，1987年，第620～621頁。
〔註116〕巴金：《〈小街〉》，《隨想錄》，三聯書店，1987年，第436頁。
〔註117〕巴金：《〈探索集〉後記》，《隨想錄》，三聯書店，1987年，第323頁。

就使我們喪失一切。」〔註118〕「人為什麼變為獸？人怎樣變為獸？我探索，我還不曾搞清楚。」〔註119〕為什麼要設立「文革」博物館？這裏就是如何面對傷痕的問題。難道它僅只是作為歷史獵奇的景點？是捂蓋子諱疾忌醫還是作為探索與反思、警醒與鞭策的思想資源、財富？它不光具展覽價值，更是歷史與現實以及未來的沉思處。現實裏，巴金兩說衙內，三說端端，四談騙子，是要探索他們的滋長土壤——封建特權與封建文化，觸及假、大、空、填鴨式的封建教育與「小小紅司令」的產生機制。正是安那其信仰所賦予的反權威、反專制、求自由的徹底性與超越性使巴金不局限於個別的人事，而於史於今都直指其後的整個文化、制度，著眼於未來的平等與自由世界的建構。

　　安那其信仰下的批判鋒芒指向於外，也指向於內。對於己，巴金為什麼要痛苦地挖自己的肉，殘忍地解剖自己呢？因為它正是一個封建文化、獸道文化、奴才文化的產品，把自己放在解剖臺上殘忍地自虐，正是為了解剖這個文化範本，它提供的正是同魯迅一樣的煮自己的肉，也煮他人的肉，民族文化的肉。當巴金的「懺悔錄」真正地成為民族的懺悔錄時，那才能說真正有救了。「我沒有想到就這樣我的筆會變成了掃帚，會變成了弓箭，會變成了解剖刀。要清除垃圾，淨化空氣，單單對我個人要求嚴格是不夠的，大家都有責任。我們必須弄明白毛病出在哪裏，在我身上也在別人身上……那麼就挖吧！」〔註120〕「我知道不把膿血弄乾淨，它就會毒害全身。我也知道：不僅是我，許多人的傷口都淌著這樣的膿血。……我們解剖自己，只是為了弄清『浩劫』的來龍去脈，便於改正錯誤，不再上當受騙。分是非、辨真假，都必須先從自己做起，不能把責任完全推給別人，免得將來重犯錯誤。」〔註121〕同時，巴金解剖自己也正是在操練自己的武器——獨立思考，突破框框，「每一個時代大概都是有框框的，任何時代都有框框」，〔註122〕但人必須解放自己的思想，堅持自己的責任與良心，做自己思想的主人。懺悔正是懺悔自己丟掉

〔註118〕巴金：《我的日記》，《隨想錄》，三聯書店，1987年，第621頁。

〔註119〕巴金：《我的噩夢》，《隨想錄》，三聯書店，1987年，第634頁。

〔註120〕巴金：《〈隨想錄〉合訂本新記》，《再思錄》，上海遠東出版社，1995年，第125頁。

〔註121〕巴金：《〈隨想錄〉合訂本新記》，《再思錄》，上海遠東出版社，1995年，第123頁。

〔註122〕巴金：《和周策縱的對談》，《巴金全集》第19卷，人民文學出版社，1993年，第576頁。

了武器，拋棄了信仰，而變成了奴在心者奴在身者，甚至成了覺新，成了井口拋石頭者──「但幸運的是我找回了失去多年的『獨立思考』。」〔註123〕挖自己的瘡正是挖自己身上的奴性與獸性，而獨立思考也正是在呼喚和恢復著「人」性。「我們安那其主義者沒有教主」，〔註124〕安那其導師柏克曼也告訴他：「沒有神，沒有主人。」〔註125〕而在數十年滄桑後，巴金又遺囑給大家：「沒有神，也就沒有獸。大家都是人。」〔註126〕思想的一脈承續在七十年後回響。早年信仰「我的上帝只有一個，就是人類。」〔註127〕而現在，「我有我的主，那就是人民，那就是人類。」〔註128〕如果說早年信仰的「人類」尚有空疏之嫌，那麼一生的滄桑則教他具體化為了「人民」。獨立思考，批判整個的制度與文化，我們不難看出這與早年安那其之根的吻合。反封建、反權威、反奴役諸多主題的復活，解放人性、反對神性獸性奴性，高張「人」的旗幟，這是晚年巴金最重要的貢獻。

　　這樣於外於內的解剖、批判、懺悔為巴金帶來了痛苦，帶來了孤獨，但也為他帶來了幸福，他又可以重申那句話：「我不怕……我有信仰」，復歸自己的精神家園。安那其信仰在「五四」時代為巴金提供了徹底反封建的強大武器，它的超越處即在於直指制度與文化之根。「我的敵人是什麼呢？我說過，『一切舊的傳統觀念，一切阻止社會進步和人性發展的不合理的制度，一切摧殘愛的努力，它們都是我最大的敵人』。」〔註129〕安那其信仰使他成為「精神貴族」、戰士，然而歷史讓他繳了械，他淪落為「精神奴隸」，但現在，他又拿起了武器，「第一卷還不曾寫到一半，我就看出我是在給自己鑄造武器。……從此我有了自己使用的武器庫。」〔註130〕這個武器重新為他提供了

〔註123〕巴金：《解剖自己》，《隨想錄》，三聯書店，1987年，第469頁。

〔註124〕巴金：《〈從資本主義到安那其主義〉序》，《巴金全集》第17卷，人民文學出版社，1991年，第7頁。

〔註125〕柏克曼「給我寫信時用的那柏林辦事處的信紙上鮮明地印著『沒有神，沒有主人』的字樣。」（巴金：《獄中記‧後記》，《巴金譯文全集》第9卷，人民文學出版社，1997年，第194頁）。

〔註126〕巴金：《沒有神》，《再思錄》，上海遠東出版社，1995年，第44頁。

〔註127〕巴金：《海行雜記‧兩封信》，《巴金全集》第12卷，人民文學出版社，1989年，第52頁。

〔註128〕巴金：《致許粵華女士》，《再思錄》，上海遠東出版社，1995年，第29頁。

〔註129〕巴金：《我和文學》，《隨想錄》，三聯書店，1987年，第315～316頁。

〔註130〕巴金：《〈巴金全集〉第十六卷代跋》，《再思錄》，上海遠東出版社，1995年，第80頁。

火眼金睛，提供了戰鬥的勇氣和決心，重新肩負起民族與歷史的責任，重新成爲精神的貴族。不僅於此，在思想領域的其他主題上，國際和平、友誼的再三歌詠，面向世界，向西方學習的世界主義、開放化思想同樣是與早年安那其思想之根復合的。即便於身份認同上，他也敢於重新承認早年的無政府主義身份，並終於努力地爲昔日的戰友們尋找到了現今時代下一個妥貼的命名：理想主義者，他並重申「一直到最後我並沒有失去我對生活的信仰，對人民的信仰。」〔註131〕考慮到幾十年滄桑中的斷絕，這顯然意味著一個認識與情感皈依上的極大突破。他恢復了與昔日安那其朋友們「劃清界限」中斷多年的通信聯繫，懷友之作中開始出現匡互生、葉非英等，乃至吳先憂、吳克剛、衛惠林這些「對於我的人格發展有大的幫助」〔註132〕的無政府主義者，在生命的最終還清了多年積欠的最後一筆債。與早年的巴金一樣，他重申其不是文學家的身份，正因爲他又有了於文學之外的文化奮鬥目標，他重新在作品中生活，在作品中奮鬥，〔註133〕「我思考，我探索，我追求。」〔註134〕至此，一個完整的巴金，信仰的巴金最終輪廓定影——因信仰而痛苦、孤獨的巴金，信仰淪落的巴金，因信仰重獲而繼續痛苦、孤獨的巴金。因信仰而痛苦、孤獨，亦因信仰而幸福，巴金與其安那其信仰也將成爲我們繼續思考和探索的資源。

〔註131〕巴金：《〈巴金全集〉第六卷代跋》，《再思錄》，上海遠東出版社，1995 年，第 65 頁。

〔註132〕巴金：《懷念衛惠林》，《再思錄》，上海遠東出版社，1995 年，第 55 頁。

〔註133〕巴金：《我爲什麼寫作》，《巴金全集》第 19 卷，人民文學出版社，1993 年，第 390 頁。

〔註134〕巴金：《讓我再活一次——寫在前面的話》，《再思錄》，上海遠東出版社，1995 年，第 147 頁。

主要參考文獻

1. 【美】特里·M·珀林編:《當代無政府主義》,吳繼淦、林爾蔚、姚俊德、林紀德譯,商務印書館,1984 年。

2. 【美】羅伯特·沃爾夫:《爲無政府主義申辯》,毛興貴譯,江蘇人民出版社,2006 年。

3. 高軍等編:《無政府主義在中國》,湖南人民出版社,1984 年。

4. 葛懋春、蔣俊、李興芝編:《無政府主義思想資料選》(上、下),北京大學出版社,1984 年。

5. 【美】阿里夫·德里克:《中國革命的無政府主義》,孫宜學譯,廣西師範大學出版社,2006 年。

6. 林森木、田夫編著:《無政府主義史話》,廣東人民出版社,1981 年。

7. 曹宗安:《無政府主義縱橫談》,山西人民出版社,1981 年。

8. 鍾離蒙、楊鳳麟主編:《無政府主義批判》(中國現代哲學史資料彙編第一集第四冊),遼寧人民出版社,1981 年。

9. 中國人民大學馬克思列寧主義基礎系編:《無政府主義批判》上、下冊,中國人民大學出版社,1959 年。

10. 李怡:《近代中國無政府主義思潮與中國傳統文化》,華中師範大學出版社,2001 年。

11. 蔣俊、李興芝:《中國近代的無政府主義思潮》,山東人民出版社,1991 年。

12. 【韓】曹世鉉:《清末民初無政府派的文化思想》,社會科學文獻出版社,2003 年。

13. 孟慶澍:《無政府主義與五四新文化:圍繞〈新青年〉同人所作的考察》,河南大學出版社,2006 年。

14. 張全之：《中國近現代文學的發展與無政府主義思潮》，人民出版社，2013年。

15. 徐善廣、柳劍平：《中國無政府主義史》，湖北人民出版社，1989年。

16. 周積泉：《無政府主義思想批判》，福建人民出版社，1984年。

17. 湯庭芬：《無政府主義思潮史話》，社會科學文獻出版社，2000年。

18. 藍瑛、謝宗範主編：《社會主義流派政治思想述評》，上海社會科學院出版社，1988年。

19. 徐覺哉：《社會主義流派史》，上海人民出版社，1999年。

20. 汪子嵩、范明生、陳村富、姚介厚著：《希臘哲學史》第一卷，人民出版社，1988年。

21. 【美】法伊爾阿本德（Paul Feyerabend）：《反對方法：無政府主義知識論綱要》，周昌忠譯，上海譯文出版社，1992年。

22. 林超然主編：《現代科學哲學教程》，浙江大學出版社，1988年。

23. 《列寧選集》第一卷，中共中央馬克思恩格斯列寧斯大林著作編譯局編，人民出版社，1972年第2版。

24. 《馬克思恩格斯全集》第3卷，人民出版社，1960年。

25. 《馬克思恩格斯全集》第18卷，人民出版社，1964年。

26. 《馬克思恩格斯全集》第21卷，人民出版社，1965年。

27. 《馬克思恩格斯選集》第1卷，人民出版社，1995年第2版。

28. 麥克斯・施蒂納：《唯一者及其所有物》，金海民譯，商務印書館，1989年。

29. 【俄】普列漢諾夫：《無政府主義和社會主義》，王陰庭譯，三聯書店，1980年。

30. 【英】G・D・H・柯爾：《社會主義思想史》第一卷，何瑞豐譯，商務印書館，1977年；第二卷，何瑞豐譯，商務印書館，1978年。

31. 巴枯寧：《巴枯寧言論》，三聯書店，1978年。

32. 蒲魯東：《什麼是所有權》，商務印書館，孫署冰譯，1963年。

33. 【英】羅素：《自由之路》，李國山等譯，文化藝術出版社，1998年。

34. 【英】愛德華・哈利特・卡爾：《巴枯寧傳》，宋獻春等譯，中國人民大學出版社，1985年。

35. 【俄】克魯泡特金：《我的自傳》，巴金譯，三聯書店，1985年。

36. 【美】馬丁・艾・米勒：《克魯泡特金》，於亞倫等譯，黑龍江人民出版社，1982年。

37. 【俄】克魯泡特金：《互助論》，李平漚譯，商務印書館，1963年。

38. 【俄】克魯泡特金：《麵包與自由》，巴金譯，商務印書館，1982 年。

39. 【英】塔里克‧阿里、蘇珊‧沃特金斯：《1968 年：反叛的年代》，范昌龍等譯，山東畫報出版社，2003 年。

40. 【美】伊曼努爾‧華勒斯坦等：《自由主義的終結》，郝名瑋、張凡譯，社會科學文獻出版社，2002 年。

41. 沈漢、黃鳳祝編著：《反叛的一代——20 世紀 60 年代西方學生運動》，甘肅人民出版社，2002 年。

42. 【美】迪克斯坦：《伊甸園之門：六十年代美國文化》，方曉光譯，上海外語教育出版社，1985 年。

43. 【美】阿爾文‧古爾德納：《新階級與知識分子的未來》，杜維真等譯，人民文學出版社，2001 年。

44. 周倫祐：《反價值時代》，四川人民出版社，1999 年。

45. 【美】理伯卡‧E‧卡拉奇：《分裂的一代》，覃文珍、蔣凱、胡元梓譯，社會科學文獻出版社，2001 年。

46. 汪佩偉：《江亢虎研究》，武漢出版社，1998 年。

47. 許紀霖編：《二十世紀中國思想史論》（上、下），東方出版中心，2000 年。

48. 【英】哈耶克：《自由秩序原理》（上、下），鄧正來譯，三聯書店，1997 年。

49. 【英】哈耶克：《通往奴役之路》，王明毅等譯，中國社會科學出版社，1997 年。

50. 林毓生：《中國傳統的創造性轉化》，三聯書店，1988 年。

51. 《新文學大系‧散文二集》，上海良友圖書公司，1935 年。

52. 李澤厚：《中國現代思想史論》，天津社會科學院出版社，2003 年。

53. 《斯大林全集》第一卷，人民出版社，1953 年。

54. 《馬克思　恩格斯　列寧　斯大林論文藝》，人民文學出版社，1999 年第 3 版。

55. 林衡編著：《世紀抉擇：中國命運大論戰》第四卷，時事出版社，1997 年。

56. 高爾泰：《美是自由的象徵》，人民文學出版社，1986 年。

57. 張旭春：《政治的審美化與審美的政治化——現代性視野中的中英浪漫主義思潮》，人民出版社，2004 年。

58. 李世濤主編：《知識分子立場——自由主義之爭與中國思想界的分化》，《知識分子立場——激進與保守之間的動蕩》，《知識分子立場——民族主義與轉型期中國的命運》，時代文藝出版社，2000 年。

59. 彭安定、馬蹄疾編著：《魯迅與他的同時代人》，春風文藝出版社，1985 年。

60. 《魯迅全集》1～16卷，人民文學出版社，1981年。

61. 山東師範學院聊城分院中文系、山東師範學院聊城分院圖書館編：《魯迅在日本》，1978年。

62. 薛綏之主編：《魯迅生平史料彙編　第二輯》，天津人民出版社，1982年。

63. 劉獻彪、林治廣編：《魯迅與中日文化交流》，湖南人民出版社，1981年。

64. 《魯迅研究》第12輯（「魯迅與中外文化」專輯），中國社會科學出版社，1988年。

65. 魯迅研究資料編輯部編：《魯迅研究資料（3）》，文物出版社，1979年。

66. 《尼采文集》，改革出版社，1997年。

67. 《郭沫若全集》文學編1～20卷，人民文學出版社，第1版。

68. 《沫若文集》第10卷，人民文學出版社，1959年。

69. 《郭沫若全集》歷史編第3卷，人民文學出版社，1985年。

70. 【日】千葉宣一：《日本現代主義的比較文學研究》，葉渭渠編選，中國社會科學出版社，1997年。

71. 黃人影編：《郭沫若論》，光華書局，1931年。

72. 李怡：《現代四川文學的巴蜀文化闡釋》，湖南教育出版社，1995年。

73. 閻煥東：《鳳凰、女神及其他——郭沫若論》，中國人民大學出版社，1990年。

74. 黃淳浩：《創造社：別求新聲於異邦》，社會科學文獻出版社，1995年。

75. 龔濟民、方仁念編：《郭沫若年譜》，天津人民出版社，1982年。

76. 王繼權、童煒鋼編：《郭沫若年譜》，江蘇人民出版社，1983年。

77. 《郁達夫文集》第5卷，花城出版社、三聯書店香港分店聯合出版，1982年。

78. 《郭沫若專集（1）》（中國當代文學研究資料），四川人民出版社，1984年。

79. 陳永志：《郭沫若思想整體觀》，上海文藝出版社，1992年。

80. 【荷蘭】斯賓諾莎：《倫理學》，賀麟譯，商務印書館，1983年。

81. 黃仁宇：《萬曆十五年》，三聯書店，1997年。

82. 《國粹與西化——劉師培文選》，李妙根編選，上海遠東出版社，1996年。

83. 姜義華：《章太炎評傳》，百花洲文藝出版社，1995年。

84. 新華月報資料室編：《悼念郭老》，三聯書店，1979年。

85. 《郭沫若研究》，郭沫若研究學術座談會專輯，文化藝術出版社，1984年。

86. 郭沫若故居、中國郭沫若研究會編：《郭沫若百年誕辰紀念文集》，社會科學文獻出版社，1994年。

87. 王錦厚、伍加倫、蕭斌如編：《郭沫若佚文集》，四川大學出版社，1988年。

88. 王錦厚、秦川、唐明中、蕭斌如選編：《百家論郭沫若》，成都出版社，1992年。

89. 【美】埃德加‧斯諾：《西行漫記》，董樂山譯，三聯書店，1979年。

90. 翟厚隆編選：《十月革命前後蘇聯文學流派》上編，上海譯文出版社，1998年。

91. 《巴金全集》1～25卷，人民文學出版社，1994年。

92. 《巴金選集》第4卷，四川人民出版社，1982年。

93. 《巴金譯文全集》1～10卷，人民文學出版社，1997年。

94. 巴金：《隨想錄》，三聯書店，1987年。

95. 巴金：《再思錄》，上海遠東出版社，1995年。

96. 《巴金專集（1）》（中國當代文學研究資料），江蘇人民出版社，1981年。

97. 《巴金專集（2）》（中國當代文學研究資料），江蘇人民出版社，1982年。

98. 陳思和、李輝：《巴金論稿》，人民文學出版社，1986年。

99. 艾曉明：《青年巴金及其文學視界》，四川文藝出版社，1989年。

100. 李存光編：《巴金研究資料》（下卷），海峽文藝出版社，1985年。

101. 蔣光慈：《蔣光慈文集》第4卷，上海文藝出版社，1988年。

102. 巴金與二十世紀學術研討會編：《世紀的良心》，上海文藝出版社，1996年。

103. 陳思和、辜也平主編：《巴金：新世紀的闡釋》，福建教育出版社，2002年。

104. 山口守、阪井洋史：《巴金的世界》，東方出版社，1996年。

105. 《丁玲文集》第6卷，湖南人民出版社，1984年。

106. 劉慧英編：《巴金：從煉獄走來》，中國工人出版社，2002年。

107. 李小林編：《家書──巴金、蕭珊書信集》，浙江文藝出版社，1994年。

後　記

　　此書是我博士論文《無政府主義精神與 20 世紀中國文學》中的一部分，因遵「民國文學」之體例，故擇其前部忝列於此，好在倒也免了原作中前後風格有變的弊端。

　　感謝李怡先生的邀請。十年矣，此調不談久矣，他的邀請使我又想起了此文過往的種種，只是不談也罷了。

　　此為記。

白浩

2014.12